■ 本书出版先后受到浙江省哲学社会科学规划课题后期资助项目（13HQZZ033）、浙江省哲学社会科学重点研究基地（浙江省中国特色社会主义理论研究中心）课题（13JDYB11）资助

浙江省哲学社会科学规划
后期资助课题成果文库

埃利希·弗洛姆
类伦理思想研究

Ailixi Fuluomu
Leilunli Sixiang Yanjiu

许惠芬　著

中国社会科学出版社

图书在版编目(CIP)数据

埃利希·弗洛姆类伦理思想研究／许惠芬著 . —北京：中国社会科学出版社，2015.10

ISBN 978 - 7 - 5161 - 6711 - 3

Ⅰ.①埃…　Ⅱ.①许…　Ⅲ.①弗洛姆，E.(1900～1980) - 伦理思想 - 研究　Ⅳ.①B712.59

中国版本图书馆 CIP 数据核字(2015)第 166971 号

出 版 人	赵剑英
责任编辑	徐　申
责任校对	韩天炜
责任印制	王　超

出　　版	中国社会科学出版社
社　　址	北京鼓楼西大街甲 158 号
邮　　编	100720
网　　址	http：//www.csspw.cn
发 行 部	010 - 84083685
门 市 部	010 - 84029450
经　　销	新华书店及其他书店

印刷装订	三河市君旺印务有限公司
版　　次	2015 年 10 月第 1 版
印　　次	2015 年 10 月第 1 次印刷

开　　本	710×1000　1/16
印　　张	16.5
插　　页	2
字　　数	279 千字
定　　价	59.00 元

目　录

导　论

一　弗洛姆的生平和著作

（一）生平

1900 年 3 月 23 日，埃利希·弗洛姆（Erich Fromm）出生于德国法兰克福的一个犹太人的家庭，他的父系和母系的祖先很多都是犹太教学者，父母都是虔诚的犹太教徒。弗洛姆是一个独生子，因为他出生时父母年龄均已较大。弗洛姆的父亲是一位商人，整天忙于生计，无暇顾及他，在小弗洛姆眼中"商人"这个称呼是难以启齿的，因为他们只知道为赚钱而活着。在《在幻想锁链的彼岸——我所理解的马克思和弗洛伊德》一书中介绍自己的一些个人经历时，弗洛姆这样说道："我是一个独生子，我的父亲性情急躁、喜怒无常，我的母亲则情绪低落，郁郁寡欢"[①]。弗洛姆虽然算得上是娇生惯养，但却倍感孤独，生活在这样一个郁闷又缺乏情感支持的家庭环境中，对于一个需要丰富情感的孩子来说，极其苦闷地想要摆脱这种孤独，从而对奇特而又神秘的人类行为的原因产生了浓厚的兴趣，他只能去书籍中寻找答案和慰藉。童年时阅读的《旧约全书》对他影响很大，"旧约的故事扣动了我的心弦，它比我所接触到的任何事物都更使我激动"。[②] 但旧约的故事并非都得到他的认同，他对亚当和夏娃不服从上帝的故事、阿拉伯罕恳求上帝解救罪恶之地的居民们的故事、约拿出使尼尼微等故事，印象深刻。然而，最感动他的还是那些预言家如以塞亚、阿摩司、何西阿的著作中的末日预言，"到那个时候，各族人民'将把剑铸成犁头，把矛铸成枝钩刀，而不再大动干戈，相互残杀，更不会再

---

① ［美］弗洛姆：《在幻想锁链的彼岸——我所理解的马克思和弗洛伊德》，张燕译，湖南人民出版社 1986 年版，第 1—2 页。

② 同上书，第 3 页。

发动任何战争'；到那个时候，四海之内皆兄弟，'大地上到处充满了上帝的智慧，就像大海装满了圣水一样'。各民族之间普遍友好地和平共处的图景，深深地打动了我这个十二三岁少年的心。"① 他对人与人之间平等而融洽相处怀有美好的期待。同时作为犹太人，生活在一个不被重视甚至轻视的社会环境，对于勤于思考的弗洛姆来说，就有了探究其原因的原初渴望。"或许都是因为我是一个性情孤僻、娇生惯养的孩子，而竭力想要克服这种孤独感。因此，在这个世界上还会有什么东西比这种有关普遍和平及兄弟般情谊的预言更能使我兴奋和激动的呢。"②

同时，12 岁时弗洛姆遇到了一件令他震惊的事情，他家的一位朋友才 25 岁，在她父亲死后自杀了，并要求和她父亲合葬。弗洛姆对此极为困惑，就在那个时候，他内心萌发了洞悉人们内心世界的宏愿，并把解答"人是什么"作为他一生的学术追求。随着第一次世界大战的爆发，更增添了弗洛姆对人的不解与困惑，同为人类，为何要相互厮杀，人的本性是羊还是狼？正是这样的亲身经历决定了弗洛姆成长的道路，他对个人和社会的问题既困惑又兴奋，明确了"我要认识支配个人生活的规律和社会的规律，也就是人在其社会生存中的规律"。③

由于弗洛姆从小喜欢阅读和思考，在小学时就开始崭露头角了。在中学时，他的拉丁文、法文和英文特别出色。1918 年，他以优异的成绩通过了当地一所著名中学的毕业考试，进入了法兰克福大学攻读法律，两个学期后，他做出了人生的重要改变：进入海德堡改学社会学、心理学和哲学。他刻苦攻读，尤其青睐弗洛伊德、马克思、斯宾诺莎、马克斯·韦伯等思想家的著作。1922 年他在阿尔弗雷德·韦伯的指导下，以题为"犹太人的守则：论散居在外的犹太民族的社会学"的博士论文在海德堡大学获得哲学博士学位。1923 年弗洛姆在法兰克福进入了一家犹太人报纸做了编辑。1924 年，他结识了一位重要的女性——弗里达·赖希曼，并于1926 年成为他的第一任妻子。弗里达·赖希曼是个精神分析学家，在法兰克福开有一家小型疗养院，弗洛姆早期的精神分析的临床治疗是和她一

---

① ［美］弗洛姆：《在幻想锁链的彼岸——我所理解的马克思和弗洛伊德》，张燕译，湖南人民出版社 1986 年版，第 3 页。

② 同上。

③ 同上书，第 8 页。

起开展的。正是在弗里达·赖希曼的影响下，随后他们放弃了传统犹太教的宗教信仰和停止了犹太人的宗教活动。1925—1927 年弗洛姆跟随威廉·维腾贝格和卡尔·朗达尔学习心理学和精神病学。1927—1929 年，弗洛姆在柏林精神分析学院接受了两年训练，主要学习精神分析的理论与实践，他被培养成了一个严格的弗洛伊德学说的追随者。训练完成后，弗洛姆当上了专业精神病医生，并开设了私人诊所，之后进行了长达 40 多年的精神病临床治疗工作。1929 年他进入法兰克福大学社会研究所，次年，他成为社会心理学研究室主任和核心成员。在研究所工作期间，他尝试着把精神分析学同马克思的社会科学思想相结合。1933 年秋季，经霍妮推荐，美国芝加哥精神分析学院邀请弗洛姆赴美讲学。随后，他继续担任迁往哥伦比亚大学的社会心理学研究所的室主任职务，并在纽约开设私人诊所。为了逃避纳粹的迫害，1934 年正式移居美国，并于 1940 年加入了美国国籍。1939 年 1 月由于与法兰克福学派内部成员的学术分歧，弗洛姆正式离开了社会研究所。

1940 年弗洛姆与弗里达·赖希曼正式离婚。同年，弗洛姆被聘任为哥伦比亚大学精神分析学院助理教授。1944 年他娶了第二任妻子——亨尼·古兰德，出于对妻子的健康考虑，他们于 1952 年迁往墨西哥，亨尼于 1952 年病故。第二年，弗洛姆再娶安妮丝·弗里曼（Anis Freeman，1902—1985）为妻，相伴余生。1951 年弗洛姆转任墨西哥国立大学教授，1957 年他回美国任密歇根州立大学教授，1962 年任纽约大学教授。自1951 年起，弗洛姆任墨西哥国立大学医学院精神分析学教授，在该大学支持下创立了墨西哥精神分析研究所，并从 1955 年至 1965 年任该所所长。虽然迁居墨西哥，但弗洛姆每年很大一部分的时间待在美国，他的大半生的学术活动也都是在美国开展的。

冷战期间弗洛姆与一些志同道合的和平主义者一起，于 1957 年创立了美国一个主要的和平团体"争取明智的核政策全国委员会"（SANE），该团体以反对核军备竞赛和越南战争为宗旨，在美国和全世界发表小册子和公开信，强烈呼吁尊重人的生命所具有的无上价值，放弃核威慑政策，自愿地逐步地裁减核武器，同意普遍裁军，避免核浩劫，建立世界新秩序。弗洛姆还参加人道主义组织"大赦国际"。1960 年弗洛姆加入了美国社会党，但随后退出了社会党和该党论坛。1965 年弗洛姆在墨西哥城组织了由 30 多名学者参加的社会主义人道主义国际讨论会，会后出版了一本题为"社会主义人道主义"的论文集。1969 年，弗洛姆被推选为由他帮助建立的一个组织——精神分析国际论坛主席。弗洛姆在 1968 年秋季为尽快完成《希望的革命》一书得了严重的心脏病，休息了近一年时间。恢复健康以后，他每年夏季赴瑞士洛迦诺度假，从 1974 起则永久定居在那里。因健康原因，他从此停止了一切临床治疗和教学活动，专门写作，同时经常去苏黎世电台做广播演讲，一直持续到去世之前。

1980 年 3 月 18 日，这位享誉世界的哲学家、社会学家和精神分析派的重要人物因心脏病发作，在瑞士逝世。

（二）主要著作

弗洛姆是与 20 世纪同时代的人，亲历了 20 世纪历史的变迁：工业化和机械化的蔓延、两次世界大战和核武器对人类的伤害、经济危机和环境污染对人生存的威胁等，促使他思考现代人和现代社会的困境与出路，出版了许多分析和启迪当代人类的现实作品。已出版的专著和论文集至少有 25 本，演讲集 1 本。

1941 年弗洛姆出版了他的第一部著作《逃避自由》，该书使他声名远扬，20 年间就再版了 22 次。书中弗洛姆采取精神分析的方法剖析了人们渴望追求自由和逃避自由的心理机制。安全感是人们基本的心理需求，现代人自由但缺乏安全感，依附和屈从使人重新获得安全感，但以牺牲了自由为代价。该书深刻揭示了自由的发展和实质，令人对自由的理解耳目一新。

1947 年弗洛姆出版了《自为的人》，该书是弗洛姆的第二部著作，也可以说是《逃避自由》的续集。这是关于其伦理思想的一本比较系统的著作，主要阐明了他的伦理思想体系。对人生存的矛盾、"人性"和人的"本质"分析，奠定了其类伦理思想的人性基础；认为性格与道德有着密切的关系，分析了不同时期相对应的性格，而生产性性格是人类发展的必然要求；以及对伦理思想的基本原则和内涵都做了深入和系统的分析。

1950 年在《精神分析与宗教》的短篇中，弗洛姆分析了禅宗和精神分析两大体系，认为它们都是关于人之本性的理论，又是导致人之幸福的实践。精神分析是一种科学，完全是非宗教性的，禅是一种达到开悟的理论和方法，是宗教性和神秘性的体验。精神分析是一种治疗的方法，禅宗是一条精神拯救之路。两者之间有着惊人的相通处，弗洛姆从伦理的角度对此做了精彩的分析。

1955 年，弗洛姆出版了《健全的社会》，这是他前两部作品的续集。弗洛姆立足资本主义社会，从其兴盛和繁荣的经济发展中一针见血地指出，这是一个病态的、不健全的社会，也是全面异化的社会；同时批判了极权社会主义的病态。他提出了一系列对资本主义社会进行改革的举措，意在建立一个健全的新社会，以此来促进人的发展。

1956 年，弗洛姆出版了他最畅销的著作——《爱的艺术》，该书一出版就风靡一时，在 1956—1970 年间被翻译成 28 种语言，英文版销售 150 万册以上，德文版 40 万册，竟还供不应求。在书中，弗洛姆分析了自爱和自利，爱己和爱人的一致，分析了母爱与父爱、兄弟姐妹之爱、性爱、对上帝之爱等的不同性质，提出人要有爱的能力，这样的人必定是一个积极主动的人，具有生产性的人。

1961 年，弗洛姆出版了《马克思关于人的概念》，在这部著作中，弗洛姆主要根据《1844 年经济学哲学手稿》对马克思的人学思想做了自己的分析和理解，纠正了一些对马克思人学思想的歪曲，由衷地赞叹马克思思想的深刻性，指出了在他看来马克思的人学思想中的一些不足。

1962 年《在幻想锁链的彼岸——我所理解的马克思和弗洛伊德》出版，它是"弗洛伊德马克思主义"的代表作品，在书中弗洛姆比较了马克思和弗洛伊德之间理论的异同，指出了它们所存在的三大共同基础，综合了两位大师的理论成果，形成了自己的综合性的理论探索的方法。因此弗洛姆被称为"弗洛伊德主义的马克思主义"的重要代表之一。

1964 年出版的《人心》，是《爱的艺术》的姊妹篇，它的主要论题是人的破坏能力、自恋及乱伦固恋。这是与爱的这种建设性力量相对立的人性的力量，两者此消彼长。

1966 年出版了《你们就是神》。

1970 年出版的《精神分析的危机》由九篇相对独立的文章组成。它们的共同主题是人与社会的关系。

1973 年，弗洛姆出版了巨著《人类的破坏性剖析》。在这部长达 570 万字的著作中，弗洛姆分析了人的两种侵犯：防卫侵犯和恶性侵犯。这两者的基础和动因不同，一是为了生存，二是破坏性。他从神经生理史、史前史、人类学和动物心理学等方面对人类的破坏性做了深广的整体研究。

1976 年，弗洛姆出版了《占有还是生存》，这是他生前最后一部著作。书中分析了人有两种不同的生存方式：重占有的生存方式和重生存的生存方式。在重占有的生存方式中，人与人所拥有的东西之间没有活的关系，是无创造力和生命力的，是异化的生活方式。重生存的生存方式是积极主动地生存，是创造性地运用人的力量，这种生存倾向是以奉献、分享和牺牲为乐。深刻揭示了西方消费社会，物质财富充盈了，但人生存的意义丧失了，人沦为物的"奴隶"的一种重占有的生存方式。

除了上述主要著作外，还有一系列的著作和论文集：《被遗忘的语言》（1951）、《弗洛伊德的使命》（1959）、《人类优先：对外政策是事实还是编造的质疑》（1961）、《基督教的教条和关于宗教、心理和文化的论文》（1963）、《社会主义的人道主义：国际会议论文集》（1965 编）、《人的本质》（1968 编）、《希望的革命》（1968）、《墨西哥农村的社会性格》（1970）、《论不服从及其他论文》（1981）、《德国危马的工人阶级》（1984）、《弗洛伊德思想的贡献与局限》（1979）、《生命之爱》（1986，由后人整理）等。

二　本书写作的意义和理论基础

（一）本书写作的理论意义和现实意义

"伦理学在最抽象的哲学层次上表现为道德哲学，它的历史发展进程与西方哲学的进路相联系。由柏拉图奠定基础的本体论哲学构成了西方哲学的历史传统。"[1] 在文艺复兴后，哲学研究的中心从"本体论"向"认识论"转移，但"认识论仍然只不过是论证并确立'本体论'的有效手段"。[2] 在本体论哲学的时代，规范伦理学是当然的主流伦理学，在理性的主导下寻求统一的、客观的、有效的、普遍的道德原则和道德规范。到 19 世纪中叶后，理性的权威遭到了怀疑，绝对的、普遍的道德原则被遗弃了，在人本主义的大旗下，强调主体的自由、巨大的能动性和创造性，个体的道德原则和道德价值才是至高无上的和绝对的。绝对主体主义及世俗物质主义、功利主义、工具主义的大肆泛滥，"道德多元论"和"道德相对主义"大行其道，西方社会的道德状况在丧失了绝对和统一的原则下混乱不堪。

在理性遭到置疑和反传统的极端情绪下元伦理学开始兴起。1903 年

---

①　许惠芬：《略论道德文化的危机和出路》，《云南社会科学》2007 年第 3 期，第 43 页。

②　张曙光：《生存哲学——走向本真的存在》，云南人民出版社 2001 年版，第 74 页。

摩尔发表了《伦理学原理》一书，标志着以逻辑语言分析为基本方法的元伦理学取代了规范伦理学成了主流学派。这与西方分析哲学的兴起是一致的。元伦理学由于反对和否定一切伦理学历史传统、主张价值中立、偏好伦理相对主义、回避道德实践问题等局限性，在现实社会中陷入发展困境，在20世纪中后期规范伦理学重新取代元伦理学的主流地位。之后在西方出现了新功利主义、新社会政治伦理学、新人道主义、新行为主义、新结构主义、境遇伦理学和商讨伦理学等学术流派，这些流派的共同点是否定相对主义，希望为混乱不堪的道德文化重新确立统一的、普遍的道德标准。这些流派的价值取向是对传统规范伦理学的继承和超越，回到了伦理学的核心——"人"本身，回到伦理学最根本的问题"人是什么"，"人应当怎样生活"，关注人类的生存状况和重新探寻"人"的真实意义。但即便如此，多元价值文化的统一还是个问题，普遍的伦理准则仍然是不可达成的梦想。

　　另一方面，西方哲学经历了本体论、知识论，在面对20世纪西方社会的现实状况开始从"天上"也返回到"人间"，回归"生活世界"成了开创哲学新希望的路径，由此西方哲学开始了向生存论哲学的转向。这种生存论的哲学运思在本质上是"伦理性"的，哲学家惊呼：本体论的结束，意味着伦理时代的到来，E. 列维纳斯（Emmanuel Lévinas）更是直白地宣告"第一哲学是伦理学"。这种生存论的转向也是从本体思维向伦理思维的转变，"在一个危机重重的时代，它将展开人之'是其所应是'的生活向度，并召唤人们以一种更加负责任的态度安居在大地上"。① 这无疑是哲学家和伦理学家共同的期待。

　　然而在经历了理性的宰制、科技的屠掠、两次世界大战的摧残、核灾难的阴影以及严重的环境污染和生态危机，伦理学又何以能承担起这一重任？解决人类的生存难题拷问着哲学家和伦理学家以及一切关爱"人类"的人们，他们不约而同地把视线转移到"活生生"的人本身及其生活世界，他们从退隐转到了前台。人类的生存困境是当代社会最迫切的问题，这个问题已经不是一己民族国家所要面对的问题，而是人类共同的境遇；也不是一个民族国家能解决的，而是要站在人类的共同命运的立场才能去

———————

①　田海平：《从"本体思维"到"伦理思维"——对哲学思维路向的当代性审查》，《学习与探索》2003年第5期，第7页。

解决和协调的问题，没有"类"的意识和类伦理的调整，这样的纷争和冲突难以消停。

与20世纪同时代的埃利希·弗洛姆，不仅是一位心理学家、社会学家，也是伦理学家和哲学家，他亲身经历了20世纪西方社会的发展，目睹了西方社会发展的现实和人生存的困境，在理论上试图去解释当代社会人类生存困境的根源和建立新的伦理秩序。弗洛姆的宏愿是在理性的主导下寻求统一的、客观的、有效的、普遍的道德原则和道德规范的依据，以此来建立他的普遍伦理学。因而他以对"人类"深切的关爱开展他的学术研究，认为人不仅是自然的存在物，更是"类"的存在；他以建立以人类的"生存"为最高价值的规范伦理学为己任，批判西方社会现实种种束缚人的发展和解放的生存困境，唤起人"自觉为人"的意识，清洁人的生存意义，力图用"爱"和"新"的"理性"建立一个"新"的社会。他在伦理学研究中沿用了法兰克福学派的批判手法，认为伦理学应该与社会批判结合起来，以对社会现实的弊端的批判来凸显伦理学的价值与地位，这种批判性和异质性是伦理学保持其前瞻性和引领性的重要手段。因此，在理论上看，弗洛姆的伦理学也是20世纪中后期对规范伦理学的一种复归和重构，与伦理学内在的发展趋势相应和。

从现实的角度来看，人类的生存问题已作为时代性与全球性重大课题凸显在现代人面前。丰裕的物质生活并没有给现代人带来健康充实和有意义的精神生活，反而人被"物"所奴役，个体精神生活、道德意识及"人"的生存陷入空前的焦虑与危机，同时现代人还面临着生态失衡、环境破坏、能源危机、战争和恐怖主义威胁等生存困境。面对人类生存的现实困境，弗洛姆认为伦理学应该为当今人类寻找一个可公度的普遍的伦理准则，建立这样的伦理准则必须站在"人类"共同利益的立场之上，只有具有"类意识"才能形成普遍的伦理准则，服从于"类"人这一最高的、唯一的目的，人类的自由、发展和幸福是社会追求的最终目标。

弗洛姆所倡导的这种普遍伦理学是与西方社会现实紧密相联的，他应和了20世纪伦理学的发展要求，也为伦理学的未来发展预明了方向，他的突出贡献在伦理学的发展史上是不能被淡忘的。同时，类意识的觉醒、类伦理的建立与发展为当代人的代际矛盾和洲际矛盾的解决提供了可能的出路，所以研究弗洛姆的伦理思想对于今天的中国和整个世界人民所身处的境遇都有重要的现实意义。

（二）本书写作的理论基础

1. 关于"类"和"类伦理"研究的理论成果

"类"这一概念，是人区别于动物的最本质的特点，亚里士多德在他的《形而上学》中论述到，对于定义可以用属和种差来规定。人首先是有生命的动物，但人区别于动物的特性表现在种差上，也就是人具有动物性的自然属性的特性外的超越动物性的一面，即类的特性，类的特性是人之所以是人的根据。康德和黑格尔对人的本质都从双重意义上进行了探讨，马克思在此基础上更是明确地表明了人是类的存在物。"动物和自己的生命活动是直接同一的。它就是自己的生命活动，人则使自己的生命活动本身变成自己意志的和自己意识的对象，正是由于这一点，人才是类的存在物。"①"人是类的存在物，不仅因为人在实践上和理论上都把类——他自身的类以及其他物的类——当作自己的对象；而且也因为——这只是同一种事物的另一种说法——人把自身当作现有的、有生命的类来对待，因为人把自身当作普遍的因而也是自由的存在物来对待。"②"一个种的整体特性、种的类特性就在于生命活动的性质，而自由的有意识的活动恰恰就是人的类特性。"③

国内学者高清海、余潇枫提出了"类哲学"和"类伦理"的概念。高清海认为人有两重生命（自然生命、自为生命），即"种的生命"与"类的生命"，"类"可以看作内含了种本性，又是对种的全面超越和内在本质的统一，是突破限界的超越性概念。人类从个体本位向类本位的过渡是克服人类单子式混乱无序的存在状态的关键因素，在类本位的主导下，类伦理和类哲学也自然而然地形成和凸显。"以类本位的自觉'类存在'状态，也就是人与人完成了本质的统一、人与外部世界完成了本质的统一、人与自身本质也就完成了本质统一的存在状态。在这种状态中，人与自然的关系不再是掠夺、占有、对抗、相互报复的对立关系，而是建立了融洽、和谐、协调的一体性关系。"④

余潇枫认为人类社会的发展过渡到了"类伦理"的时代，"类伦理"

---

① ［德］马克思：《1844年经济学哲学手稿》，人民出版社2000年版，第57页。
② 同上书，第56页。
③ 同上书，第57页。
④ 高清海：《人就是"人"》，辽宁人民出版社2001年版，第260—261页。

是以"类人格"和"类价值"为其重要的标志。"类"是人性规定的特有范畴。"它建构起了人对人自身认识的从未有过的价值维度，从而使人超越自然物种的方式，即用'人'的方式去理解人成为可能。从'类'的规定性审视人，人就从单一受动性质的存在转变为复合主动性质的'类化的存在'，这意味人称为'人'已不再是生命本能的奴隶，而是主宰、支配、驾驭生命活动的自为主体。"① 它的重大意义在于："人把生命变成了自我创生、自我规定的自由的存在，使生命的自在与自为变成统一的本性，使原来束缚于环境的封闭式的生命变成不断自我增值的开放式的生命，使原本从属自然的被动存在变成活的自然的能动存在，从而把有生有死的自然生命、个体生命引向了超个体的具有永恒无限性质的价值生命、类生命。"②

2. 关于弗洛姆伦理思想的研究成果

除了对类伦理思想的研究外，对弗洛姆思想的研究，不同的学者从不同的角度进行了深入的、多方位的探讨，理论成果颇为丰硕，包括哲学、心理学、伦理学等多方面的理论成果。限于论文所研究的理论视阈，仅对弗洛姆的思想中关于伦理方面的研究成果做一个梳理，为论文的研究提供借鉴和参考。这些理论成果主要集中在以下几个方面：

（1）人与人性的研究

一是从心理学的角度去解析人性，这是弗洛姆人性论的一大特色。俞吾金、陈学明在《国外马克思主义哲学流派新编》一书中认为："弗洛姆把人性的剖析纳入伦理学研究领域，并从心理学的角度出发，结合人的各种需求和特征来研究人性，对我们是有启迪的……他强调人性与道德之间的内在联系，力图恢复人在整个价值体系中的地位和尊严，无疑具有一定的合理因素。"③ 欧阳谦在《20世纪西方人学思想导论》中论述到：他从心理动力学的角度对人的性格的深入分析，构成了弗洛姆人性理论的一大特色。他构造了一个完整的人性模式，"他既看到了人的本能欲望和社会

---

① 余潇枫、张彦：《21世纪伦理学新走向——类伦理》，《社会科学战线》2005年第5期，第39页。

② 高清海、胡海波、贺来：《人的"类生命"与"类哲学"》，吉林人民出版社1998年版，第221页。

③ 俞吾金、陈学明：《国外马克思主义哲学流派新编》（上册），复旦大学出版社2002年版，第331页。

存在的制约，也看到了生存需要所派生出来的创造激情和主动精神"。①
万俊人在《现代西方伦理学史》一书中这样评价，弗洛姆为我们提供了
关于人性认识的生理—心理基础方面的内容，将无意识现象纳入伦理学研
究领域；"在个人人格结构及其生成机制、主体道德行为的内在动机、人
际关系的道德内涵及其形成的心理机制、人类道德起源的心理机制、个体
成长与社会文化关系等方面，提供了重要的心理学解释。他拓展了伦理学
的事业，推进了伦理学研究深度"②。"弗洛姆对人性的剖析是有启发意义
的，以往对人的社会性的探讨无疑是必要的，但随着现代社会的飞速发
展，日益向人们提出了全面认识'自我'的任务，即不仅从客观方面，
而且还从主观方面进一步探究人的内心世界和心理活动的奥秘。弗洛姆从
心理学角度，结合人的各种心理需求和特征来研究人的本性，并在这一方
面做出了可贵的贡献。当然，这种见解，正如他本人所说，只是一种假定
的看法，尚待人们论证。"③

　　二是对人性论的性质探讨：包括总体人性论、自然人性论、善恶论
等。张伟在《弗洛姆思想研究》一书中强调，弗洛姆将人性解析为多因
素多层次的组合体：包括自然属性和社会属性，心理与理性、思维精神与
感性活动在内的多层次的总体人性论，展现出人性的丰富内容，这不能不
是对人性探索的有益尝试。"在对人性善恶观上，弗洛姆摆脱了弗洛伊德
的天生性恶论，又超越了法国唯物主义哲学家霍尔巴赫的机械决定论。"④
高兆明在《伦理学理论与方法》一书中写到，弗洛姆对人的本性的理解
和对他的生活价值与规范的理解是相互依赖的。认为人性"是人生存与发
展过程中的文化特性，它具有积极创造性秉性"⑤。张一兵在他的《文本
的深度耕犁——西方马克思主义经典文本解读》中独特地评析道："弗洛
姆把人的本性和人的本质等同起来，关键原因是弗洛姆不同意马克思关于
人的本质的定义。"⑥他认为弗洛姆有着很深的理论城府，"他将人的本性

　①　欧阳谦：《20 世纪西方人学思想导论》，中国人民大学出版社 2002 年版，第 263 页。
　②　万俊人：《现代西方伦理学史》（下卷），北京大学出版社 1992 年版，第 178 页。
　③　陈学明：《西方马克思主义论》，辽宁教育出版社 1991 年版，第 563 页。
　④　张伟：《弗洛姆思想研究》，重庆出版社 1996 年版，第 54 页。
　⑤　高兆明：《伦理学理论与方法》，人民出版社 2005 年版，第 232 页。
　⑥　张一兵：《文本的深度耕犁——西方马克思主义经典文本解读》，中国人民大学出版社
2004 年版，第 148 页。

并无内在关联的'相对的'社会存在视为无根性的非本质方面予以去除……指认了一种同样是人与生俱来的永恒不变的固有本性：作为人的存在本质的潜能"。① 路德·宾克莱在《理想的冲突》中谈道，"弗洛姆企图超出中立的文化相对论而把人的'人性'当作基本规范来信奉"，② 在这方面他的确是优秀的典型人物。李青宜在《"西方马克思主义"的当代资本主义理论》中这样解释：弗洛姆把人性看作人的本性，认为人性、人的本性就是人心理和精神的"品质"在不同的社会历史条件下，人性虽然也可以起变化，但只不过是人的本性（潜在）能力在各种文化中的特殊表现。陈学明在《西方马克思主义论》中写到，弗洛姆把人性作为确立道德规范的基础和前提，认为符合人性的行为就是善，违反人性的行为就是恶。在他看来，探究人性，是"人本主义伦理学"的基本任务。他指出，精神分析理论最重要的贡献在于对人性"做了整体的研究"，即把人"自我保存"的原始欲求引入人性之中，作为人性的首要内容。在弗洛姆的理论中，人处于生存的窘境，但他决不甘心生活于内在矛盾中，必然追求和谐的生活，于是就产生了各种各样的需求。这些人类所特有的需求，根植于其"生存的两歧"之中，其中最主要的是对超越和关联的需求。所以雷纳·弗恩克（Rainer Funk）认为，弗洛姆基本上认为人是善的或者善是主要的。这种精神的传统来自犹太教的宗教哲学的传统和神秘主义传统。"哈西德主义的一个特征是，有这样的一种思想即神的固有本质在所有的事物中。那里提倡没有恶没有坏的，完全只是等级的差别。一般的人身上两种力量在生物性的驱使下相互斗争，好的品行被认可，这导致人的发展。在自然本性中好的潜能被发展，会发展出智慧、洞察力和知识等，如没被发展，就是一般的人，如果自然本性战胜了他，他就成了罪犯。这种思想立足在两种深深折叠的信任中，一是关于人有自我发展的力量和能力，第二个信任是相信人有能力发展成神性，这个观点立足于人基本上是善的原则。"③ 这种神秘主义变成最深沉的人性经验，他能确信自己是人

① 张一兵：《文本的深度耕犁——西方马克思主义经典文本解读》，中国人民大学出版社 2004 年版，第 150 页。

② ［美］路德·宾克莱：《理想的冲突》，马元德译，商务印书馆 1984 年版，第 137 页。

③ Rainer Funk, Major Points in Erich Fromm's Thought. Laudatio at the Symposium Possibilities of Psychoanalysis：Retrospect and Prospects on the occasion of the 75th birthday of Erich Fromm on May 24/5，1975 in Locarno，Switzerland.

并能自我生长。这种神秘主义的人性信仰构成了弗洛姆的人性信仰基础。这种神秘主义的方法接近心理的自我分析，他深信人有这种向善的力量和发展自我的需要。人性基本是善的基础上引出了他探讨的性格结构，生产性的和非生产性的性格结构，在哈西德的教义中神性超越人性也影响到他的异化和自由理论。

三是从社会哲学角度探讨弗洛姆的人性论。王元在《弗洛姆"人性异化论"探析》一文中说，弗洛姆肯定了人性既有先天的因素，又受后天的个人生活的社会、文化环境影响，这当然也是合理的。另外，弗洛姆对人的境遇的分析，从心理学角度看，的确揭示了人生存所固有的一些矛盾，是有其独到和深刻之处的。但弗洛姆对人性的分析没有抓住社会关系和社会生活条件这一关键性的因素。刘伟民在《论弗洛姆的社会哲学》一文中写到，弗洛姆对人性的重新阐释和界定构成着他的社会哲学的理论基础。弗洛姆认为："人性既非是由生理因素决定的先天驱策力的总和，也不像那些'文化决定论'所认为是一种人本性与之平缓适应的文化模式的无生命之影……人性的界定试图兼顾人性生物决定论和人性文化决定论这两个极端"①，并把其纳入自己的理论学说的解释之中。

（2）对自由的研究

一是从心理层面解读自由。陈振明、陈炳辉、骆沙舟在《"西方马克思主义"的社会政治理论》一书中写到，在弗洛姆看来，法西斯主义的心理基础是现代人逃避自由的心理机制，逃避自由导致个人的无意义和无能为力。俞吾金、陈学明在《国外马克思主义哲学流派新编》一书中认为，弗洛姆吸取赖希的理论思想从心理上分析法西斯主义的形成，但不同意把它简单地归结为性欲的受压抑。他通过阐述人的"逃避自由"的这种心理机制的形成和功能来分析法西斯主义的产生和流传，富有积极的意义，但是他这一分析缺乏一定的事实和理论根据。张伟在《弗洛姆思想研究》一书中论述到，弗洛姆"既从哲学方面，又从心理学方面界说自由范畴，以及探究现代西方人为什么和如何力图逃避自由这一心理机制，则构成其自由论的特色"②。"从心理学上说，自由是一种态度、一种定向，

---

① 刘伟民：《论弗洛姆的社会哲学》，《求是学刊》1994年第4期，第34页。
② 张伟：《弗洛姆思想研究》，重庆出版社1996年版，第76页。

它是成熟的、充分发展的、富有创造性的人的性格结构的一个组成部分。"① 郭永玉在《"逃避自由说"的文本解读》一文中也评价到，用心理学来研究富有时代特点的社会问题是有其新意的，但显然夸大了心理因素的作用。

二是对两种自由的评析。郭永玉在《"逃避自由说"的文本解读》一文中认为，弗洛姆认为现代人的特有困境就在于资本主义的自由，这种自由具有两面性：一方面，它使个人获得了独立，另一方面，这种自由又使人感到不安全、孤独和恐惧形成逃避自由的心理倾向，甚至会不由自主地屈从于一个权威，这正是法西斯主义崛起的心理根源。陈学明《在西方马克思主义论》中认为，弗洛姆分析人们对自由的追求、对自由的双重理解，以及现代资本主义自由的悖论，人为寻求解除孤独、恐惧和不安全感而逃避自由，这些都具有积极的意义。饶娣清在《论弗洛姆的自由观》一文中评价到，弗洛姆的贡献在于区分了积极自由和消极自由，逃避自由是人们对自己不负责或负不起责任的必然结果。只有正视现实和人生，积极地创造性地进行自我追寻才能健全自我，从而达到"自为的人"。张和平在《试论弗洛姆的"逃避自由"说》一文中写到，在资本主义社会中，人们可以自由地买卖交换和消费，表面上看是完全自由的，实质上被资本主义这架大机器在自由的幌子下操纵着，人们反而更不自由。人们不仅放弃了对积极自由的追求，而且也放弃了消极自由，人们通过"逃避自由"的自由方式克服其与外界隔离的孤独感。俞伯灵在《自由的悖论——重读弗洛姆的〈逃避自由〉》中谈到，弗洛姆认为人类既追求自由、独立又渴求屈从、归属的精神困境，实际上源于人类特殊的生存状态与人的本质。因此，追求自由和逃避自由的冲动，既伴随着个体的社会性成长的历程，又贯穿人类的始终。孔文清在《自由：积极的还是消极的？——在弗洛姆与伯林之间》一文中写道，弗洛姆的自由是一种道德权利，是具有"人之为人"的尊严的自然权利。伯林对弗洛姆的积极自由的看法是与弗洛姆的本意相反的。弗洛姆的积极自由恰恰就是伯林所认同的消极自由。"弗洛姆理论中蕴含着的反对任何形式的外在强制的观点，切中了伯林论证的

---

① 张伟：《弗洛姆思想研究》，重庆出版社 1996 年版，第 78 页。

要害之处。"①

三是对自由论的评价。吴倬在《现代西方人学名著选评》一书中写到，弗洛姆的自由观在总体上是唯心的：一是他把自由看作人对自身个体性、独立性的意识，是一种心理现象，看作由人性的内在冲动所决定的自发活动；二是脱离社会实践谈论人的自由，失去了实现自由的客观基础和手段；三是脱离必然性来谈自由；四是脱离人的需要与满足需要的统一去谈自由。王卫华在《弗洛姆"逃避自由"思想对解析我国社会转型期民众心理的启示》一文中论述到，按照弗洛姆的看法，人类历史的特点也可以说是一个个体化和自由不断加深的过程。追求自由，是人类的需要，逃避自由，也是人类的不得已的做法。"这种互相矛盾的悖论贯穿于人类社会始终，显示了弗洛姆充满了对人性的睿智分析和终极关怀。"②陈振明、陈炳辉、骆沙舟在《"西方马克思主义"的社会政治理论》一书中写到，改变这一状况的途径是：从消极的自由进入积极的自由，通过自发性的爱与生产性（创造性）的工作将自己与自然、社会并和他自己在更高层次上重新联结起来。王守昌在《西方社会哲学》中分析到，弗洛姆对自由学说的贡献在于他从精神分析的角度，对什么是自由和自由异化的问题，以及对现代资本主义做了深层次的批判，对未来社会人的解放提出了一个理想方案。张伟在《弗洛姆思想研究》一书论述到，从哲学上说，一般认为自由是"自由选择"，在对立的可能性中"两者择一"；弗洛姆谈及自由和必然的关系时，既拒斥无自由可言的宿命，又否认能随心所欲的意志自由论；弗洛姆把人类史看作人追求自由的历史，从解脱束缚这一意义上考察了自由的历史，并特别对人从追求自由到逃避自由的心理机制做了探究与解释，这对于当今社会和文化直接有关的自由问题的探讨，具有一定积极意义；弗洛姆对自由问题的分析，尽管"包含了一些有价值的启示，但在论述中却忽视了现代西方社会不自由的根本表现以及社会根源在于经济剥削、政治压迫、种族歧视等，舍本逐末，毕竟不是一种全面的科学解释"。③

---

① 孔文清：《自由：积极的还是消极的？——在弗洛姆与伯林之间》，《华东师范大学学报》2006 年第 1 期，第 28 页。

② 王卫华：《弗洛姆"逃避自由"思想对解析我国社会转型期民众心理的启示》，《太原师范学院学报》2004 年第 9 期，第 1 页。

③ 张伟：《弗洛姆思想研究》，重庆出版社 1996 年版，第 86 页。

（3）对异化的研究

众多学者对弗洛姆的异化论的研究集中在两点：一是对弗洛姆异化论心理层面的解读；二是对弗洛姆异化理论的评价。

陈振明、陈炳辉、骆沙舟在《"西方马克思主义"的社会政治理论》一书中写到，在弗洛姆看来，"生存两歧"是产生异化的根本的原因。这些"两歧"根植于人的生存之中，人是无法消除的。从最初形态看，异化是一种为反抗"生存两歧"而产生的一种变样的心理体验：个人感到自己是陌生人，即人与自身的疏离。同时弗洛姆对现代资本主义各种异化现象做了深刻地批判和揭露，具有其合理性、积极性。但他把"乌托邦"式的爱、精神分析与禅宗佛教当作克服异化的最有效武器，就像是一个布道的传教士了。张伟在《弗洛姆的思想研究》一书中论述到，弗洛姆把异化不仅当成哲学、经济学、社会和法学范畴来使用，也认为它是心理学的问题，是一种心理体验。弗洛姆提出了异化自古就有、各处存在的总体异化论，是与人类历史相伴随的。弗洛姆从心理上分析了异化的成因，他认为，异化同人的孤独感、恐惧感和依赖感有关。他还把异化概念当成在马克思论著中居于中心地位的语词，实不过是将其学说做了人道主义的曲解。张一兵在《西方马克思主义的历史逻辑》中认为现代异化表现为三个基本矛盾：第一是丰裕社会之匮乏；第二是自由之中的不自由；第三是人对自己不关心。前两种可称之为心灵的异化，弗洛姆的异化观可看作本体论上的异化，表现人类生存的矛盾状况，人既是自然之子又必然地与自然对立着生存这一矛盾，这就是海德格尔所说的"被抛性"。"在工业文明下和'自由'名义下，生活由互不相关的碎片构成，丧失了整体感。人的痛苦在于他已经成了一部大机器上的一个小齿轮，他的生活异常空虚并完全失去了意义。同时弗洛姆把异化理论心理化和主观化了"，① 认为是一种心理的体验。在弗洛姆眼中的当代异化可描述为：被管理的世界、消费的动物、人与人之间的冷漠和疏远、人与人自身相分离的异化，艺术和心理的异化等全面异化。

邱仁宗主编的《20世纪西方哲学名著导读》一书中写到，弗洛姆对现代资本主义社会的道德状况做了比较中肯的分析，并且在一定程度上揭示了私有制给社会异化状态带来的深刻影响，进一步提出了对资本主义制

---

① 张一兵：《西方马克思主义的历史逻辑》，南京大学出版社2003年版，第155页。

度进行全面改革的设想，但是他提出的改革方案，诸如把心理革命作为社会革命的基础，具有非常强烈的乌托邦色彩。王守昌在《西方社会哲学》中认为，弗洛姆的异化学说在批判资本主义社会和现代资本主义方面起着积极的革命作用，是一种正确的进步学说，但存在着如：概念过于宽泛；异化根源的非科学的全面认识；没有理论上和时间上解决消除人性异化的道路问题等缺陷。异化关系在历史上的哲学家视阈中并非不生产，只是表现为非人的生产而已。在本体论的意义上，意味着颠倒了主体与对象的关系。但在弗洛姆这里，更多地表现为一种主观感受。"他标志着经典异化逻辑在个人本位的新人本主义中出现了一种变形，即从存在论上的类本体颠倒向个人主观感受论的转换。"① 弗洛姆就概括青年马克思劳动异化的理论而言，是基本正确的。但马克思的异化理论不能全面说明今天汪洋大海般的异化现象，并且其中还有新的异化形式，这是马克思那个时代不可能想象得到的新情况。其中消费异化是当代社会中最为严重的异化现象，弗洛姆这里的分析的确有重要的参考价值，是异化分析中比较有价值的内容之一。王为理、王守昌在《论弗洛姆人本主义的意义及其理论局限》一文中写道："异化是弗洛姆人本主义用以揭示现代人的处境的最主要的范畴，较准确地反映了资本主义社会中人的存在状况。弗洛姆的异化概念的提出受到了马克思异化概念的深刻影响，但二者在背景、内容、形式等许多方面都有区别。他认为异化是人的自我感觉和主观体验，从这点看，弗洛姆人本主义有把马克思的异化学说心理学化、主观化的倾向。"② 李青宜在《"西方马克思主义"的当代资本主义理论》一书中认为，在弗洛姆看来人性的异化是一种体验方式，是自有人类社会以来就存在的现象，只是在当代资本主义社会里变得更加突出和严重，成了全面异化。当代资本主义社会由"原子"组成，这些微粒彼此相互脱离，它们联系在一起只不过是由于各自的利益和相互利用的必要性。在这种经济繁荣和物质丰裕的背后，存在着严重的人性和人的本质的异化和丧失。应该说"弗洛姆对资本主义制度所必然造成的这一恶果的揭露和分析是相当深刻的。但弗洛姆的分析，往往是站在抽象的人本主义立场上，而不是站在唯物主义立

---

① 王守昌：《西方社会哲学》，东方出版社 1996 年版，第 160 页。

② 王为理、王守昌：《论弗洛姆人本主义的意义及其理论局限》，《福建论坛》（人文社会科学版）1996 年第 4 期，第 17—22 页。

场上。他把人的异化看作人的主观心理体验和感受，这无疑否认了异化的客观原因，没能从阶级根源和剥削与被剥削的关系中去寻找，所以不能找到消除异化的正确途径"。①

（4）对爱与自爱的研究

对爱的理论的研究集中在两点：一是弗洛姆关于爱与自爱、自私关系的澄清；二是对弗洛姆爱的本质及其整个理论的评判。

陈学明在《"西方马克思主义"命题辞典》中认为，弗洛姆研究爱，是因为他深感现代社会太缺少爱。爱是肯定他人本质，积极地建立与他人的关系，它既是人出于克服孤独的需要，追求与他人结合，趋向合群；又是要各方维护自我、保持个性，不把自身消融于他人之中的需要。弗洛姆把"自爱"与"自利"联系在一起，是一个富有理论创见的观点。同时，弗洛姆认为"自私"和"无私"都缺乏"自爱"。真正具有爱的能力的人把"爱己"与"爱他人"统一在一起。假如爱他人是一种德行，那么爱我自己也必然是一种德行，因为我也是"人"。爱他人，是对他人的生命、幸福、成长和自由的尊重，它植根于自己的爱的能力；爱自己，是对自己生命、幸福、成长和自由的肯定，它也植根于自己爱的能力。弗洛姆把自爱赞美为"人本主义伦理学"至高无上的道德规范，这在理论上颇为鼓舞人心，但在现实生活中却存在很多问题。关于培育创发性爱的原理，不但是他的心理革命学说，而且是他整个学说中的一个重要组成部分。"弗洛姆关于培育创发性爱的原理，并非仅仅主张在心理分析范围内进行自我革命。他关于培育创发性爱的原理同关于治疗与拯救的原理一样，最后都是与社会革命联系在一起的。把弗洛姆同费尔巴哈绑在一起批判是不公允的。"②

陈振明、陈炳辉、骆沙舟在《"西方马克思主义"的社会政治理论》中写到，弗洛姆憧憬未来社会是一个充满了人类之爱的社会：每个人都懂得爱——爱他、爱他自己及自然界所有的一切，植根于友爱和团结的联结的"爱"成为人与人之间相互关联的唯一纽带。邓春莲在《在爱中存在——论弗洛姆总体人的主体性解放道路》一文中写到，弗洛姆所持有的是先验人性，认为人性的失落和社会的异化根基在于重占有的生存方式。

---

① 李青宜：《"西方马克思主义"的当代资本主义理论》，重庆出版社1990年版，第81页。
② 陈学明：《西方马克思主义论》，辽宁教育出版社1991年版，第583页。

他确信人类的解放道路是在爱中存在——存在的生存方式。如果人性被视为人类命运最终的主宰力量，那么人类的苦难、人的异化的根本原因就会被理解为人性的迷失。人类解放的根本途径就是：人性的复归——人类生活样式的重建。爱是对人类存在问题的解答：它是实现人与人之间的融合；是维系人类、民族、家庭和社会生存的力量。王守纪、孙夭威、轩颖在《爱的艺术与爱的教育——弗洛姆爱的理论及启示》中论述到，弗洛姆认为爱是解决人类存在问题的关键。在弗洛姆的人道主义伦理学中，爱是一个核心概念，是人的基本需要之一，是一种积极的力量，它是给予、是关心、是责任心、是尊重、是我们认知的途径。弗洛姆爱的理论是同他批判的社会理论联系在一起的；在批判中确立爱的理论，体现了对人类生存状态的关切，也是人类摆脱生存危机的一种努力。张伟在《弗洛姆思想研究》中认为，生活中需要爱，但要在存在阶级对立、民族冲突、性别歧视、剥削、压迫、战争的现实社会里，实现一切人彼此相爱，这说明弗洛姆在建构乌托邦，也说明了其激进地批判的社会理论只不过是一种社会改良理论。李国华在《弗洛姆关于爱的理论述评》一文中写到，就爱产生的缘由或根源来看，弗洛姆认为，爱是对人类生存问题的回答。"弗洛姆不仅精当地论述了爱的本质和内涵，而且还根据爱的不同对象详细地分析和论述了爱的各种具体形式。综观弗洛姆关于爱的整个理论，不难看出，他的有关爱的理论同他的其他理论一样，是他对当代西方社会进行批判的产物。同时也是他试图综合弗洛伊德和马克思的结果。一方面，他试图坚持马克思的唯物史观的基本原则，从社会存在，特别是从社会经济生活入手来分析当代西方社会的人们的爱的观念和爱的行为，通过改良和弘扬爱以及提高人们的爱的能力或爱的艺术来治愈西方社会的精神病态，缓解西方社会日益尖锐的社会矛盾。这实际上是软弱无力的甚至是空想的。另一方面，他摒弃了弗洛伊德用性本能来解释人的一切行为的理论。"① 同时他还强调自爱与爱他人的一致性，强调自爱与自私的根本对立。从实质上看这些思想在伦理学领域、特别是在爱的理论方面超过前人的地方。然而，他在探讨爱的理论时又着重从心理领域或以心理分析的方法来分析人和人的爱，甚至反复强调爱仅仅根源于人克服分离和摆脱孤独感的心理需

---

① 李国华：《弗洛姆关于爱的理论述评》，《湘潭大学社会科学学报》2002 年第 1 期，第 37—42 页。

要。这既说明"他未能彻底摆脱弗洛伊德的影响，也使得他不能真正揭示社会经济关系和以生产方式为主要内容的社会存在对人和人的爱的制约或决定作用。但是，我们决不能因此而贬低甚至否认在他的爱的理论中所包含的某些合理和'闪烁着真理光辉'的许多思想，更不能因此而抹杀他对法兰克福学派以至整个人类精神文化所做出的杰出贡献"。①

（5）占有和生存的研究

朱士群、岳介先在《市场经济下的定向献身构架——弗洛姆无神论宗教人学新思考》一文中认为，人的生存不仅需要方向意识即"定向"，它是人对目标的需要，主要凭助理性；人的生存也需要献身精神，即"献身"，如果失去它，人就会感到压抑。完整的定向献身框架是在理性主导下理性成分与非理性成分的协调一致。"定向献身框架"就似通常所说的"价值取向"，不同的是它具有更深沉的制约力和更强劲的张力：既有理性调节，又有情感支持。目标和献身对象就存在于人本身和现世生活中。定向献身框架决定着人的生存方式，即"占有"与"存在"。在重占有的方式中，人是"为他的人"，他与世界的关系是占有者对占有物的关系。在重生存的方式中，人是"为自己的人"、"自为的人"，他与世界的关系是淳朴而生机勃发的，从而实现他自己的本真性和实在性。都本伟在《论弗洛姆的社会哲学思想》一文中写道，"弗洛姆是从资本主义社会的两种存在方式，即生存（being）与占有（having）的矛盾展开对资本主义的病态进行分析的。重占有的生存方式，植根于本能和个人不死的渴望，把世界上的万事万物，包括自我，都据为己有，人同世界、他人的关系是一种所有和占有的关系，完全是一种无活力的物的关系了；重生存的生存方式则来自团结的本能和对孤独的恐惧，它不是物的满足，而是精神的自由，它是人内在的主动性、创造性，是给予、分享、奉献、牺牲的精神。这两种生存方式是尖锐对立的，以占有的方式为主导的社会不注重人生存的价值和意义，近代以来私有制和资本主义社会就是以占有的方式为重心，到了20世纪则发展到了顶点，几乎遍及社会生活的一切领域。弗洛姆的这种批判是极其深刻的"。② 雷纳·弗恩克认为生存和占有两种选择在弗洛

---

① 李国华：《弗洛姆关于爱的理论述评》，《湘潭大学社会科学学报》2002年第1期，第37—42页。

② 都本伟：《论弗洛姆的社会哲学思想》，《国外社会科学》1995年第7期，第66—71页。

姆看来，是两种基本的存在方式、两种不同对待自我和世界的方式、两种不同的性格结构，它决定了一个人的感情、思想和行为。"如果你注重占有的生活方式你就会变成'物'，失去自己的根，丧失意义，爱、理性和生产性等不能像物那样被消费、购买和占有，生存是不占有，从某一方面来说物是独立的。如果你是重生存的生存方式，就会重视人的内在的力量，对他们和世界的联系是用爱和理性来连接，自我经历、自我发展、自我分析，新人和新社会才能造就。"①

王为理、王守昌在《论弗洛姆人本主义的意义及其理论局限》一文中认为，弗洛姆的人本主义用弗洛伊德的精神分析的心理批判方法与马克思的社会批判方法综合起来，对人的存在状况进行了批判性分析。美国著名人类学家贝克尔赞扬他所采取的是一条"关于人之处境的积累性批判性思想的本真的路线"。批判精神是弗洛姆人本主义的内在精神，在对现代人处境的分析上，这一点得到充分体现。他将对人的分析引入了对社会的批判性分析，也是与法兰克福学派对发达工业社会中人的单面性以及对大众文化的批判是相呼应的，这一批判是富有成果的。"弗洛姆人本主义甚至更深刻地看到重占有的生存方式是从私有财产派生出来的，这无疑是弗洛姆人本主义超出弗洛伊德精神分析学的地方。"② 张伟在《弗洛姆思想研究》中这样评价到，弗洛姆关于人生存的矛盾和人的生存方式的矛盾，是一种假设，但尚有一定积极意义，它表现了弗洛姆反对对人类命运抱着消极无为的宿命态度，主张努力克服社会矛盾的积极态度。"但他用人的生存方式和主观心理动机解释民族矛盾和阶级斗争等重大社会历史现象，滑向了历史唯心主义。"③

（6）关于权威与良心

陈学明在《"西方马克思主义"命题辞典》和《西方马克思主义论》中认为，弗洛姆把良心作为一个哲学和伦理学范畴加以研究。他批判了弗洛伊德把"良心"等同于"极权主义良心"——"超我"的理论。弗洛姆把良心分为"极权主义良心"和"人本主义良心"，认为对前者要批

①　Rainer Funk, Introduction to Steps to Being. At the Symposium, Erich Fromm：Vitae Opera, that took place on May, 12—15, 1988 in Locarno.

②　王为理、王守昌：《论弗洛姆人本主义的意义及其理论局限》，《福建论坛》（人文社会科学版）1996 年第 4 期，第 17—22 页。

③　张伟：《弗洛姆思想研究》，重庆出版社 1996 年版，第 49 页。

判、揭露，对后者则要遵循、发扬。并提出"人本主义良心"是人的自我呼唤，把我们召回到自己的世界，使之能创发性地生活，健全、充分地发展，使我们成为自己潜在所是的那个样子。这是一种开创性的研究，对人具有启发作用。仇小敏、王永义在《解读弗洛姆的权威理念》中认为，弗洛姆认为权威是一种人与人之间的"符号"和"关系"，他把权威分为公开权威和匿名权威，其中公开权威又可分为合理性的权威和非理性权威。20世纪工业文明的到来，使权威的特征发生了改变：它们不是公开的权威而是无名的、隐性的、异化的权威。他认为这种匿名权威的运行机制就是"求同"。弗洛姆认为匿名权威比公开权威更有力量，让你无从反抗，它迎合了人们某种心理倾向，如相信公正、相信科学、相信知识。张伟在《弗洛姆思想研究》中认为，弗洛姆以自我的心声作为人道主义良心的重要特征，通过人道主义良心来"充分发挥人的潜能和获得幸福为其根本目标。这在伦理学史上独具视角，颇有新意。他反对权威控制人心以及盲目屈从权威，主张以自己的意志或判断取代接受外界的意志或判断，反映了他对法西斯主义道德的批判，具有进步性"。① 弗洛姆把良心看作来自人性的内在力量，并认为人们有一个按道德行事根深蒂固的需求，"这是一种超社会、超历史的唯心主义的解释……尽管良心表现为一种内心活动、自我评价，是一种内在道德，但它是社会的道德法规转化为人们内心信念的产物，与外在道德不可分割，可是弗洛姆在否定独裁主义的良心时，全然拒绝对社会的顺应，包括社会道德规范在内的外在权威的指导，割裂了内在道德与外在道德的联系，缺乏对社会道德规范做具体分析和区别对待，故具有形而上学倾向"。② 张和平认为，在弗洛姆看来，我们应当服从人道主义的良心，"不从"权威，认为"不从"与"自由"是互为条件的，他把"不从"的精神基础置于人道主义良心基础上，但良心一般来讲，它属于人的本能和自觉的范围，而非普遍的现象。当然良心具有一定的作用，但把"不从"建立在人的良心的基础上，是不可靠的，明显地表现出弗洛姆思想的不彻底性。孔文清、吴毅在《弗洛姆人道主义良心论》中写道，"他在批判权威主义良心的基础上，提出了人道主义良心的概念，对伦理学的这一概念做了独到的诠释。人道主义良心的提出，

① 张伟：《弗洛姆思想研究》，重庆出版社1996年版，第99页。
② 同上书，第100页。

在批判了为人们广为接受的、否定人自身的传统良心模式的同时，强调了道德应该是基于普遍人性的、对人自身的肯定，因而具有重要的理论价值和实践意义"①。但他对人性所做的哲学思考和他对人所做的经验科学的考察往往是脱节的，二者并没有很好地结合起来。胡义成在《良心作为观念上层建筑的人道主义向主体心理的积淀形态——为人道主义研究中的唯物史观》中论述到，弗洛姆的人道主义的良心论是唯心主义的论断，他强调的是"自律"，否定社会的制约和客观性的因素。

（7）关于弗洛姆伦理思想总体方面的研究

加拿大学者丹尼尔·伯斯顿在《弗洛姆的遗产》中说道："弗洛姆的哲学观是人道主义、存在主义和马克思主义的混合。这以德国启蒙运动和新康德主义思想的棱镜为中介，并具有预言和神秘主义的痕迹。它也被公认为是一种精神分析的修正主义体系"。② 张伟认为弗洛姆的理论主线是"人道主义"或者"人本主义"，"它是一种把人以及人的发展、完善、尊严和自由放在中心位置上的一种思想和感情体系"。③ 他"以人为中心"展开他的论题，将人的生存状况，即"人的境遇"为起点，阐发人的需要、人性、人的生存方式、人的价值、人的异化、人的自由、人际之爱等一系列有关人的问题，主张"让人压倒一切"，强调"能拯救和帮助人类的，是人道主义和个人主义精神"④。张和平也认为弗洛姆的人本主义伦理学有其重要贡献，他为我们寻找到了准确的本体基础："人"。伦理学的研究离开了人，就必然会走向歧途。但弗洛姆从思辨、抽象、直观的人出发，对于解决西方现代社会存在的各种痼疾，是无济于事的。邱仁宗主编的《20世纪西方哲学名著导读》中写到，《自为的人》用心理学的理论来解决伦理学的问题，这样把伦理学和社会问题联系起来，提出了一个值得研究的方向，并为此做出一定成效的努力。但他对人的性格划分，是抽象的人性模式。陈学明在《西方马克思论》一书中认为，一切思想家研究人性，都是为了探求一个"定向和献身的框架"。弗洛姆激烈地批判

---

① 孔文清、吴毅：《弗洛姆人道主义良心论》，《北京工业大学学报》2001年第12期，第58—64页。

② Burston, Daniel, *The Legacy of Erich Fromm*, Cambridge. Mass: Harvard University Press, 1991, p. 4.

③ 张伟：《弗洛姆思想研究》，重庆出版社1996年版，第101页。

④ 同上。

了"伦理学的相对主义",认为存在着普遍的行为规范和道德标准。他所要确立的是规范人本主义伦理学。它要求人自己所遵守的规范应由人自己来制定,它所信奉的原则是对人自身有益就是善,有害则是恶,人的幸福是衡量伦理价值的唯一标准。一切伦理规范的确定必须以对人本身的认识为依据,而研究人性的目的最终是为确定伦理规范服务的。纳普认为"弗洛姆写的著作及其作为本世纪的最有影响的人道主义者之一的各种各样的其他活动,都始终不渝奉献于一个专一目标:为整个人类更美好和更有尊严的生活宣传一个伟大的有预见的希望"。① 这是弗洛姆的理论和实践活动的主旨。王雨辰在《试论弗洛姆的规范人本主义伦理学》一文中论述道,"弗洛姆的规范人本主义伦理学既具有鲜明的个体道德心理学的特点,同时也具有鲜明的社会道德性和爱的生产性潜能"②,强调道德主体的能动性以及社会性格对人道德行为的影响。同时,弗洛姆对异化和现代人道德状况的分析也是深刻而独到的,但"由于弗洛姆的理论不是以唯物史观为基础的,而是建立在抽象的人道主义基础上的,这样他的规范人本主义伦理学就无法从私有制的生产关系入手,揭示人异化的真实根源,而只能把当代人的解放建立在一场拯救'异化心灵'的抽象道德教育上,从而使他的人道主义社会只能停留于抽象的伦理诉求上,这也正是他的规范人本主义伦理学的缺陷"③。殷晓蓉在《人性、道德与现代人的困境——弗洛姆人本主义伦理学评析》一文中写到,弗洛姆的规范人本主义学说既独特又典型。其独特性在于它与当代非理性主义和相对主义潮流不同;其典型性在于它集中表现了当代社会的种种矛盾,试图据此形成对当代社会生活的批判,做出对现代人困境的诊断和治疗,弗洛姆提出了"第三条道路",即所谓"规范人本主义伦理学"的道路。弗洛姆试图为规范人本主义伦理学提供一种新的研究手段——现代的社会理论和精神分析理论,然而弗洛姆更多地诉诸一种人本主义的精神感召力,而不是对现存社会生活条件的现实研究。由此他遭到了众多的指责。但是弗洛姆的人本主义伦理学毕竟是批判性质的,这一点无论如何要高于那些无批判的实证。

---

① Kaapp, Gerhard P, *The Art of Living Erich Fromm's Life and Work*. New York: Peter Lang Publishing, Inc, 1989, p. 4.

② 王雨辰:《试论弗洛姆的规范人本主义伦理学》,《伦理学研究》2004 年第 7 期,第 50—55 页。

③ 同上。

3. 对弗洛姆的思想进行解读的主要专著

《弗洛姆思想研究》（张伟，1996 年出版）一书考察了弗洛姆的生平和他思想形成的历史背景、理论来源，侧重从哲学、政治学、社会学、伦理学和心理学等方面介绍弗洛姆思想的丰富内容，并对此做出了客观评价。

《孤立无援的现代人——弗洛姆的人本精神分析》（郭永玉，1999 年出版），从精神分析的视角解读了弗洛姆思想，客观地说是一本关于心理学的著作。

《弗洛姆自律道德研究》（孔文清，2010 年出版），以自律道德为切入点对弗洛姆的伦理思想进行系统的研究。在对弗洛姆伦理思想的来源、人性论基础进行梳理的基础上，对弗洛姆的自律道德从内容（质料）与形式两个方面予以了分析。同时讨论了其自律道德与自觉、自由的关系、造就道德新人与新社会的构想以及弗洛姆的道德自律与康德、尼采、弗洛伊德相关思想的关系。最后，运用弗洛姆的自律与他律的道德模式理论对中国儒家伦理思想进行分析。

《弗洛姆新人道主义伦理思想研究》（邓志伟，2011 年出版），从社会的健全与人格的发展的关系入手，运用历史与逻辑相结合及比较诠释的方法，将弗洛姆的伦理思想置于当代资本主义迅猛发展的历史视阈，在考察弗洛姆新人道主义伦理思想的理论渊源、现实背景、理论基础和逻辑起点的基础上，展开对弗氏新人道主义伦理思想的核心目标——创制型人格的基本内涵、伦理批判、外在条件、内在机制的梳理和分析，并通过与弗洛伊德、马克思、马尔库塞等人的伦理思想以及中国传统儒家伦理思想的对比个案研究，结合中国社会主义道德建设的若干问题对弗洛姆新人道伦理思想进行了总体评价，从而比较清晰地勾勒出弗氏新人道主义伦理思想体系的脉络。

三　本书写作的目的与主要内容

（一）本书写作的目的

在对弗洛姆的伦理思想的研究成果做了系统的梳理之后，感受到：一是国内外学者们的研究是深刻的和忠于弗洛姆的文本的；二是研究成果是多学科、多角度、多方位的，展示了弗洛姆理论的丰富性，可以说全面地解读了弗洛姆的思想。这些研究成果对我们进一步研究和发展弗洛姆伦理思想具有重要的理论价值和借鉴意义。但对弗洛姆的伦理思想的研究作者觉得尚有三方面的不足：

一是，迄今为止作者还没有看到对弗洛姆"类伦理"思想研究的系统文献，对弗洛姆的伦理思想的研究中其"类"的意识往往在谈到人性中提到，但并未对其提挈和重点关注。这对我们研究、理解和把握弗洛姆伦理思想的精髓是不够的。

二是，现有的理论研究大多从某一方面对弗洛姆的伦理思想进行研究，对于总体上更确切地把握弗洛姆伦理思想存在一定的缺陷，无法探得弗洛姆类伦理的整体性，以及类伦理思想在其伦理思想中的原发性、逻辑性和系统性。所以，专著从对弗洛姆的伦理思想进行梳理，框出其伦理思想的内核——类伦理，从整体上把握其伦理思想的主旨，避免因分割而不得其伦理思想的要领，以期更好地领悟和分析弗洛姆伦理思想的真谛。

三是，过去不少学者从总体上对弗洛姆伦理思想进行了深入研究，为我们在大众层面上更好地理解弗洛姆伦理思想做了很大的贡献，他们的解读是正确的、科学的、富有理性的，但我们如果局限于他们在"人道主义的伦理学"既定的语境下来继续研究弗洛姆的伦理思想，可能会受其框定的定式影响，难以突破以往的研究来形成一种发展的解读。因为现代解释学的方法，已经不仅是对史料的运用，更多的是用读者的视角在当下的现实语境中去解读，是一种现实的解读，一种发展的解读，这样我们才能发现在其伦理学中蕴含的丰富的伦理学资源和其发展的、深远的卓识。

因而我们需要突破研究的视阈和研究的方法，进行更为丰富有效的研究，以期对弗洛姆伦理思想做出新的、合理的、发展的解释。

本书尝试对弗洛姆的伦理思想做一个比较全面的清理，在众多的文本中框出弗洛姆类伦理思想的主要观点、构建弗洛姆类伦理思想的体系；挖掘弗洛姆类伦理思想形成的理论基础和现实缘由；探讨成为类"人"的主体素质；解析弗洛姆类伦理思想的核心原则，以及如何实现类伦理目标的途径。本著作也试图在解读弗洛姆文本的基础上来说明弗洛姆类伦理思想对当代伦理学发展的启示；揭示当代人反思自身及其行为和成为"类"人的深刻意义，为解决人类生存困境提供伦理支持，促进人对生存意义的领悟和认同，彰显"人类"的尊贵价值。

（二）本书研究的主要内容

弗洛姆的伦理思想被冠之"人道主义伦理学"或"规范人本主义伦

理学",无论是弗洛姆自己还是后来的解释者都确信无疑这是最恰当的称谓,这大致是对的,因为弗洛姆的确将"人"置于研究的核心,寻求"人"的发展和解放,这与伦理、道德研究的原本旨趣相一致。但显然他们忽略了对弗洛姆来说更为关键的伦理思想的内核——类伦理思想。弗洛姆伦理思想研究的逻辑起点是人类的生存困境;他极具敏锐和深刻的社会批判为的是揭示人类的生存困境的根源;他的理论探索和实践都为寻求解除人类的生存困境而展开;而他的"希望的革命"则是对未来"人类"的生存世界的美好设计。纵观弗洛姆的理论资源,"人类"的生存和命运是其化不开的理论"情结",是他毕生的伦理理想和实践的目标。

沿着这样一条清晰的理论线索,本书的研究内容就此展开:第一章主要是对弗洛姆类伦理思想的理论基础的论述,其伦理思想是一种具有"类"意识的伦理学,它的人性基础不是单个的人,而是"类"的一员,具有超越"种"生命的特质。由此,考察了"类"的意识和"类伦理"的来源,分析弗洛姆类伦理思想的来源,及其类伦理的理论来源和人性模式,为以下章节的理论论述奠定基础。

第二章和第三章是对弗洛姆类伦理思想形成的现实缘由进行剖析,是类伦理思想建构的否定性基础。这个否定性基础实质是人的生存困境:一是异化,二是在异化的作用下形成的反馈机制,重占有和逃避自由。在第二章对弗洛姆全面异化理论进行了剖析,异化造成了人生存意义的丧失,人成了无根的浮萍,面对生存困境人选择了不恰当的反馈机制:市场性格、重占有的生存方式和逃避自由,以此来适应不健全的社会。异化及其反馈机制互为波澜,进一步恶化人的生存情境,人屈从非理性的权威,全然忽视了生命本身的能动性和人生存的真实意义,也与人的生存目标相悖离,而这一切是人自身造成的。

第四章、第五章和第六章是弗洛姆类伦理思想建构的肯定性基础:包括类伦理主体的素养、类伦理的核心原则和实现途径。第四章阐述弗洛姆类伦理的主体素养:重生存、生产性、理性的信仰和良心等。第五章关于弗洛姆类伦理的核心原则:爱的原则。爱是使分离的个体重新联结的力量,是关心、尊重、认识和责任的体现,这种爱既使个体保持独立,又使个体和他人联结起来,克服孤独焦虑等不安全感;这种爱必然也是母性的爱与父性之爱的结合。第六章论述了弗洛姆类伦理目标实现的路径。类伦理的实现要通过个体道德自我意识觉醒的内在路径,和社会一系列改革的外在途径来实现。

　　第七章是对弗洛姆类伦理思想的局限性和贡献的陈述。分析了弗洛姆类伦理思想的理论特色和局限性，弗洛姆类伦理思想的理论图景与乌托邦梦想的比较，以及对当代世界和中国的启示。弗洛姆类伦理思想的理想色彩与乌托邦是不同的，在全球化的背景下，人类为了共同的生存缔结了各种各样的条约，在诸多领域进行了合作，为人类更美好的生存空间践行着类伦理的梦想，这种梦想在弗洛姆自己看来，是一种普遍伦理学的诉求，这乃是人类千百年来的共同追求。在全球化的进程中，为了人类共同的生存和幸福而达成的有限的国际合作是必然的趋势，它的基础就是"类意识"和"类伦理"价值。一个纯粹的乌托邦是不能实现的，但不代表美好梦境中的部分理念和价值不能在现实中实现。

第一章

弗洛姆类伦理思想的理论基础

第一节　"类哲学"与"类伦理"

人从自然界中凸显和分离出来成为"人"，便意识到自身不同于动物，并开始思考"什么是人"这个重要的问题，在此基础上形成了人的伦理生活。"人是什么，人应当怎样生活"亦成了伦理学研究的核心问题，其中"什么是人"是伦理学研究的起点和基础，对人的定义不同，也就有了伦理学不同的范式。在经历了规范伦理学、元伦理学、相对主义伦理学，到了 20 世纪中后期在规范伦理学复归的主导下兴起了诸多新伦理学，如新功利主义、新社会政治伦理学、新人道主义、新行为主义、新结构主义、境遇伦理学和商讨伦理学等，都试图为解决 20 世纪人类的困境和未来的出路出谋划策，但似乎依然有着难以克服的伦理难题和不可公度性。

人类的生存困境已经不是一己民族国家所要面对的问题，而是人类共同的境遇；也不是一个民族国家能解决的，而是要站在人类的共同命运的立场才能去解决和协调的问题，它需要人类自觉地形成"类"的意识和运用类伦理的原则来调整，民族性和世界性的纷争和冲突才可能得以消停。人类一直在寻求什么是"真正的人"，在人类历史的发展中历经岁月和文化的洗礼，"类"的特性就如在浪沙中淘洗出的贝壳，真正散发出其光彩和价值。

一　人是"类"的存在物

"人是什么"，我们如何对"人"进行定义？亚里士多德在《范畴篇》和《形而上学》中论述到，对于定义可以用属和种差来规定，这是对本质的陈述。"亚里士多德通过区分偶性、特有属性、本质属性和定义，找到了属加种差定义的基本方法。"① 人认识事物首先是从偶性出发，正是事物偶性的多面性，让我们发现事物的多种属性，这是经验认识，但对事物的真正认识并不是偶性关联；事物也有多种特有属性（固有属性），通过对事物偶性的认识察觉事物固有的属性。但这还不是事物的本质，用亚里士多德的话说，定义才是表述本质的短语；定义的表达有两个元素，属和种差，只有属和种差才真正述说本质。

认识事物要通过两条途径，一是肯定，二是否定，事物是什么，而不是什么，是我们确定此事物之所以是此事物的边界，这也就是事物的同一性和差别性的原则，运用这两个原则我们来定义事物本身。同一性原则就体现对事物的"属"的规定，属于同一的"属"有一些共同的特性，这些是区别其他"属"的依据，事物之间不同的"属"是各不从属，界限不可逾越。在同一的"属"内，存在着"种差"，这即是事物的差别性原则，同一"属"下的种存在不同的特性，以此来区别此存在和他存在。所以定义首先把事物置于"属"内，再加"种差"，"属"的外延比"种"的外延宽，"属可用来陈述一切属于它的种"②，但"属"内的"种差"不能言说"属"本身，只是部分地呈现"属"的特性。

因此对于人的定义，要揭示其本质，也可以遵循这个规则，先把人置于人所从属的"属"内，再加上人与属内其他种的差别，便构成对人的定义了。从人的"属"来说，人首先是动物，所以具有自然生命的本性；其次，人与其他动物的差别，是人之所以是人的依据，是人区别于其他动物的根本特性，这个特性必然要从人本身去言说，如果从动物的角度去言说人本身，那并不是表达人之本质的"种差"。

马克思在《1844 年经济学哲学手稿》中早就对此有过相关论述，他说，人首先是有生命的动物，但人区别于动物的特性表现在种差上，也就是人具有动物性的自然属性的特性外的超越动物性的一面，即类的特性，类的特性是人之所以是人的根据。"动物和自己的生命活动是直接同一的。它就是自己的生命活动，人则使自己的生命活动本身变成自己意志和

---

① 吕纯山：《论亚里士多德〈形而上学〉Z 卷第 7—8 章中的形式概念》，《哲学研究》2010年第 7 期，第 75 页。

② 周建设：《亚里士多德的语义理论研究》，《首都师范大学学报》（社科版）1999 年第 3期，第 20 页。

自己意识的对象，正是由于这一点，人才是类的存在物。"① 他继而又说道，"人是类的存在物，不仅因为人在实践上和理论上都把类——他自身的类以及其他物的类——当作自己的对象；而且也因为——这只是同一种事物的另一种说法——人把自身当作现有的、有生命的类来对待，因为人把自身当作普遍的因而也是自由的存在物来对待"。② 所以"一个种的整体特性、种的类特性就在于生命活动的性质，而自由的有意识的活动恰恰就是人的类特性"。③ 所以"人是类的存在物"④。"类"这一概念，就是人之所以是人的本质特点。

所以，"种"是强调生物具有不同特点的，以"种差"为界限。而"类"是指有共同特征的事物形成的种类，强调它们共有的特性，人作为不同于动物的突出特性就是从其先在的自然状态中能动地成长为真正的人，所有的"人"都具有这样的共性。

虽然，在马克思的理论中早就涉及了"类"的概念，甚至更早地可以追溯到费尔巴哈，是费尔巴哈真正提出"类"的概念，但他的"类"只与男人和女人有关，也是一个抽象的概念；黑格尔也谈到类的概念，但运用本体论的方式，使类的概念精神化。只有马克思才在现实的人的基础上提出"人是类的存在物"⑤，并在"类活动"中亲证自身为人，是人区别其他动物的主要依据，它是人的本质的体现，只有人类具有这样的"类本质"。但马克思关于"类"的理论在其传播中被认为是不成熟理论之果而被忽视，陨落在马克思理论的浩渺烟海中。

西方学者在理论的研究中虽有涉及"类"的意识，但也只是一种隐晦的表达，没有把它作为一个关键的词语和思想提炼出来。西方关于普世伦理的探讨也关涉全人类的生存和人类的共同价值，但并没有一个核心的概念和理论依据来支撑，事实上还是缺乏可公度性。国内学者高清海、余潇枫在马克思的理论中发掘了"类哲学"和"类伦理"的概念。对"类哲学"和"类伦理"做了细致深入的分析，认为人类社会未来的哲学和伦理学走向必然是"类哲学"和"类伦理学"。

---

① ［德］马克思：《1844 年经济学哲学手稿》，人民出版社 2000 年版，第 57 页。
② 同上书，第 56 页。
③ 同上书，第 57 页。
④ 同上书，第 56 页。
⑤ 同上。

二　类生命与类哲学

高清海在《人的"类生命"与类哲学——走向未来的当代哲学精神》一书中,对人的"类本质"、类哲学的根基、类概念和类意识历史演变、类理念的本质、类哲学的精神等做了深入的剖析。

高清海从人的生命本质出发,认为人有自然生命和自为生命两重意义,即"种的生命"与"类的生命"。人从动物而来,一方面与动物同样有着自然生命的特质,"这种生命的基本特点是:它是自然给予,具有自在性质,有生便有死,非人所能自主,它服从自然的法则,与肉身结为一体,作为种性同等地存在于一切个体身上"。① 另一方面,"人是能超越动物性自然生命的能动的主体",即是"类生命",它"则是由人所创生的自为生命,仅仅属于具有自我创生能力的人所特有。这种生命作为对'种生命'的超越,已突破了个体的局限,具有与他人、他物融合为一体性的关系,因而获得了永恒、无限的性质"。② "'类'的概念与'种'的根本区别之一,就在于它不是个体的抽象的统一性质,而是以个体的个性差异为内涵,属于多样性和否定性的统一体概念。"③ "类这一概念在人和物上的不同性质表现在:用于物是一种限定性的概念,而对人则恰恰是突破界限的超越性概念。"④ 我们在超越个体的性质上使用"人"的概念时,内含着社会性和普遍性,而类本性的呈现又是在丰富多样的个体性中。从人的角度去定义人,那么类本质是人之为人的特质。人从动物而来,但突破了动物种的界限,用类本质超越了"种生命",凸显了人的存在与他物存在的不同与价值。动物与其生命是一体的,获得了生命也获得了种的规定性,个体的呈现是分有种的特性;而人获得生命并不自然完成了人本质的统一,是在后天的活动中确证自身的特性,并在活动中认识到人并不是孤立的存在,而是社会性的存在,必然要与他人结成一体。人是自在和自为的统一。

高清海认为类哲学突破了"物种的思维方式"。过去伦理学遵循的是

---

① 高清海:《人的"类生命"与类哲学——走向未来的当代哲学精神》,吉林人民出版社1998年版,第37页。

② 同上。

③ 同上。

④ 同上书,第236页。

本体论的思维，即"物种思维方式"，它往往追求人的本原或本体以及决定性的特征，企图达到对人终极的把握；采用求同或求异的方法，把人与他物截然区别开来。这种本体论的思维脱离了人生存的现实情境，是"死"的，与人的活的、创生性的特点相对立，所以是"物种"的思维方式，无法超越自身的界限和尺度。因为"'规定性'决定了事物的存在状态、行为方式、变异程度。'物'是不能超越它的本性所规定的界限的，同种事物的性质不同，不同种的事物性质不相同"。① 而人的本性不同，人在后天的活动中造就了人本身，人自己创造了自己的本质，突破了作为"物"的规定性。超越自然生命的模式达到了自在与自为的统一，使人成为一个无限开放的系统、确立了人的自由和自主的创造能力，从而把人引向了价值生命和类生命。"这种包含了种，而又超越了种的全新关系，已经是属于'类'的关系，所以应当把人看成以类为本性的存在。"② 因此可以说人是一种超越生命的自为存在和宇宙生命的人格化身。

"类哲学"的根基始于"类意识"，类的意识是从种的意识中萌芽和成长起来的，只有在经历了种的生命本身存在才会自觉意识到与动物的不同，有着自身独特的"类"性质。高清海认为，过去本体论时代从人的初始本原即从物的本性去理解人，把人还原为物，这是一种"种"的认识方式，它虽然也"涉及了人的超越性，是'超物之物'的存在，但本质的前定性、预定性，却又完全是'物种'的规定方式"。③ 在经历了本体论的追求唯一的、绝对的本源作为人的生存根据、价值和意义到转向关注人的生活世界的生存论和价值选择论；从抽象的人走向现实和具体的人，从不可分割相互依赖群体本位转换到个人本位，爆发出个体创造性的强大力量，群体本位的模式完全被打破了，个体可以创造"无限"的财富，人是自己的生存根据。正是在群体本位走向个体本位的过程中人彰显了人不同于"他物"的特性，超越自身弱小的本能适应环境的界限，一个"为我"的世界展开了人的本质特性。个人本位的突飞猛进创造了人类前所未有的财富，但最终也造就一个个"单子式"的孤立的个体，以

---

① 高清海：《人的"类生命"与类哲学——走向未来的当代哲学精神》，吉林人民出版社1998年版，第221页。

② 同上。

③ 同上书，第37页。

及全球性的环境、能源、人口、核战争威胁等问题。这些困境靠单子式的发展模式自身无法解决，人类在现实的困境面前反思人与人的关系、人与自然的关系，寻求解决这些问题的途径，这必将引导人类走向"类本位"的存在模式。

高清海认为"类"的意识古已有之，先秦的"道"、"德"，孔子的"仁"、"中庸"，《荷马史诗》中的社会秩序理想，佛教中的"九法界众生"，基督教中的神人一体的宇宙意识都包含着人最初的、朴素的"类意识"。但在本体论时代，类的实体化是与个体分离和分裂的，远离人的现实生活，所以是一种抽象化的本质。费尔巴哈第一个提出明确的"类"概念，是在批判宗教的基础上确认"类"才是人的本质，人的本质只有在他所属的群体中才能显现出来，这就是"类本质"，"类"是对个体性的扬弃，人只有在类中才能成为"人"，"类"是人的"内在生活"或"类生活"本身。但费尔巴哈所说类本质是男人与女人结合在一起的实存，他从反对抽象的类本质又回到抽象本身。马克思由此批判了费尔巴哈的这种理论，认为"类本质"有表现人的本质统一性，具有普遍性，但更是体现在个体丰富、具体的实践中，通过类的实践活动本身呈现人的"类本质"。"类本质"必然立足个体和群体，又超越个体和群体，在尊重和发扬个体性的前提下，结成人与人、人与自然的和谐关系，完成人的本质在外部世界的确证和在人自身群体中的确证。外部世界并不能完全确认人的本质，只有以人自身的标准和在群体中才能进一步确证人之为人。"以类本位的自觉'类'存在状态，也就是人与人完成了本质的统一、人与外部世界完成了本质的统一、人与自身本质也就完成了本质统一的存在状态。在这种状态中，人与自然的关系不再是掠夺、占有、对抗、相互报复的对立关系，而是建立了融洽、和谐、协调的一体性关系。"①

高清海也进一步澄清了类与群体的差别。他认为群体表现着类性，但类性不等于群体，群体是自然的结合，类性是社会的组合，类性的体现是通过个体的创造性能力来实现的，群体还达不到这样的状态，在群体本位中个体的创造力量是未展现和被束缚的，还没有力量真正确证人的现实的本质。个体本位看似打破了人与人密切联系，但事实上却以否定的方式体

① 高清海：《人的"类生命"与类哲学——走向未来的当代哲学精神》，吉林人民出版社1998年版，第238页。

现人本质的真实一面，否定的是自然属性和狭隘的人际关系。经历了肯定、否定，从而在更高的层次上实现对人本质的肯定，那就是"类本位"下体现的人的本质。"类本位"的个体获得了真正的自由，亦具有独立的人格，既认识到人是不可分离的有着密切的联系，也深刻意识到自身的力量和本质，这样的人是"自由、自觉和自为的存在状态"。①

所以，在类的存在状态中，"'人'已不再是超越个体之上的、存在于个人之外的那种实体大我，同样也不再是彼此孤立、相互分裂的单子式的小我，而是普遍地存在于每一个体之中，又把一切个体从本质统一为整体的'类'存在。在这里人人都是人格化的人，也都是人的人格代表，每个人既是独立的人，也是普遍的人，即都是小我和大我的统一体；人与人之间不再有'人'的分别，而只是个性的不同，也就是他们在人格上是完全平等的，个性是充分自由的"②。

由此可见，人从自然本性中解放出来，才产生了人与自然的对立；人与自然的冲突和对立说到底是人与人的对立和冲突，所以类的本质使人与人建立同一的关系。类理念的本质体现为人的超越本性、自在与自为的统一性以及类本质的内涵是以个体的丰富性为基础的。生产活动本质上就是一种类活动，呈现和造就了"类本质"。

在类理念基础上提出的"类哲学是一种全新的理解。注重从人与外部世界，人与他人与自身的本质性的一体关系，也就是说以否定性的统一观点去看待和认识，是一种新的哲学思想境界、思维方式、思考方法"③。类哲学的基本精神是人追寻生命本质的哲学、探寻人类自由自觉的自我意识和存在状态的哲学、蕴含着人的历史性哲学，包容人类的世界性整体、把全人类的生命意义和生命价值作为终极关怀的哲学，体现人性丰富性的哲学，亦是作为发展成熟的人的成熟的哲学形态。

人类的发展必然要进入"类"的发展阶段。在马克思看来人的发展要经历三种形态，从对人的依赖关系发展到对物的依赖，进而发展到自由人的阶段。第一阶段主要是以群体为本体，第二阶段是以个人为本位，而

---

① 高清海：《人的"类生命"与类哲学——走向未来的当代哲学精神》，吉林人民出版社1998年版，第221页。

② 同上书，第242页。

③ 同上书，第250页。

第三阶段的自由人是以类为本位，是自由自觉的类状态。"前两个阶段人的本性不处在从种向类的脱胎、转化、生成过程。经历两个发展后，人才能进入以类为存在状态的人，这时人才开始称得上真正的人，也就是充分自觉了的获得自由的人。"① "个人本位发展到极端，就会引向自觉的类本位。它是对个体本位的扬弃。充溢也会引起变化，个体本位满足的是'小我'，难免狭隘，更多的人从'大我'寻求广阔的天地，关爱和帮助他人，有着与全人类共命运的领悟。"②

高清海认为，正是人类历史的推进，人的类生命和类意识的发展，使个体本位转换到类本位，本体哲学也转换到类哲学。全球化中人类共利益、共命运的事实进一步力证人类需要类哲学，而且也正走向类哲学。

三 类伦理学的提出

余潇枫从人格和价值的角度提出了"类伦理"的概念。

余潇枫认为，人格"在物理时空中的个体生命是有限的，但个体所表现的人格性则超越了物理时空的有限性。从这一意义上说，人格又是具有超个体性性质的价值体现，人格的本质内含着人在实践中形成的超个体的'类性'或'类价值'的普遍性。个体获得了这个普遍性，就成为能体现类价值的普遍性个体。这时，人才算真正成其为'人'，人的生命的价值才从有限走向无限，从个体走向人类的整体"。③ 类的意识是在人格的意识中展现的，"人格意识的实质就是自觉做人的意识，也就是以类生命为自我本质的意识，一个真正的现代人必须具有这样的意识"。④ 当人生活在群体时代时，群体的价值就是人的价值；当人过渡到个体本位的时代时，个体的价值至高无上，但个体价值的过度强调使人走向了人与自然的对立、人与人的对立，最终消解了人创造力量和恶化了自我的生存环境。在人类的历史发展进程中，现实的需要必然导向"类意识"，"类价值"将成为可公度的价值，类人格以一种"世界公民"的模式呈现出来。"类

① 高清海：《人的"类生命"与类哲学——走向未来的当代哲学精神》，吉林人民出版社1998年版，第226页。

② 同上书，第252页。

③ 余潇枫：《"价值时空"与人格的发展》，《哈尔滨工业大学学报》（社会科学版）1999年第2期，第1页。

④ 高清海、余潇枫：《类哲学与人的现代化》，《中国社会科学》1999年第1期，第70页。

人格"是人"类的理想人格，是人的一种终极意义上的价值趋归。"① "类人格"是人对自身本质的充分展现，是感性和理性的统一，是个体性和普遍性的统一，是自由人格和审美人格的实现。"类人格"充分印证了人是超越"种"性的类存在物。

余潇枫认为人类未来的伦理范式已经显露端倪，它必然走向"类伦理学"。"'类伦理学'的前提：人是一种类的存在。"② 人的生命是自然生命与精神生命的统一，精神生命有其超越的特性，这是人与动物不同的"类"性，人是能驾驭自己生命活动的自为存在，"通过实践活动（类活动）把自然生命与精神生命整合在一起，创造出文化符号，进而获得人与人之间相统一的'类特性'，诸如人的本质的后天生成性、自主自为性、发展超越性、生命活动的自我否定性、个体性等，人才真正开始自己的历史发展进程……人生活在体现'价值生命'的'符号宇宙'之中，人是文化活动中所表现出来的行动统一体。以文化为手段的优化方式取代以本能适应的生物进化方式是人类之成为'人类'的最根本的特点。'类'是人性规定的特有范畴，它建构起了人对人自身认识的从未有过的价值维度，从而使人超越自然物种的方式，即用'人'的方式去理解人成为可能"。③ 正是对"人"这种全新的认识和领悟，才使人真正理解人自身的力量和人类的共同价值和命运，才有可能解除束缚人发展的困境。

余潇枫认为"类伦理学"的内涵是道德的实质表现为"类"性。全球化的时代是远距离的时代，突破了地域的限制，使人与人的关系更密切，相互的影响也更大，道德责任扩展到国际社会，社会价值也突破了原有的民族和国家的可能界限，人的价值生命有了更广阔的实践空间。在全球一体化的共同体中，"类意识"和"类价值"等有了生存的空间和现实的需要，也逐渐在诸多国际领域被人们所接受。社会伦理道德的冲突、多元价值的对立和全球性的问题迫切需要"伦理学必须以'类'的思考为其逻辑起点走向'代'，伦理学也只有成为一种体现'类性'的'普世'的理论，才能为人们在现实社会中的道德行为选择和人类的进一步健康发

---

① 高清海、余潇枫：《类哲学与人的现代化》，《中国社会科学》1999 年第 1 期，第 70 页。

② 余潇枫、张彦：《21 世纪伦理学新走向——类伦理》，《社会科学战线》2005 年第 5 期，第 39 页。

③ 同上。

展提供全新的价值坐标"。① "类生命—类价值"是类伦理学的伦理范式，以类本位的人的存在方式，把人与人联结起来，克服了单子式的存在，解除了人与人的对立关系；同时以人类的共同价值作为行动的准则。

余潇枫认为，"类伦理"的意义在于，"以人为本"和自觉为人。"人是社会的人，这意味着伦理道德涉及的是人类的整体实践活动，而'类价值'则是评判事件道德与否的基本尺度，也是人类'可公度之道德'成为可能的基本条件。一旦失去'类价值'这一基本尺度去关涉社会，伦理的问题就会变得复杂难辨，伦理的判断与评价就会变得扑朔迷离，甚至会陷入某种令人难以抉择的困境。"② 在没有"类价值"尺度的调整下，诸如科学技术在某一领域可能造福一部分人，在另一领域或对另一个群体来说可能是灾难；一个个体对其所属的民族来说可能被认为是英雄，但对其他人群来说可能是罪犯，造就的是伦理的实体和不道德的个体。"类伦理"作为一种价值尺度的意义就在于使人自觉为人，从"类"的角度去重新认识和诠释"人"自身，自觉地塑造"类人格"，以"类价值"的尺度去指导人的行动，成长为"世界公民"，同为人类，彼此尊重，是"'类道德'确立的基础上表现出来的人与自然、人与社会、人与自身的整体关系形式"。③ 因而人们在生产劳动的基础上结成的人际关系，以及遵循的价值尺度等都已经凸显了"类"的特性，是"体现着类的普遍要求、类的本质意向、类的共同意志的人类自身的普遍价值关系"。④

所以未来的伦理学必然是"类伦理学"。

第二节　弗洛姆类伦理思想的理论来源

在近一百年的人类历史上，至少有三个犹太人，对人类的发展做出了划时代的贡献；这三个人就是马克思、爱因斯坦和弗洛伊德。弗洛姆也曾

---

① 余潇枫、张彦：《21世纪伦理学新走向——类伦理》，《社会科学战线》2005年第5期，第39页。

② 同上。

③ 同上。

④ 同上。

对此有过类似的评价："马克思、弗洛伊德和爱因斯坦都是现时代的设计师。"① 弗洛姆对马克思、弗洛伊德两位大师极其推崇。他说："我个人的一些经历和想法使我在二十一岁接触到弗洛伊德和马克思的学说时，便迫不及待地研究起来。"② 从那以后弗洛姆的半个多世纪的学术生涯与这两位伟人有了密不可分的渊源。在学术界，弗洛姆被尊称为"弗洛伊德的马克思主义"，是法兰克福学派的重要代表，无疑他对两位前人的思想进行了自己的解读和分析，形成了自己的综合理论的特色。他的伦理思想与马克思的人学思想和弗洛伊德关于人的一系列理论有着明显的传承迹象。同时作为纯正的犹太人，犹太民族对于人性和生存的独到理解与追求深深影响了他。在其求学期间，存在主义的理论也渗透进其广博的思想领域，为其类伦理思想的展开起了推波助澜的作用。还有斯宾诺莎的理论、巴霍芬的母权伦理亦成了弗洛姆类伦理思想的丰富源泉。

一 弗洛伊德的理论

弗洛姆不是弗洛伊德的嫡传弟子，也从未直接受教于弗洛伊德。但弗洛姆曾于 1925—1927 年在慕尼黑师从威廉·维腾贝格和在法兰克福跟随卡尔·朗达尔学习心理学和精神病学。他的这两位导师均受过西格蒙德·弗洛伊德（Sigmund Freud，1856—1939）的面授训练，是正统的弗洛伊德主义者。弗洛姆从他们那里开始真正系统地学习和研究弗洛伊德的思想和理论。1927—1929 年，弗洛姆在柏林精神分析学院接受两年训练，学习精神分析的理论与实践，被培养成为一个严格的弗洛伊德学说的追随者。此后，他成了一位新弗洛伊德主义的重要代表人物。

弗洛伊德关于人的一系列理论对弗洛姆的类伦理思想的形成有着奠基性的作用。

（一）人的生存和发展是矛盾的

人的生存在弗洛伊德看来是矛盾的。他的早期理论认为，人的生存是由自我保护驱动力和性的驱动力斗争形成的一个封闭的体系。在 1920 年以后，弗洛伊德认为人的生存是生本能与死本能的对抗。生本能即指爱

---

① ［美］弗洛姆：《在幻想锁链的彼岸——我所理解的马克思和弗洛伊德》，张燕译，湖南人民出版社 1986 年版，第 10 页。

② 同上书，第 10—11 页。

欲，包括自我保护和性驱动力；死本能是人的破坏性，它既指向人自身，也指向外部世界。爱欲倾向于统一和整合；死本能倾向于分解和毁灭。这两种力量在人身上不断相互斗争，相互依存，直至最后死本能显示出更强大的力量而取得其最终的胜利。

人的发展是悲剧性的。对弗洛伊德来说，人的进化是与文化如影相随的。在《文明及其缺憾》中，他说，文化是以人的本能欲望的部分不满足为条件的。人面临一种二择一的选择：要么是全部本能的满足和野蛮主义；要么是部分本能受挫并伴随着人的文化和精神的发展。一个社会的文明程度越高，人就越升华，他的原始力比多冲动也就愈加遭到压抑。"如果人还能还原成为一个原始人的话，那么人就会得到快乐，但却失去了智慧；如果人继续是更为复杂的文明的建设者的话，那么，人将变得更加聪明，但却更为不幸，更为病态。"① 现代人虽然充满智慧和具有较高的文化修养，却远不如原始人幸福，而且更容易患上心理的疾病，这是由于对本能过分压抑的结果。因此，人逐渐对他自己所创造的文明感到不满。所以弗洛伊德对人类的未来是悲观的：人不能既幸福且进步。

（二）性格动力性源于力比多

弗洛伊德关于人的概念，是以假定一种一般人的存在为出发点的，这种人首先是一个孤独的生物体，而社会性也是极其有限的。他认为："人首先是一个孤独的存在，人的基本兴趣是自我和力比多爱好的最大满足。弗洛伊德的人是生理上驱使和推动的机械人。其次，人也是一个社会的存在，因为人需要他人来满足他力比多驱动力和自我保护的驱动力。儿童需要母亲，成人需要性伴侣。"② 在弗洛伊德的视野中，人的社会性仅是满足自我保护和力比多而产生。

但弗洛姆在弗洛伊德关于人的理论中发现了动力性的特征，这在弗洛姆看来，是弗洛伊德对性格的论述中最有意义的发现之一。在弗洛伊德之前，行为心理学家认为，性格特征即是行为特征。而弗洛伊德认为性格的倾向性是人的行为和许多思想的根源。人是根据自己的性格而行动和思考的。同时，人也在自己的行为中得到满足。弗洛伊德认为不同的性格特征

---

① ［美］弗洛姆：《在幻想锁链的彼岸——我所理解的马克思和弗洛伊德》，张燕译，湖南人民出版社 1986 年版，第 38 页。

② ［美］弗洛姆：《精神分析的危机》，许俊达等译，国际文化出版社 1988 年版，第 34 页。

乃是性冲动的不同形式的"升华"和"反馈"，并把性格特征的动力学的性质说成是力比多所驱使。弗洛伊德把个性分为三个部分：本我、自我和超我。本我代表全部的本能欲望，由于大部分本能欲望不能达到欲望的层次，所以，本我也就相当于"无意识"。自我代表了一个人有组织的个性，这是它能观察现实，并能正确地评价现实，"自我"代表了"意识"。超我，即父亲（和社会）的命令和禁令的内在化，它既属于意识，又属于无意识，因此超我不需要使自己分别地与无意识或意识保持一致。正是个性中的三个不同的部分驱使人有了不同的行为，驱动力的这种动力机制为弗洛姆所欣赏和接纳。

（三）理性与非理性

人性是理性的还是非理性的呢？在这个问题的回答上，弗洛伊德是巧妙的。他是一个非理性即无意识的决定论者，但他却热望理性，把理性和非理性统一起来。创立了人的非理性的学科——精神分析理论。

弗洛伊德坚信人是不自由的，因为人是由无意识的本我和超我决定的。因为人的理性思维是按逻辑法则行事的。弗洛姆认为"弗洛伊德身上最显著的，也许是最强烈的情感力量就是他热望真理、坚信理性；对弗洛伊德来说，理性是能够帮助解决生存问题，或者至少可以减轻人生固有的唯一一种人性能力。弗洛伊德感到，理性是唯一的工具或武器；我们唯有用它才能理解生活的意义，消除幻象（弗洛伊德认为宗教信条只是其中的一种幻象），摆脱权威的桎梏，从而建立我们自己的权威"。[1] 但人的内部经验绝大部分是无意识的，理性无法根据逻辑的、理性的、意志的手段来控制这些无意识的。对弗洛伊德来说，理性只限于思维，激情和情绪本来就是非理性的，他早就认识到了人的非理性的力量和人的理性及意志的脆弱性。

弗洛伊德理论的最富创造性和最激进的成就就是无意识理论的创立。他认为，人的非理性支配着无意识；无意识决定意识，驾驭着人的行为。由此看来，在弗洛伊德的理论中，"人的主体性是受客观因素所决定的。就人自己的意识而言，这些客观因素是活跃在人的背后的，也就是说，这些因素决定了人的思想和感情，因而间接地决定了人的行动。人对自己的

---

① ［美］弗洛姆：《弗洛伊德的使命》，尚新建译，生活·读书·新知三联书店 1986 年版，第 2 页。

思考和选择的自由感到如此的骄傲，事实上，人却是被一个绳子操纵的活动木偶，这些绳子位于人的背后或凌驾于人之上，它们又是受那些人所没有意识到的力量所支配。人为了给自己制造一种幻想，即人是按自己的自由意志行动的，因此，人虚构了种种合理的说法，以表明这一点正是出于合理的理性和道德理性的缘故，人们似乎只能选择他不得不这样做的事情"。①

但是弗洛伊德认为，人也不是完全被决定的，我们可以借助理性去发掘无意识，从而理解人的非理性，所以恰恰是理性的力量发掘了非理性。

在弗洛伊德之前，人们通过意识的用意就足以判断一个人的诚实了。但在弗洛伊德之后，以一个人的善良意图来证明其行为的正当就再也不够了。"在意识背后潜伏着隐蔽的无意识的现实，无意识才是人的真实意图的关键。"② 善良的意图，即使是主观上完全诚实的意图，也要经受这样的拷问，在其背后的无意识到底是什么？弗洛伊德认为如果人能意识到他意识背后的现实，变无意识为有意识的话，那么，他就获得了摆脱自己的非理性的力量，获得改造自己的力量。他坚信有本我的地方，就必有自我的存在。弗洛伊德认为，"人可以逐渐认识到在他背后活动的那些力量——人在认识这些力量的过程中，扩大了自由的领域，并把自己从一个受无意识力量操纵的、无能为力的木偶变成一个能决定自己命运的、有自我意识的、自由的人"。③

由于人受自己所不认识的力量的驱使，因而是不自由的。人只有通过对这些动力的逐步认识，才能获得自由，才能成为自己生活的主人。弗洛伊德认为，这些本质力量是生理上的（力比多）或生物学上（死本能和生本能）所驱动。

弗洛伊德通过对无意识的认识，厘清了理性和非理性的关系，他并没有因为非理性的强大力量而舍弃理性，相反，借助理性使非理性得到解释和升华，他成功地完成了一个对立两极的综合。弗洛姆正是从弗洛伊德的理论中受到启发，创造了社会无意识理论，同样在发掘无意识时对理性的

---

① ［美］弗洛姆：《在幻想锁链的彼岸——我所理解的马克思和弗洛伊德》，张燕译，湖南人民出版社 1986 年版，第 106 页。

② ［美］弗洛姆：《精神分析的危机》，许俊达等译，国际文化出版社 1988 年版，第 8 页。

③ ［美］弗洛姆：《在幻想锁链的彼岸——我所理解的马克思和弗洛伊德》，张燕译，湖南人民出版社 1986 年版，第 106 页。

作用坚信不疑。

二　马克思的人学思想

弗洛姆深受弗洛伊德和马克思（Karl Marx）两位大师的影响。但他认为两位大师并非旗鼓相当，"马克思是一位具有世界历史意义的人物，就这点而言，弗洛伊德是不能与马克思相提并论的"。弗洛姆被称为"弗洛伊德的马克思主义"者，他始终致力于个体和社会的统一。在他看来，弗洛伊德对个体的研究和关注有余，而马克思则相反，对社会性的分析有余，而对个体的关注不够，所以，他要把两者的思想结合起来，以期解决个体和社会的矛盾冲突，达到两者的和谐统一。马克思的人学思想是弗洛姆类伦理思想的一个主要来源。

（一）马克思关于人的本质的理论

马克思认为要揭示人的本质，除了要研究一般的特性，还要把人放在历史的特定情境中去分析。马克思把人性分为自然属性和社会属性，它们都是人所具有的。但是人的情欲只要还是粗野的动物性的情欲，它们的意义就很有限。"人的感觉、感觉的人性，都是由于他对象的存在，由于人化的自然界才产生出来的。"① 很显然马克思更关注的是人的社会属性。社会和个体并不是对立的，"应当避免再把'社会'当作抽象固定下来去和个体对立。个体是社会的存在"。② 个体生活和社会生活是相互印证的，个体生活虽然是个体的生活，但必然具有社会性，而社会生活必然是真实的个体的生活形成的，"人类的个体的和族类的生活并不是各别的，尽管——而且这是必然的——个体生活的定在方式是族类生活的一个或较为特殊或较为普遍的方式或族类生活方式是一个较特殊的或较为普遍的个体生活。"③

马克思所研究的人性中的"人"是一个现实的人，历史形成中的人，而不是概念人和抽象的人。人是一个物种，在劳动过程中，人渐渐地从大自然的束缚中解放出来，并且在这一解放过程中，增长了智慧和力量，发挥了自己的理智和情感的能力，从"动物"的状态中解放出来，成为一

---

① 马克思：《1844 年经济学哲学手稿》，人民出版社 2000 年版，第 87 页。

② 同上书，第 84 页。

③ 同上。

个独立的和自由的人（类）。既然他创造历史，他又是他自己的产品，所以历史是人实现了的历史，它是除通过人的劳动生产自己、创造人之外，什么也不是。"这全部所谓世界历史不外是人类经过人的劳动创造了人类，作为自然的向人的生成，所以，他关于他通过自身而诞生、关于他的产生过程有直观的、无可反驳的证明。"① 人在劳动的过程中发展了人与自身的关系，与自然界、与他人的关系。

在马克思那里，通过劳动这样的自由自觉的实践活动才能使人成为"人"，"人的本质不是单个人所固有的抽象物"②，而是社会性揭示了人的本质："在现实性上，人是一切社会关系的总和。"③

（二）马克思关于人的动力性理论

马克思把人的本性的特点描述为动力的、充满活力的。他认为人是受各种欲望或动力驱使的存在物，而人在很大程度上没有意识到这些驱动力量。各种需要是人的驱动力量，人在劳动和爱的行动中充分体现人的这种动力性的特点。

马克思把驱动力分为"永恒的"或"固定的"驱动力与"相对的"驱动力。"永恒的"动力"存在于一切环境中……仅仅在形式和方向方面能被社会条件所改变"。④ 马克思把性和饥饿置于"固定的动力"范畴之内，像"贪婪"则不在此范围之列。"相对的欲望"（即相对的驱动力）"不是人类本性的组成部分"，而是"根源于一定的社会结构和一定的生产和交往的条件。马克思把相对的欲望与社会结构、生产条件以及交往联系在一起了，这意味着人类动机的很大部分是由生产过程决定的"。⑤

弗洛姆曾在动力学的意义上阐述过"社会性"的概念，他自己明确表示是以马克思的上述见解为基础的。

马克思驳斥了在人和动物身上都具有相同的"永恒的"驱动力。他指出，"吃、喝、性行为等，固然也是真正的人的机能。但是，如果使这些机能脱离了人的其他活动，并使他们成为最后的和唯一的终极目的，那

① 马克思：《1844年经济学哲学手稿》，人民出版社2000年版，第92页。
② 马克思：《马克思恩格斯选集》第2卷，人民出版社1972年版，第60页。
③ 同上。
④ 马克思：《1844年经济学哲学手稿》，人民出版社2000年版，第56页。
⑤ ［美］弗洛姆：《精神分析的危机》，许俊达等译，国际文化出版社1988年版，第54—55页。

么，在这种抽象中它们就是动物的机能"。① 这意味着人与动物的"永恒驱动力"亦是不同的，人的"永恒的驱动力"总是具有社会性的。

"马克思关于驱动力本性的一个最基本的论断'欲望是人努力获得他们对象的官能'，在这个论断中，欲望是作为一个关系概念或者是作为密切关系的概念来看待的……（欲望）是人的各种官能本身，这些官能本身是人的本质力量，它们具有必须追求对象的动力的性质，他们能够将自身联系并统一起来。"② 马克思同时还论述了人的本质力量的实现涉及欲望作为人对自身、对他人、对自然的关系范畴的主题，"他的个体的一切器官……是人的现实的实现"。③ 在马克思看来，人的"驱动力"是人基本的特定需要的表现，这种需要与人和自然相联系，并在这种关系中证实自己。同样人与自身以及与他人的联系的需要是人的本质力量实现的驱动力。人的自我实现的需要就是独特的人的动力论的根源。"富有的人同时就是需要完整的人的生命表现的人，在这样的人身上，他自己的实现表现为内在的必然性、表现为需要……贫穷是被动的纽带，它迫使人感觉到需要最大的财富即另一个人。"④ 马克思还区分了人和非人的、真实的和幻想的、有益的和有害的需要，这是与两种驱动力的区分相一致的，他得出了不同寻常的结论：贫穷和富有、节制和奢侈不是矛盾的，而是等同的，它们都取决于人的需要的受挫。⑤

动力性的表现：劳动和爱在弗洛姆的《马克思论人》一书中，对马克思关于人的能动性的表达做了详尽论述。他说，在马克思看来，人的特征就是运动原则。人类"在被积极扬弃的私有制的前提下，人如何生产着人——他自己和别人……社会性质是整个运动的普遍性质；正像社会本身生产作为人的人一样，社会也是由人生产的"。⑥ 如果一个人的生活不是他自己创造的，那么他的生活必定在他之外有一个根源。他依赖那个根源，那么他就全然没有主动性，他是"异己"的。而人之所以成为人，是劳动使然。马克思认为劳动和资本不仅仅是经济学的范畴，更是人类学的范畴。"劳动最先是人与自然之间的过程，在这过程中，人由他自己的

---

① 马克思：《1844 年经济学哲学手稿》，人民出版社 2000 年版，第 55 页。

② 弗洛姆：《精神分析的危机》，许俊达等译，国际文化出版社 1988 年版，第 56 页。

③ 马克思：《1844 年经济学哲学手稿》，人民出版社 2000 年版，第 85 页。

④ 同上书，第 90 页。

⑤ 参见弗洛姆《精神分析的危机》，许俊达等译，国际文化出版社 1988 年版，第 61 页。

⑥ 马克思：《1844 年经济学哲学手稿》，人民出版社 2000 年版，第 82—83 页。

活动以引起、以规划和以统制人和自然之间的物质代谢。人以一种自然力的资格，与自然物质相对立。他因为要使自然物质，采取对自己生活上有用的形态，乃推动各种属于人身体的自然力，推动他的肩膀，他的腿，他的头，他的手。但当他以这种，加在自身之外的自然，并变化他时，他同时也变化了自己的本性。他会展开各种睡眠在本身性质内的潜在能力，使这诸种力的活动，受自己的控制。"① 劳动是产生生命的类生活，人的类特性恰恰就是在这种自由自觉的活动——劳动中展开的。马克思对异化劳动做了深刻批判，认为异化劳动使人丧失了类生活和人特有的超越于动物的优点，把自我活动、自由活动贬低为手段，把人的类生活变成维持人的肉体生存的手段，使类意识进一步异化了。

马克思所指的能动性是指一种创造性的、自发的行动。就如人的大脑和心脏有自发的动能，特别是人的思维力和想象力，富有极强的创造力。爱亦体现了人的能动性。"我们现在假定人就是人，而人同世界的关系是一种人的关系，那么你就只能用爱来交换爱，只能用信任来交换信任。"② 爱是人的能动性，而不是被动性，正是在人的付出和给予中确认和获得。

（三）占有和异化，健全的人和残缺的人

在马克思看来，人首先是一个类的成员，是一种社会性的存在物，他必然需要他的同类，但不是把他的同类当作满足自身欲望的手段，只有当他与别人、与自然发生关系的时候，他才是他，他才成为一个完整的人、一个充分体现了人的本质存在的富人。这样的人是一个独立的、自由的人同时也是一个能动的、与外界发生关系的富有创造性的人。这里的富人和经济学上的拥有物质财富全然不同，在资本主义社会中恰恰是相对的。③ 马克思认为，资本主义国民经济学虽然具有世俗和纵欲的外表，却是真正的道德的科学，因为它的基本教条是，你的生命越少，你的物质财富可以补偿你，国民经济学家把从你那里夺去的那一部分生命和人性，全用货币补偿给你了。这个论断表达了马克思对生存和占有的关系的精到解释。所以，马克思得出结论，"生产过多的有用的东西就会生产出过多无用的人口"。④

---

① 马克思：《资本论》第一卷，上海三联书店 2006 年版，第 127 页。
② 马克思：《1844 年经济学哲学手稿》，人民出版社 2000 年版，第 146 页。
③ 参见弗洛姆编著《马克思论人》，陕西人民出版社 1991 年版，第 178 页。
④ 马克思：《马克思恩格斯全集》第 42 卷，人民出版社 1972 年版，第 136 页。

所以"马克思认为，一个受占有和使用欲望支配的人是一个被扭曲的人。人的主要目的不是利润和私有财产，而是自由地运用人的权力，社会主义社会的建立就是要使人成为全面发展的人，这种人并不在于拥有许多财产，而在于他得到了全面发展，成为一个真正的人"。① 在资本主义社会中，人被扭曲为一个异化的人，劳动的异化、人同自身、同别人、同自然关系的异化。人丧失了进行"自由的、有意识的活动"类的特性。在异化中，生命活动本身"仅仅变成维持自己生存的手段"。在人与对象的这种被动关系中，"占有"成了其追求目标，人被"占有"所左右，因而"占有"即意味着"失去"，人在对象中丧失自己，人为物所奴役，人自己从主人变成了奴隶。由此，马克思认为这样的人是"残缺不全的人"、"畸形的人"。

马克思在《德意志意识形态》中这样描述"占有"："设想可以脱离一切其他欲望来满足一个欲望，可以不同时满足自己这个完整的活生生的个人而满足这一欲望，这种设想是完全荒谬的。如果这一欲望取得抽象的、独立的性质，如果它成为一种外在的力量同我对立起来，如果因此个人的满足就表现为片面地满足一个唯一的欲望，那么……这不决定于意志或'善良意志'……而决定于存在；不决定于思维，而决定于生活；这决定于个人生活经验发展和表现，这两者又决定于社会关系。如果这个人的生活条件使他只能牺牲其他一切特性而单方面地发展某种特性……那么这个人就不能超出单方面的、畸形的发展。"② 马克思这里说的是相对欲望的膨胀成了异化的欲望，就是说，这个欲望脱离了其他一切欲望，脱离了真正的人的发展，因而是反对个人的异己力量。

异化的人或者说残缺的人是丧失了自我的能动性，毫无创造性的人。

（四）社会存在决定社会意识

马克思在《德意志意识形态》一书中充满豪情地断言："不是人们的意识决定生活，而是生活决定意识。"③ 他在《政治经济学批判导言》中亦写道："不是人们的意识决定人们的存在，而是人们的社会存在决定人们的意识。"④ 马克思和弗洛伊德一样相信人的意识大都是"虚假的意

---

① 弗洛姆：《在幻想锁链的彼岸——我所理解的马克思和弗洛伊德》，张燕译，湖南人民出版社1986年版，第42页。

② 马克思：《马克思恩格斯全集》第3卷，人民出版社1960年版，第295页。

③ 马克思：《马克思恩格斯选集》第1卷，人民出版社1972年版，第67页。

④ 马克思：《马克思恩格斯选集》第2卷，人民出版社1972年版，第82页。

识"。人认为自己的思想是自己思维活动的产物,而实际上人是受意识背后的客观力量决定的,这些客观的力量就是社会和经济的历史动力,它们决定了存在,因而也间接地决定了个人的意识。

罗莎·卢森堡是杰出的马克思主义者之一。她从马克思的理论中得出了这个结论:历史发展的逻辑是先于介入历史发展过程的人类的主观逻辑。她认同无意识先于意识,"主观的发展过程"是由"历史发展的逻辑"所决定的,这个历史的逻辑就是指"无意识"。但马克思并非是个"决定论者",他认为"我们是受在我们的意识自身以外的力量所决定的,事实受直接操纵我们的情欲、利益所决定的,就这点而言,我们是不自由的。但是,我们可以通过对现实的逐渐全面的认识,因而也是对必然性的认识,并通过放弃幻想、通过把我们自己从一个梦游者、一个不自由的、被决定的、有依赖性的、被动的人改造成一个觉醒的、有意识的、能动的、独立的人来摆脱这种束缚,扩大自由的领域……生活的目的即是从这一束缚中解放出来,而丢掉幻想,充分利用我们能动的力量便是达到这一目的的途径"。① 因此,"在马克思看来,人的意识是由他的存在所决定的,人的存在是由他的生活实践所决定的,即是由生产方式和社会结构以及由此而产生的分配方式和消费方式所决定的"。②

揭示人的无意识,意味着可能揭示完整的、真正的人性,可以认识到社会投射到人身上的规约,不断地解除束缚人发展的障碍,实现人类的全面解放。

(五)人的全面解放

在马克思看来,资本主义社会中的人是异化的人,而工人阶级的异化更为严重,但"马克思的目标并不局限于工人阶级的解放,而是要通过恢复一切人尚未异化的、因而是自由的活动来解放人类,即针对着一种社会,这种社会以由人,而不是由物的生产为目的;并且在这种社会中人不再是一个凑合在一起的怪胎,而是变成一个充分发展的人"。③ 在《马克思论人》中弗洛姆评述到:异化了的人不仅仅异于他人,而且他在肉体和

---

① 弗洛姆:《在幻想锁链的彼岸——我所理解的马克思和弗洛伊德》,张燕译,湖南人民出版社1986年版,第115页。

② 同上书,第118页。

③ 弗洛姆编著:《马克思论人》,陕西人民出版社1991年版,第189页。

精神两种特性方面还异于人存在的本质，异于他的"类本质"。人的本质的这种异化导致一种存在的利己主义，使人的本质向"个人生存的手段"转化。马克思的思想在这里亦认同康德的一条基本的原则，即人永远必须是以自身为目的，不能是达到目的的手段，并扩大了这条原则。马克思认为，人之为人不应是个人存在的手段；也不能把它看作一种国家的手段、阶级的手段或者民族的手段。也就是说这里的人是指人类，而不是局限于某一阶级、民族和国家的人。马克思主义的学说认为社会主义的目标是人，只有社会主义才能实现人的全面解放，人才能真正进入自由王国。但马克思认为社会主义从来不是生活的实现，而是这样一种实现的条件，即作为目的本身的人类能力的发展，真正的自由王国的前提——必然王国。他把社会主义看成人的自由和创造力的条件，而不是看作生活本身的目的。社会主义是一种通过克服人性异化而可以实现人性的社会。人可以克服产品、劳动、别人、自身以及自然界的异化，复归于人本身，并且可以以自己的力量掌握世界，从而运用自由自觉的活动与世界统一起来。社会主义主要是为了真正自由、理智的、活动的独立的人而进行创造。"对马克思来说，社会主义意味着允许人复归到自己本身，意味着存在与本体的同一性，意味着主体与客体之间的分离状态与对抗的消除，意味着自然界的人格化；它意味着一个世界，在这个世界上，人不再是陌生人当中的陌生人，而是处在他祖居的世界上。"①

三　其他的理论来源

（一）犹太文化的影响

弗洛姆出生于一个正统犹太人家庭，他父系母系先辈都出身于犹太拉比。从小就接受正式的犹太教教育和世俗教育。向弗洛姆传授犹太文化传统的有三位重要老师。第一位是他的启蒙老师：路德维格·克劳斯（Luding Klaus），他是塔木德学校里的著名学者，指导弗洛姆早年学习塔木德。第二位是诺贝尔拉比（Nobel），他所讲授的思想混合了传统的塔木德、神秘主义、社会主义、心理分析和保守的犹太教等各种成分。在诺贝尔的影响下，1919 年年底，弗洛姆和沙尔兹博格拉比（Salze Borg）一起成立了法兰克福犹太学习联合会，1920 年夏天演变成了自由犹太人学习

---

① 弗洛姆编著：《马克思论人》，陕西人民出版社 1991 年版，第 208 页。

协会，在那里认识了马丁·布伯（Martin Buber）等犹太学者。马丁·布伯是20世纪声名斐然的犹太教哲学家，在他看来存在不是任何一种实体，而是关系；上帝就在世界之中、万物之中、日常生活之中。这些思想对弗洛姆有着重要的影响意义。1919年5月，弗洛姆赴海德堡学习，结识了第三位老师——拉宾科夫（Rabinkov）。作为哈西德主义信徒的拉宾科夫，是个塔木德学者，对犹太思想有着渊博的知识，同时他的人格中深透着犹太民族特有的对自由、独立的追求和对人的尊重。弗洛姆跟从拉宾科夫学习了6年犹太法典。弗洛姆后来在回忆中写到，拉宾科夫对他的影响也许要超过任何人，虽然是用不同的形式和概念来表达，拉宾科夫的思想仍然活在他的思想里。

三位犹太教学者所传达的思想中凸显了犹太教的思想以人为中心，注重的不是抽象概念，是人正确的行为、是在现实中的"活"的人。人的生活的目的就是通过正确的行为，成为越来越像上帝的人。上帝是"完美人格"的代表。弗洛姆继承了犹太教的这一传统，认为上帝关涉的是人性经验，它不过是代表了人类最高价值与最高目标的一个符号，这个符号表明，最高价值是人自身的理性、爱、同情、勇气等能力的最理想的发展。所有世俗的成功都从属于这最高的人的（或精神的）价值。

弗洛姆熟知犹太民族的历史，也亲眼目睹和经历了她遭受的苦难。犹太民族的复国运动是犹太人为争取自己生存权利的苦难史，艰辛曲折的历程显示了并不是对物质生活的追求，而是一种更高意义上的精神上的生存史，个人的存在是有意义的，但他是有限的，他不能克服生存的两歧。没有独立、自由的民族存在的家园则是孤独无依的，而这种历史的矛盾是可以消除的。因此，犹太民族孜孜不倦地寻求复国之路，实则是寻求一种人与社会、与自然与整个世界的融合。他们对弥赛亚的坚定信仰是他们对未来美好家园的梦想，他不只是乌托邦式的幻想，而是犹太民族对个体回归一个真实、自由、独立实体的真诚梦想，这与他们民族颠沛流离的历史是相关的。犹太民族从本原的区域来说是属于东方的，但它的文化内涵与西方文明也有着深远的渊源，他们既有东方民族的坚毅，又有着西方民族的很强地适应性。然而犹太民族却无法融入到西方文明中，并占有一席之地，这是犹太民族所困惑的。犹太人非常注重家庭观念和民族文化，这是他们寻求个体和社会性统一的传统。他们是乐观的，即使是最困苦的时候，上帝信仰不是一种心存疑虑或者绝望的期待，不是听天由命的疲惫的期待，而是一种充满希望的期待，一种忠实履行义务与责任后心灵得到的褒奖；他们是极具能动性的，他们期待用自己的努力来开创和等待一个人类平等的大同世界。这些强烈的生存理念：关注人的自由和独立，人的成长、自身能力的实现，从一个个体走向社会人走向"上帝"，是人的生存的最终目标，成为弗洛姆类伦理思想的重要基石。

虽然弗洛姆在 1926 年后放弃了正统的犹太教教义，但他的整个一生仍然处于对犹太教信仰的这种普遍影响之下，这些思想已渗透进他的伦理原则和对未来的希望之中。所以，他说："对我有着积极影响或最终起决定性作用的是我的家庭的传统。"[1]

（二）存在主义思潮的影响

弗洛姆的类伦理思想也受到了存在主义思想的影响。

弗洛姆在法兰克福犹太学习联合会里结识了马丁·布伯，他是 20 世纪声名斐然的犹太教哲学家。1919 年弗洛姆进海德堡大学学习哲学，第一位哲学老师就是著名的存在主义哲学家雅斯贝尔斯（Karl Jaspers，1883—1969）。雅斯贝尔斯的存在主义哲学思想给了弗洛姆持续影响。

在雅斯贝尔斯看来，"全部人类哲学史都是探讨存在的问题"。[2] 他把自己的哲学称作"生存哲学"有两点缘由：生存哲学只不过是唯一的古老哲学的一种形态，他用"生存"二字，一是强调了长期以来几乎被遗忘的哲学的任务，因为在科学里寻找人生意义、他的行动指南、寻找存在自身的人，都不能不大失所望；二是对现代人的生存状态的关注。雅斯贝尔斯试图用他的哲学思考去解决人的生存问题。

生存（Existenz）是雅斯贝尔斯哲学的一个核心概念，指人的一种不具有任何客观意义的、非理性的主观精神的存在状态。非理性就是他所谓的理性，在他看来，理性与生存之间的互辅，是"能够以最透彻、最纯粹的形式向我们表达出澄明黑暗、掌握生活基础的问题"。[3]"理性与生存是彼此遭遇、不可分开的，一个消失，另一个也就消失……唯有透过理性，生存才是明显的；也唯有透过生存，理性才能具有内容。"[4]

---

[1]　弗洛姆：《说爱》，王建朗、胡晓春译，安徽人民出版社 1987 年版，第 155 页。

[2]　徐崇温主编：《存在主义哲学》，中国社会科学出版社 1986 年版，第 250 页。

[3]　同上。

[4]　同上书，第 252 页。

雅斯贝尔斯讲的存在不是具体存在的存在，而是抽象的非存在的存在，即存在于非存在之中的存在，它的特点是，不能被思维所把握，而只能靠想象和信仰去把握。他通过大全来说明存在："它（大全）永远仅仅透露一些关于它自身的消息——通过客观存在着的东西和视野的边际透露出来，但它从来不成为对象……它自身并不显现，而一切别的东西却都在大全里面向我们显现出来。"① 大全具有不同的样式：世界、一般意识、实存、精神、生存以及超越存在。这是由低级层次向高级层次排列的。世界就是大全的一个样式，它代表为我们的存在，这是主观与客观相关联的样式。雅斯贝尔斯把世界划分为四个领域：物质世界、生命世界、心灵世界和精神世界。雅斯贝尔斯认为，世界是存在自身向我们显现的那个大全。此外，还有一个我们人本身所是的那个大全，它包括普遍意识、实存、精神和生存。普遍意识、实存、精神均属于内在存在，它们是三个不同的起点，也是由低到高的次序排列。"到达精神仍不过是知性的形态，而生存则不再是知性，它属于理念的范围；精神是一个整体，而生存则'打破所有的整体而永不到达任何实在的全体'，因此，生存实际上乃是一种非理性的纯粹的精神存在，在雅斯贝尔斯那里，它乃是人之所以成为真人的最高层次。"② "超越存在"是人追求的一个彼岸世界，是纯粹的精神存在本身，存在于人的非理性状态中，依靠人的确信和信仰来把握。

雅斯贝尔斯认为人必须返归本原才能成为真正的人。而人只有在边缘处境中，才能返归本原，成为真人。边缘处境包括死亡、苦难、斗争和罪过。看到了边缘，才能真正认识自己，同时，人也才能真正成为人自身。人成为真正的人的前提是人是自由的。只有人是自由的，人才可以在行动和思维进入超越存在的空间向度——自由自在的纯粹的精神世界。人存在并不满足于自己的客观存在，他必须超越自身，超越其自然性和客观性，而这正是人之作为实存的特点。所以他说，"超越是真正的实存中的精神运动"。③ 雅斯贝斯认为人的这种超越性和自由性是人的真正本质。因此，可以说雅斯贝尔斯生存哲学的方法，是超越式的。

雅斯贝尔斯的生存哲学中超越的能动性和自由性的理论，使弗洛姆伦

① 卡尔·雅斯贝斯：《生存的哲学》，王玖兴译，上海译文出版社2005年版，第4页。
② 徐崇温主编：《存在主义哲学》，中国社会科学出版社1986年版，第263页。
③ 卡尔·雅斯贝斯：《生存的哲学》，王玖兴译，上海译文出版社2005年版，第79页。

理思想带有深刻的存在主义烙印，甚至国外有的学者也称他为"存在主义者"，但说到头来，弗洛姆是以此来表达人的存在的能动性和自由的本质。

（三）斯宾诺莎哲学

弗洛姆对斯宾诺莎（Baruch de Spinoza）哲学非常推崇，他经常把斯宾诺莎的名字和马克思、黑格尔等联系在一起。在他的著作中经常引用斯宾诺莎的有关理论。

弗洛姆认为斯宾诺莎是近代动力心理学的创始人，他的伦理学著作也就是他的心理学著作。他说，斯宾诺莎用一个"有关人的本质模式"来说明了人的本质状况。这个模式是确定的、可以认识的，并体现了人的行为和大写的"人"。这个"人"不是指这个文化时代或那个文化时代的人，他与自然界中任何别的存在物一样能被人所认识，同样的规律对所有人都是永远有效的。斯宾诺莎认为，主动性和被动性是用来理解人的两个主要的概念。"所谓主动就是当我们内部或外部有什么事情发生，其发生乃出于我们的本性，单是通过我们的本性，对这事便可得到清楚明晰的理解。反之，假如有什么事情在我们内部发生，或者说，有什么事情出于我们的本性，而我们只是这事的部分原因，这样我们便称为被动。"[①]他把情感理解为身体的感触，把情感分为主动的情感和被动的情感："无论对这些感触中的任何一个感触，如果我们能为它的正确原因，那么我便认为它是一个主动的情感，反之，便是一个被动的情感。"[②]主动的情感造就了人，并使人产生合理的思想，被动的情感则控制着人，使人成了情感的奴隶，从而与那些不适当的、非理性的思想发生了联系。

斯宾诺莎曾指出，理性的认识是传导性地引起变化的。弗洛姆认为，弗洛伊德和别的精神分析家正是在斯宾诺莎的这个理论论断里发现了真理。原来理性的认识也是表达情感的认识。这解决了无意识如何被发现和理解及控制的法宝：理性可以做到这一点。揭示一个人的无意识不仅是一种理性的活动，而且也是一次情感的体验。理性的认识才能引起变化。

弗洛姆认为关于无意识的力量决定了人的意识以及人能做出种种选择的说法，都继承了西方思想的传统，这可以追溯到17世纪。斯宾诺莎是第一个明确提出无意识这个概念的思想家。他认为，"人们因为意识到自

---

① 斯宾诺莎：《伦理学》，商务印书馆1983年版，第98页。

② 同上。

己有意志和欲望，便自以为是自由的，但同时却对于那些引起意志和欲望的原因，却又茫然不知"。① 在斯宾诺莎看来，人只是生活在自由的幻想中，因为他的行动是受那些连他自己都没有意识到的因素支配的，正是这种无意识动机的存在束缚着人类。人是受人的意识自身以外的力量所决定的，事实是受直接操纵人的情欲、利益所决定的，就这点而言，人是不自由的。所以，生活的目的即是从这一束缚中解放出来，丢掉幻想，充分利用我们能动的力量便是达到这一目的途径。

（四）法兰克福学派的影响

法兰克福学派最具特色的是"批判理论"。"批判理论"最早源于霍克海默的《传统理论与批判理论》。他认为，"批判理论"是与"传统理论"截然对立的一种理论。"传统理论"对现存社会持一种非批判的肯定态度，把自己置于现存社会秩序之内，承认现存社会秩序的合理性和合法性，自觉或不自觉地维护现存社会秩序。"批判理论"总是力图站在现存社会秩序之外，对现存社会秩序持一种无情批判的否定态度，拒绝承认现存社会秩序的合法性，并努力揭示现存社会的基本矛盾，从而自觉和不自觉地以批判现存社会秩序为己任。批判理论的认识论基础是"人道主义"，具有鲜明的价值批判立场，是一种普遍的伦理学。②

法兰克福学派的"批判理论"是作为一种否定一切的理论出现的。"否定"是它的信条、目的，也是它的行动纲领。批判理论家从对西方资本主义的社会中对"理性"的否定出发，进行了批判。西方社会在古希腊和中世纪时期对于理性的认识仍然是目的论的，但在文艺复兴和宗教改革后，理性在个性发展的推动下变成了一种手段，成了和价值无关的客观纯粹的形式，造成了事实与价值的分离。法兰克福学派对科学与伦理、技术与人道的冲突进行了激烈的批判。

法兰克福学派以现代资本主义社会为批判对象，其目的是暴露该社会对人性的全面压抑。法兰克福学派的批判击中了工业社会的"虚假"要害：当代工业社会物质空前繁荣，也建立了适应工业文明的民主政治体制，它许诺给人民以前所未有的自由。但事实上现代人变得更不自由。更严重的是，当代工业社会的统治由意识领域扩展到了无意识领域，人们看

---

① 斯宾诺莎：《伦理学》，商务印书馆1983年版，第37页。
② 参见［美］弗洛姆《为自己的人》，孙依依译，三联书店1988年版，第6页。

似自由，而实际上意识是被控制和被压抑，是一种虚假的自由。他们主张将批判矛头直指西方社会的现代文化，西方的现代文明造成了虚假的一切，这种批判从技术、大众文化层面扩展到意识形态、性格结构、心理机制等层面进行批判，形成了其全方位的文化批判理论。

意识形态批判在卢卡奇那里演化为对"物化"的批判，在法兰克福学派那里演化为对"统治"的批判，在葛兰西那里演化为对"霸权"的批判。它标志着资本主义的经济发展所带来的意识形态变化。法兰克福学派也深刻地批判了当代资本主义制度下对自然和对生态平衡的破坏，以及对人类的深刻影响。法兰克福学派批判了现代科学技术的迅猛发展的另一产物就是"文化工业"的出现，技术侵入文化，造成文化的人文意义和价值的丧失。文化产品的生产与一般商品的生产已没有什么区别。

法兰克福学派认为，社会批判的终极目标是人类的幸福。他们认为在20世纪，人的危险是沦为无思想的机器人。当代人对于自己所获得的现代自由自鸣得意，却丝毫没有意识到那是最大的操纵和控制，这种无意识将是人的悲剧。

弗洛姆作为法兰克福重要的成员之一，始终坚持批判的大旗，直面资本主义社会和社会主义的现实问题，站在类的角度去评判人的当代困境。

（五）母权论思想

弗洛姆对巴霍芬的母权论非常重视。因为在巴霍芬的理论中，"母权制的原则是无条件的爱和天赋平等，它特别强调血缘的联系和地域的联系，看重怜悯和仁慈"。① 巴霍芬认为母性的这种本性是其从真正的生活"实践"中得到和发展的。由于妇女在生物学上的特殊性，成年后要照料一无所能的婴儿，妇女的本性因此发展起来。母权制社会由此奉行的伦理原则是一种普遍性的原则：普遍的自由和平等、和平与慈爱。它强调生命、统一与和平，它合理关怀物质福利和现世幸福。父权制的原则是有条件的爱、强调等级结构、注重抽象思想、依赖于人制定的法律和遵从国家的原则。有条件的父爱之本质通常引出两个结果：一是丧失了无条件地被爱的心理安全感；二是良心的作用强化了，完成职责成为生活关注的中心。以父亲为中心的个体和社会是以情结特性为特征的：对父亲权威顺从

---

① 弗洛姆：《精神分析和危机——论弗洛伊德、马克思和社会心理学》，许俊达、许俊农译，国际文化出版公司1988年版，第92页。

的爱，支配弱者的欲望和快乐，严格的超我，以接受磨难作为对自己罪恶的惩罚，为了幸福而承受损害的能力。

巴霍芬认为在母权制文化中，我们屈从于自然，受事物的拘束，无意于守法奉公，享受和平的快乐；在父权制文化中，我们得到了智慧上和精神上的发展，具有了个人主义，发现了超越自然和冲破古老樊篱的欢悦，具备了创造新生活的勇气和力量。在巴霍芬看来，人类必然要从母权社会向父权社会发展，因为人的命运的最高目的是"从世俗的生存提升到圣父原则的纯洁性"。① "人类从母性概念进步到父性概念，这在两性之间关系史上是最重要的转折点……在对父权的强调之中，我们具有了从自然现象中释放出来的人的精神；在父权的成功实施中，我们提高了人的存在，使它超越肉体生活法则。"② 因为"只有精神的自由统治决定民族的命运，而不是任何物质的法则决定民族的命运"。③ 在巴霍芬的理论中，认为"纯粹的母权社会会妨碍个人的充分发展，阻碍技术的、理性的和艺术的进步；纯粹的父权社会对爱和平等漠不关心，它只关注由人制定的法律、国家、抽象原则和服从"。④ 而现代社会是一个典型的父权制社会。所以只有当父权制的原则和母权制的原则达到对立统一，形成综合时，才可能是一个健全的社会：社会既包含父爱的正义和理性，也包含母爱的平等和仁慈。

巴霍芬认为母权制社会体现了自由、平等和博爱的特性，它的统治原则不是焦虑和屈从，而是爱和同情。母权制社会是原始的民主，对同胞的伤害是最为严重的罪过，母性的爱宠和怜悯是主要的道德原则，社会所呈现的状态是无条件的爱、乐观的信任感、微弱的超我，追求快乐和幸福的较强能力。他认为这个早期社会阶段永逝不复，而摩尔根却坚信仍未到来的文明的更高阶段将是古代氏族的自由、平等和博爱的复活，但却在更高级形式上的复活。

巴霍芬的母权制社会所包含的一些思想与社会主义理想有着亲缘关系的特性。例如，把对人的物质福利及现世幸福的关心陈述为母权制社会的

---

① 转引自弗洛姆《精神分析和危机——论弗洛伊德、马克思和社会心理学》，许俊达、许俊农译，国际文化出版公司1988年版，第103页。

② 同上书，第102页。

③ 同上书，第103页。

④ 同上书，第92页。

中心思想之一。在其他的思想上，巴霍芬所描述的母权制社会的现实也与社会主义的理想和目标相近。无条件的母性之爱，不仅福及自己的孩子，而且福及所有的孩子，福及全人类。而资产阶级特有的占有欲已取代了这种无偿的爱，并注入到母亲的形象之中。现代社会基本崇尚父性的勇武和英豪（自爱欲）；而母亲的形象是被扭曲了的多愁善感、婉娩柔弱的形象，母亲从一个曾经的保护者演变成一个需要保护的对象，包括象征母亲的国家、民族和土地。在一个被父权主宰的社会中恢复母权的原则，是改变人与人、人与自然关系的重要基础，母权论的这些思想对弗洛姆的类伦理思想产生了重要的影响。在他的类伦理思想中正是以父权和母权的统一为其类伦理学的原则。

第三节　弗洛姆类伦理思想的"类"特质

康德以来，人们已经普遍认同这样的观点，即只有关于事实而不是关于价值的描述，才是客观正确的；弗洛姆认为伦理学作为对价值的描述，也有其客观的评判标准——理性。在他看来没有任何事物比人的存在更高，没有任何事情比人的存在更具尊严，人的价值判断是伦理学的核心标准。但一种只注重人和人的利益关系的体系，并不一定真正道德，它的目标仅仅是指向孤独、利己主义的个人。真正的伦理学是普遍的伦理学、客观的伦理学，它有着客观的价值判断和伦理规范。建立客观正当的行为规范和价值判断是可能的，它对所有人都具有客观正当性，并且是由人自己而不是凌驾于人之上的权利者所决定的。这种价值判断和伦理规范就根植于人性，它只有同人的存在相关才有意义，"正确的伦理规范是由理性、并且只能够由理性所构成的。人能够依靠理性，正确地辨别和评价价值判断，就像人能够用理性评判所有其他事物一样"。[①]弗洛姆这样分析道：启蒙运动教导人们要相信自己的理性，结果却引向了伦理的相对主义立场，使人去追求非理性的价值体系，这不是需不需要理性的问题，而是我们需要什么样的理性。过去我们对理性的理解过于狭隘，把理性仅局限于个体或民族国家的利益，而不把理性扩张和上升到"类"的共同理性，这才是造成今天世界上的伦理相对主义的恶因——"国家的需要、对具有魅力

---

① 　弗洛姆：《为自己的人》，孙依依译，三联书店 1988 年版，第 26 页。

气质的领导者、对强大的机器和物质成功的狂热追求，成了人的伦理规范和价值判断的源泉"①。

人类理性是客观的伦理规范和价值判断建立的基础。如何理解人，就会如何理解理性。"人"的边界扩展到哪儿，理性就扩展到哪儿，伦理规范和价值判断就定位到哪儿。

一　弗洛姆类伦理思想的缘起

弗洛姆认为每一个个体是人种的一个特例，同时又代表着全人类，所以他的人格既具有独特性，又具有人类共同的特性及其存在的特性。因此，在讨论人是什么以前，必须先讨论人存在的情境。赫舍尔（Abraham Heschel）在《人是谁》的序言中写道：伦理学是关于道德的哲学，它本身并不研究善恶的标准，而是探讨标准的标准。在他看来伦理学是关于人的行为、人们之间相互关系的学问。所以伦理学的研究要从最根本的问题"人是什么"出发。"人是什么"、"自我认识是我们存在的一部分"，② 这首先是一个认识论的问题，从动物、机器出发去定义"人"得出的是兽性和工具，然而人不仅要为他的行为负责，更要为他是什么负责，只有从人自身去定义才能得出正确的答案，说明他存在的意义和价值，所以这不单是认识论的问题，更重要的是一个伦理问题、价值问题。因此探求"人是什么"的问题更确切地说是"人是谁"的问题。在赫舍尔看来"人是谁"这个问题不仅仅指人类的本性，而且指的是人类个体的处境，指的是"人的存在"中的"人"。赫舍尔认为，只有从人出发才能明确说明人。从人出发，就是从人的矛盾和困惑出发。所以探讨人的本性是不能脱离人生存的处境。弗洛姆正是从人的矛盾和困惑出发来探讨人性。③

弗洛姆认为人的困境包括两种二律背反，一是自然存在的二律背反，二是历史的二律背反。两种二律背反在一定程度上束缚和威胁人的生存，但正是这种逼迫激发了人内在的潜能，凸显人不同于其他生物，而具有超越"种"的"类"性。

（一）自然存在中的二律背反

弗洛姆在关于人与动物的区别上认同帕斯卡尔的思想。人在生物学意

---

① 弗洛姆：《为自己的人》，孙依依译，三联书店 1988 年版，第 26 页。
② ［美］赫舍尔：《人是谁》，隗仁莲译，贵州人民出版社 1994 年版，序言。
③ 参见［美］赫舍尔《人是谁》，隗仁莲译，贵州人民出版社 1994 年版，第 4—5 页。

义上是极其软弱的动物，他行不如马，负不如牛，一滴水、一口气足以使他致命。人和动物在存在上的重要区别是：动物随着变化着的环境能主动地改变自身而生存，而人在适应周围环境的过程中，相对来讲缺乏调节的本能。虽然人在自然界中本能适应能力较弱，但他有意识、有理性，因而就具有超强的学习能力来适应环境和发展人类自身。只有人才能意想感觉之外的事物并主动地规划和设计自己的未来，懂得死亡的意义和具有超越死亡的精神追求。

人本是自然的一部分，遵从自然的法则，这是动物存在的特征；但自我意识，理性和想象力的出现使人成为宇宙的超生物，破坏了原始的"和谐"，使人超然于自然的其他部分。所以在自然界中人的存在就是一个矛盾，他是自然的一部分，又与自然相区别与分离。人在自我意识、理性和想象力的发展中使人与自然分离、与他人分离与自我分离，这种分离的状态弗洛姆称之为"二律背反"。这种二律背反植根于人的真实存在中；它们是人所无法废除的矛盾，但人能以不同的方式抵制这些矛盾。这表现在人所面对的两大矛盾。

1. 生与死的矛盾

弗洛姆认为最基本的人之存在的"二律背反"是生与死的矛盾。他用存在主义的语词来描述人的"生"与"死"："人在偶然的时间和地点被抛入这个世界，却又偶然地被迫离开这个世界。"[1] 人的出生与存在是偶然的、不确定的，唯一可以确定的是"人必有一死"，这是不可改变的事实。人能意识到自己的存在，明白自己是无能为力的，他的存在是有限的，他看到了与自身存在的对立和消亡——死亡。生与死是截然对立的矛盾，要么生要么死，两者的意义与体验也截然不同，这种不可调和的矛盾影响了人生活的态度。但结果是每个人除了接受死亡这个事实外，别无选择。

2. 生命的短暂与全面实现潜能的矛盾

对必有一死的人来说，另一个致命的打击是：生命的短暂与全面实现潜能的矛盾。每个人都具有人类的全部潜能，然而生命的短暂却不允许人全面实现他的潜能。甚至在最有利的环境下，也是如此。就像有脚就能走遍天下，但就人的一生中用脚走遍天下是不可能的。个体的生命从开始到

① ［美］弗洛姆：《为自己的人》，孙依依译，三联书店1988年版，第56页。

结束，都不过是人类历史中的一刹那，这一点与个人实现人的全部潜能之要求形成了悲剧性的冲突。个人的生命只有和人类的生命一样长，他才能有足够的时间和精力去实现他的全部潜能，去分享人在历史进程中的发展。人对他所能够实现的与他事实上所实现的这二者之间的矛盾，是无可奈何的。

（二）人在历史上的二律背反

在人类的发展史，不同的历史阶段在个人生活和社会生活中存在着二律背反，历史的变迁和更替可能解除了一种特殊的对立矛盾，但总体来讲没有根本性地解除个体与社会的矛盾。当代最突出的矛盾——"有丰富的用于物质满足的技术手段与无能力将它们全部用于和平及人民福利之间的矛盾。"① 物质与技术原本是获得幸福的手段，也可能替代了幸福目的本身，个体的利益、群体的利益与人类的幸福并不一致的现实矛盾在当代人类社会中全面暴露出来了。弗洛姆把 20 世纪人的生存现状描述为"人"之"死"的状态。

弗洛姆在《健全的社会》中借用 19 世纪和 20 世纪一些著名的思想家的观点对当代社会人的生存状态做出了尖锐而深刻的批评。他认为 19 世纪的思想家就曾以远见卓识，对 20 世纪的社会做出了预言与批判，他们提出的批判性论断和预测，与 20 世纪的批评家的批判观点不谋而合。

1851 年波德莱尔（Charles Pierre Baudelaire）在《引信》的短文集中认为世界正苟延残喘、走向末日。K. 洛威斯在《历史的含义》中写道："我们将被我们自认为赖以生存的东西所毁灭。技术政治将使我们美国化，使我们心灵枯竭……世界性的毁灭不仅仅或特别表现在政治组织或普遍的进步中，或表现在其他任何一个有适当名称的事情上；最重要的是毁灭已达到人类的心灵深处……"② 稍后几年，托尔斯泰（ЛевНиколаевич Толстой）也如此写道：中世纪的神学或罗马人的道德败坏，仅仅毒害了他们自己的民众，他们只是人类的一小部分；而今天，电子、铁路和电报却毒害了整个世界。每个人都把这些东西变成了自身的一部分，每个人都被迫改变自己的生活方式，所有的人都不得不背叛他们生命中最为重要的东西，那就是对生命自身的领悟——宗教。机器、电报、书籍、报纸、铁

---

① ［美］弗洛姆：《为自己的人》，孙依依译，三联书店 1988 年版，第 58 页。
② 转引自弗洛姆《健全的社会》，蒋重跃等译，国际文化出版公司 2003 年版，第 184 页。

路，他们将把人引向何方？① 美国的无政府主义者梭罗（Surakarta）在《无原则的生活》（1861）中写道："让我们考虑考虑我们的生活方式吧？这个世界就是一个商业场所……世界上再也没有什么事，甚至是犯罪行为，能比这永不休止的工作，更与哲学、诗意以及生命背道而驰的了……"如果一个人因喜欢森林而每天在林子里散步半天，那他就有游手好闲之嫌；如果他是一个投机商，整天督促别人砍伐树木，弄得土地一毛不长，他反倒被尊为是勤奋、有事业心的好公民……"赚钱的方式几乎无不例外地使人堕落。仅仅只是为了赚钱而做事就是真正的无所事事或者更糟。如果劳动者除了工资以外得不到更多的财富，那他就受人欺骗，也就欺骗了他自己。"② 在 19 世纪对资本主义做出最透彻的诊断学者之一是社会学家 E. 迪尔凯姆（Emile Durkheim），他论述到：在当代工业社会中，把全世界作为其目标的人类的野心无限膨胀，个人和团体都已不能圆满地发挥其功能；真正的社会秩序消失了，国家成了唯一具有社会特征的集体活动的组织，个人摆脱了一切真正的社会束缚后，却发现自己被遗弃、被孤立，从而日益消沉，社会成了"一盘散沙"；"他们的生活缺乏意义，过着看似有组织实则是无组织的社会生活；个人越来越追随一种无休止的社会活动，无计划的自我发展，没有价值标准的生活目标，幸福永远在未来，而不在现实的任何成就中存在"。③

同样 20 世纪的一些思想家对当代社会提出了严厉批判。英国社会主义者 R. H. 托尼（R. H. Tawney）在《物欲横流的社会》里指出，"现代文明的症结在于工业本身已达到压倒一切人类志趣的地步"。④ 埃尔顿·梅奥（Elton Mayo）是美国最杰出的研究工业文明的当代学者之一，他与迪尔凯姆持相同的观点。认为科学技术的迅猛发展、社会的高度分工和盲目地追求经济的发展，使人成为一个单子，个人自身对社会功能以及与集体团结一致遭致破坏，陷入了社会分崩离析的边缘中，丧失了整体的意义，普遍的个人无用感弥漫于整个文明世界，个人的安全感和幸福感因此也消失了……西方社会现实生活中人们无论在工作中还是在生活中都丧失

① 参见弗洛姆《健全的社会》，蒋重跃等译，国际文化出版公司 2003 年版，第 184 页。
② 转引自弗洛姆《健全的社会》，蒋重跃等译，国际文化出版公司 2003 年版，第 185 页。
③ ［法］埃米尔·迪尔凯姆：《自杀论》，冯韵文译，商务印书馆 2001 年版，第 427 页。
④ 转引自弗洛姆《健全的社会》，蒋重跃等译，国际文化出版公司 2003 年版，第 189 页。

了整体的意义，而生活和工作是获得意义的方式，一切成了碎片。① 刘易斯·芒福德（Lewis Mumford）在谈及当代文明时这样说到，当代的文明最终只能造成制约者和被制约者，主动的野蛮人和被动的野蛮人。"它侮辱、羞辱了人类的灵魂；这种机械系统愈牢固，效率愈高，人对它的反应也就愈强烈。最后，它会导致现代人的盲目反抗、自杀和变革：到目前为止出现的还是前两种方式……"② A. R. 赫伦（Herron）在《人为何工作》中描述了自杀的情景，"我们若描绘出一大群工人因为感到厌倦、无用和受挫而集体自杀的场景，那会是十分荒诞的。但是，我们放宽自杀的概念，它不仅仅指肉体自杀时，那么，这种情景也就不那么离奇荒诞了。人类若听任自己过没有思想、没有雄心、没有自尊和没有个人成就的生活，那么他就是把自己托付给了人生所特有的死亡。用自己的躯体去填塞工厂或办公室的一个空间，照他人的意志行事，使自己的体力，或用蒸汽动力或电力，这些都不是人类基本技能的表现"。③ 赫胥黎（Thomas Henry Huxley）在《美丽新世界》中，也描绘了一个机械化世界，未来的新世界是人们过着信仰半生殖崇拜、半忏悔暴力的野蛮人的生活，灌输式的教育、科学等级制度和无生殖力的人是未来社会的特点。

史怀泽（Albert Schweitzer）对近代欧洲的世界观提出了尖锐的批评："作为一个整体的社会与其他经济条件之间存在着悲剧性的联姻。这些经济条件残酷无情地把现代人变成没有自由、没有自信、没有独立性的生物，简言之，作为人有如此多的缺陷，以至于实际上他缺乏人性的基本品质……必须认识到这样一个事实：文明是所有人以及整个人类的利益之所在，但今天的某些地方，国家的文明却被当作偶像来崇拜，人类有着共同的文明的观念亦化为乌有……尽管现代国家在精神上和经济上都饱受战争的摧残，没有时间去思考文明的使命，更不敢关心任何事，只除了想尽一切手段，甚至不惜损害正义的观念去聚敛财富，以此来延长国家的寿命……现代的世界是国家剥夺了其邻国所有对人道、理想、正义、理性和真理的信仰，把信仰置于权力的控制之下，而这些权力日益使我们陷入野蛮的深渊。经济对精神做出的反映日趋有害从而导致道德日益败坏……

---

① 弗洛姆：《健全的社会》，蒋重跃等译，国际文化出版公司 2003 年版，第 190 页。
② 同上书，第 192—193 页。
③ 同上书，第 193—194 页。

"所有这些都是通向文明之路的绊脚石。绝望的阴影笼罩着我们……我们必须在顺从中找安身之地……"只有通过精神的觉醒，才能使人们重新认识到文明是建立在某种普遍性理论的基础上的。人类的伦理意识迫使我们看清文明再生路上往往被忽略的困难……"①

爱因斯坦（Albert Einstein）在《为什么走社会主义》中认为资本主义社会使人的利己主义增强而导致社会倾向的衰退，在利己主义的氛围中人是不安全的和孤独的，只有人类突破利己主义的樊笼，把自己融入和奉献给社会才能找到生活的真正意义。马克思与其他所有的社会主义者一样，最关心的也是人。在资本主义的生产方式中，人的自我异化过程达到最高峰，因为人的体力已经成为一种商品，由此人也变成了一种物。他说，工人阶级是人类中最为异化的阶级。正是由于这个原因，它是一个领导人类解放斗争的阶级。在生产资料公有化的过程中，马克思看到了把人改造成社会经济进程中积极、负责的参与者的条件，以及克服人的个性与社会性的分裂的条件。"只有当人认识并把他'自己本身的力量'组织为社会力量，因而不再以政治权力的形式把社会力量从他自身分离开去之时，只有到那时，人类的解放才能实现。"②

19世纪和20世纪的思想家对当代社会批判的精辟言论，对弗洛姆的理论提供了有力的佐证。弗洛姆评述到，现在人类似乎是处在一个更富有、更幸福的时代，然而人的生存和随后几代人的生存遇到了比以前更大的威胁。在分工精细、工作机械化、社会组织更庞大的过程中，人成了机器的一部分，而不是机器的主人，不再具有创造性。人成了一件商品，作为人的价值在于他的可销售性，而不在于他的爱、理性的特点上，也不在于他的艺术能力。幸福与更新更好的商品的消费等同起来了，与陶醉于音乐、电影、娱乐、性欲、酒和香烟等同起来了。趋于求同，除了顺从大多数人而能够得到一种自我意识以外，他再也没有别的自我意识，他感到不安全和焦虑，他依赖于大家的赞许。人已摆脱了牧师和世俗的权力，获得了他的自由，他独立起来，理性和良心是他唯一的法官，然而他却被自己的创造物所束缚，失去了自由。丧失人存在的真实意义，他只不过是一个机器人。他的智力表现得很卓越，人的理性却退化了，而且他具有技术力

---

① 转引自弗洛姆《健全的社会》，蒋重跃等译，国际文化出版公司2003年版，第201页。
② 同上书，第219—220页。

量，所以他严重地威胁着文明的存在，甚至人类的存在。现代人的危险是战争状态和机器人状态。①

面对当代人的生存状态，弗洛姆发出了振聋发聩的声音："19 世纪的问题是，上帝死了，而 20 世纪的问题是，人死了。在 19 世纪，无人性意味着残忍；在 20 世纪它就意味着精神分裂般的自我异化。"② 人在当代社会的生存状态显现了个体与社会的矛盾，这种矛盾的实质是人与人的对立和冲突，单子式的个体与全人类利益、命运、幸福的冲突，只有突破个体单子式的存在和活动方式，消除人与人的冲突状态，才能够消除个体与社会的矛盾，即人的历史二律背反。

因此，人的自然存在的二律背反与历史背反促使人自我意识不断觉醒，通过自身的活动超越生存的困境成了人生存的重任，有困境就要寻求出路，这本身是"人"的特色，激发人内在的动能去寻求更适合人类生存和未来命运的道路，也创造生命独有的特质，即人类所具有的"类"特性。只有在"类"性的呈现中人才能消解矛盾与对立，也成就"人"本身，完成人与自身、他人、外在世界的和谐统一。

二　弗洛姆类伦理思想的人性模式

存在的二律背反和历史的二律背反的区别是明显的，历史的二律背反是可以解决的，但不能消除存在上的二律背反。自从人类意识到生与死（自身的存在及其特性）的矛盾，就开始试图解决这个不可能解决的问题。人试图通过意识形态而否认这个二律背反，明知是不可能的，但人却用意识形态的理论去解释和试图解决这种冲突和矛盾。比如假定人死后生命方完成、或假定一个人自己的历史时期就是人类最后的圆满的实现，来调和或否认这一矛盾。例如，基督教的永生概念，通过设立一个永存的灵魂而否认人的生命以死亡所告终这一悲剧事实；在儒家文化中用"三不朽"和血脉传承来解决生与死的矛盾；佛教中则用轮回来解释生与死的对立与转化……但生命的最终结果，我们仍都毫无例外地一致。正如斯宾诺莎所言"聪明人所思考的是生而不是死"③，"凡有意志的人都会使生命

---

① 弗洛姆：《健全的社会》，蒋重跃等译，国际文化出版公司 2003 年版，第 305—307 页。
② 同上书，第 308 页。
③ ［荷］斯宾诺莎：《伦理学》，贺麟译，商务印书馆 1997 年版，第 67 页。

充实"。① 或者有的主张生命的意义并不在于最充分地展现生命，而在于为社会服务和对社会尽职；个人的发展，自由和幸福，从属于国家及社会的福利，或从属于象征着超越于个人之上的外在权力，与后者相比，个人的发展、自由和幸福实为不足一提，以此来解释和接受死亡的事实。人通过认知系统调整和接受这种背反；或者凭借在享乐和事业上的不断活动以设法逃避内心的不安宁；或者努力取消自由，并力图使自己与外在的权威和工具世界保持一致。用这样的一些方法来协调和解决生命的短暂与全面实现潜能的矛盾，虽不可能根本地解决这个问题，但也能使人从困惑与矛盾中暂时解脱出来，而更去关注在有限的生命里彰显无限的潜能。

对生与死的矛盾，想要改变死的这个确定的事实是不可能的，人只得接受肉体的死亡。人类只有从自己生的活动中超越"死亡"，在精神上和整体上"不朽"。

然而历史的二律背反则是一个可以解决的问题。"人之精神的一个独特性就在于，当人面对矛盾时，他不会无动于衷，他会逐步树立起解决这一矛盾的目标，人类的所有进步就起源于这个事实。"② 历史的二律背反并不是人类存在所必不可免的，而是人为制造的。可以说这个二律背反是个体本位与社会的冲突，是个体本位发展到一定程度引发的人与社会的对立状态，依赖个人本位的发展无法解决和克服这个矛盾，所以人类要寻找他路，突破个体的意识形成新型的"人"的意识，这种新"人"的意识既要包含个体的丰富性和具体性，又要包含整体性和普遍性，也就是"类"的意识，是对群体本位和个体本位的一个超越阶段。所以弗洛姆说，它是可以解决的，这种二律背反既可在它们产生时加以解决，也可在人类历史的随后一阶段给予解决。它并不是一个不可避免的矛盾，而是由于人缺乏勇气和智慧所产生的。

人的困境只有人自身才能解决，从人的存在中寻找解决的力量，正是在对人的认识，更确切地说在对人性的认识中找到出路，从历史发展上来看，有什么样的人性就有什么样的伦理学，人性是伦理规范和价值判断的基础。在弗洛姆看来，人并不是"一般"的存在。人首先是与他所有的同胞共享人的特性的，即具有类——"人"的共同特性，同时他总是一

---

① ［荷］斯宾诺莎：《伦理学》，贺麟译，商务印书馆 1997 年版，第 67 页。

② ［美］弗洛姆：《为自己的人》，孙依依译，三联书店 1988 年版，第 59 页。

个个体，一个唯一的实体，他区别于其他人就在于他的性格、气质、天资、性情等。他生活的目的是根据人的本性法则展现他的力量，成为独立的人。由此我们可以推断弗洛姆所构建的人性模式是一个动静结合的模式。"人"都具有潜能是每个人所固有的，虽然内涵极其迥异；人的本质就是不断地实现自己的潜能，展现自己的本质力量。他把这种静态的固有看成他的人性结构的一个先决条件。这个静态的固有和性格、定向献身框架构成了人性模式的静态维度，人的生命活动造就了人的本质，构成人性模式的动态维度。

（一）人性模式的静态维度

人在现实生活中是选择善还是恶，是与人的性格相关联。人性中美德与罪恶必须与人的性格结构联系起来才有现实的意义。弗洛姆认为性格的差异构成真正的伦理问题。某一种品质在不同的性格结构的人身上表现出来的意义是不同的，如果我们不分析他的性格特征，我们就没有把握他所具有的这种品质的真正内涵。比如忍让，可以是出于真正宽容而忍让，也可能是弱小者自我退却的忍让，这与古希腊中认为"勇敢"在不同的情境中所表达的不同意义是一致的。但传统伦理学没有从这样的启示中去开拓。所以传统伦理学所涉及的美德和罪恶其意义必然是模糊的。只有把美德和罪恶与从属于人的性格结构联系在一起分析，才不会发生意义模糊的问题。"一种与性格相分离的美德也许实现不了任何价值（例如，谦卑由有恐惧或补偿抑制自大所引起的）；而如果把一种罪恶与整个性格联系在一起理解，那么，就能够从一种不同的角度加以认识。（例如，自大是不安全和自我蔑视的一种表现。）"① 通过对某种品质与性格勾联的分析我们才能洞察真正的美德、罪恶，才能把握在现实病态环境中人性的扭曲，揭示其真正的社会性格和发掘社会无意识，从而为人的解放、人的自由和发展建立理论基础。由此可见，"把孤立的美德和罪恶作为单独的品质来处理，是不够的，并且也是错误的；只有参照作为一个整体的性格结构，才能对单个的品质或行动给以价值上的说明。美德或罪恶的性格，而不是单个的美德或罪恶，是伦理学研究的真正主题"。② 性格是人的价值判断的一个重要基础，是以静态的方式呈现出人性模式的一方面。

---

① 弗洛姆：《为自己的人》，孙依依译，三联书店 1988 年版，第 49 页。

② 同上书，第 50 页。

　　"定向献身框架"是受需要的驱使的人性静态模式的另一方面，是其解决生存问题的解释系统。

　　人从大自然中分离出来，他就不能返回到与自然和谐的前人类状态中，只能运用自己的意识和理性，重新确立在大自然中的地位，他改造了自然界，创造了人自己的世界，人在创造的过程中总是被自然的和人为的困难所羁绊，但他总能寻找到新的策略去应对，即使问题层出不穷。人被迫继续前进，并不断努力，了解自己、发展自我，必须说明他存在的意义。人的行为最明显的特征是表现了这种极其强烈的情感和主动的追求。弗洛伊德比其他任何人都更清楚地认识到这一事实，他试图根据机械论——自然主义的思想加以说明，他用人的自我保护本能和性本能去解释人的大部分情感追求，但却误入了歧途。动物在满足了基本的需求后趋于平静，而人的饥渴和性追求完全得到满足后，各种欲望反而接踵而来，权力、爱甚至毁灭都成了人追求的目标，这些押在宗教、政治、人道主义理想的赌注构成并表现了人之生命独特性的特征，疯狂与堕落、仁慈与善良、卑微与高尚，无不证明人的突破种性的能动性。所以弗洛姆认为存在着与弗洛伊德的解释相反的另一种解释是：人有一种本能的宗教需要，这种需要是不能用人的自然存在加以解释的，而必须用某种超越于人、超越于超自然力量的东西加以说明，即"定向献身框架"。人在精神层面给自己确定了一个终极的目标和图景去平衡行为与意识，根据这个参照框架，人决定他自己的行为和理解自己行为的动因。由于人是一个既有思想、又有肉体的实体，因此，他不仅要在思想中，而且还要在生活过程、情感和行动中反映他历史的二律背反。他必然追求他存在之所有方面的统一的、整体的体验，以找到新的平衡。因此，任何一种令人满意的取向体系都不仅含有智力的因素，也包括着人在行动、行为的各方面都力求实现的情感和感觉的因素。人致力于一个目标、一种观念，或一种超越于人的力量（如上帝），是人在生活过程中，追求完整之需要的一种表现。取向和信仰之体系的需要是人存在的固有部分，这种试图对人追求意义做出解答的思想体系和使人自己的存在变得有意义的努力，弗洛姆称为"取向和信仰的框架"（frames of orientation and devotion）或"定向献身框架"。虽然人都共同具有取向和信仰之体系的需要，但满足这些需要之体系的特定内容则有所不同：成熟的、生产性的或非理性的"定向献身框架"，他可以自由地选择崇拜权力和毁灭，还是献身于理性和爱，以此来做出自己对历史的二律背反的回答。

取向和信仰是需求的方向性的选择，人类对权力、物质世界和毁灭的崇拜形成了个体与社会的激烈对立和冲突，要消除历史的二律背反关键之一在于改变取向和信仰的方向。

（二）人性模式的动态维度

人性在道德行为和价值判断中发挥作用，还需要人性模式的动态功能。

人与动物适应环境的策略是不同的，动物主要是通过本能来适应，也就是通过改变它的一些本性来适应环境的变化，它有极强的本能适应环境。但人不同，人是自然界孱弱的生物，要在本能上去改变人自身，只能走向毁灭，所以人对环境的适应是一种能动的适应，通过改变自身的生存环境来适应外在的环境，他由此来推动自身和自然、社会的发展。所以，"人类的进化根植于人的适应性，根植于他本性中无可毁灭的某些特性，这些特性强迫他永无止境地寻求更适合于他内在需要的环境"。① 在人类发展的历史上，人似乎可以通过被压迫和奴役来达到对文化环境的适应，但历史也告诉我们这种压迫和奴役最后遭致反抗和颠覆，或者因为被压抑而扭曲了"人"，它也进一步说明人不能改变其本性去适应环境，否则是"非人"的状态。

在伦理学史的发展中，人性中的"能动性"是伦理价值、道德行为的依据是有迹可循的。在亚里士多德的伦理思想中，"德行（美德）"就是"能动性"，所谓的能动性就是指人运用其所特有的功能和能力；幸福是人的目的，是人的"能动性"和"运用能力"的结果。自由、理性、能动（如沉思）的人是善者，因而也是幸福者。斯宾诺莎对于德行也是这样理解的。他说："绝对遵循德行而行，在我们看来，不是别的，即是在寻求自己的利益的基础上，以理性为指导，而行动、生活、保持自我的存在（此三者意义相同）。"② 所以斯宾诺莎理论中保持自我的存在，就是指成为他所能够成为的人。这是所有存在物生存的奥秘。斯宾诺莎如此比喻："如果一匹马变为一个人，那么就像一匹马变成一只昆虫一样的被毁

---

① ［美］弗洛姆：《为自己的人》，孙依依译，三联书店 1988 年版，第 42 页。
② ［荷］斯宾诺莎：《伦理学》，贺麟译，商务印书馆 1997 年版，第 187 页。

灭了。"①　德行是每一种生物特殊可能性的展现；就人而言，是通过潜能的发挥展现最丰富的人性。"所谓善是指我们所确知的任何事物足以成为帮助我们愈益接近我们所建立的人性模型的工具而言。反之，所谓恶是指我们所确知的足以阻碍我们达到这个模型的一切事物而言。"②　斯宾诺莎关于善恶的人性理论阐明了德行与实现人的本性相一致。斯宾诺莎同样认为人是自己的目的，价值只能由人的真正利益来确定，因为人是自由的，是能够生产性地运用他的力量。斯宾诺莎伦理学中的人既是具有独特性的个体，也具有所有人的共同本质，他的人性模式的客观性基础就在于此。和斯宾诺莎一样，杜威认为，客观正当的价值命题只有依靠理性的力量才能实现，人生活的目的就是根据人的本性和性格而成长和发展。但他反对任何固定的目标，而是强调手段和目的（结果）之间的关系，并把它当作规范之正当性的经验基础。对杜威来说，目的"只是一连串长期的行动，手段则是一连串近期的行动。在全面评价所提出的行动方式的过程时，手段和目的的区别，即时间顺序上的区别就出现了。从时间上讲，'目的'是所考虑的最后的行动，手段则是首先采取的行动……手段和目的是同一实体的两个名称。这两个名词并不意味着事实上的差异，而只是判断上的区别"。③　杜威强调手段和目的的不可分离，重点在于他们是"行动"指向的两个层面，最根本的是人的"理性"的能动性。

　　弗洛姆汲取了前人的思想智慧，建构了人性动态模式。其内涵是：人具有能动性，即生产性，生产性具体表现为理性、爱与生产性工作。

　　当人面对生存的情境，既然人无法回避也不可能根除存在的二律背反，但生产性的、理性的选择仍是最具生命意义的。他使人认识到存在于人之上并能解决人的问题的力量是不存在的，人只有依靠自身才能超越困境和赋予生命以鲜活的意义。这种悲怆的情愫犹如"向死而生"，能激发人类的情感：接受这个不可改变的事实，运用他自己的力量，使他的有限生命富有意义，超越性地解决历史的二律背反。虽然对某些不可改变的事实无能为力，但看到了人之力量所蕴含的无限潜能。理性、爱与生产性的工作最根本的因素是人的本质中的"生产性"，是一种积极的、能动的、

①　［荷］斯宾诺莎:《伦理学》，贺麟译，商务印书馆 1997 年版，第 187 页。

②　同上书，第 169 页。

③　转引自弗洛姆《为自己的人》，孙依依译，三联书店 1988 年版，第 47 页。

超越性的力量，是人所特有的本性。人能够凭借自己积极的行动消除历史的矛盾，无论是积极的还是消极的，他都能意识到矛盾并应对和超越矛盾，这就是人不同于其他物种的超越性，是一种特殊"类本性"。因而，人必须死亡，但他可以从容面对死亡；人不能实现个体所有的潜能，但人所有的全部潜能在"类"生命中展现，"人类"体现了"人"的全部潜能。人既是孤立的个体，但同时他又与他人相联系。他能意识到自己是一个"独立"的实体；但他也必须依靠理性的力量、意识到他的幸福有赖于他与他的同伴、与过去和未来之人团结一致、休戚相关，虽然他的行为是个体的行为，但也关涉他人乃至所有的人。所以，个体与社会的对立和冲突亦可以在理性、爱、生产性的工作下结成平等、友好、一体的和谐关系，尊重每一个人为"人"，我们是"类"共同体的一员，都有着不同于动物的"类"性。

所以，人活着"决不会停止困惑、停止好奇、停止提出问题。只有认识人的情境，认识内在于人的存在之二律背反，认识人展现自身力量的能力，人才能实现他的使命：成为自己、为着自己，并凭借充分实现其才能而达到幸福，这些才能是人所特有的能力——理性、爱、生产性的工作"。①

人性模式的静态维度和动态维度在人那里并不是能截然区分的，人具有这种能动的超越性是人固有的潜能，性格与"定向献身框架"影响着人对生产性的选择，通过生产性的具体表现——理性、爱与生产性工作反过来影响人的性格与"定向献身框架"，生产性就是人性模式中最根本、最本质的特点。

因此，弗洛姆的伦理学通过生产性的运用，用理性来指引人的行为，使人向着真正的自我发展，并能教导人识别善恶；实现德行的途径是人积极运用自己的力量，力量就是德行；软弱无能就是罪恶；幸福本身不是结果，而是伴随着力量增长的体验。在这样的人性模式中，价值判断是以人为中心和以人的幸福为目的的。因而这样的价值判断不再是个人爱憎的陈述，因为人的特性是人类所固有的，是所有人的共同特征，它是人性模式不可分离的一部分，是客观的价值判断和伦理准则。

弗洛姆的类伦理思想从人的矛盾和困境出发，在对人的生存矛盾（包

---

① ［美］弗洛姆：《为自己的人》，孙依依译，三联书店 1988 年版，第 60 页。

括存在的二律背反和历史二律背反）的分析中揭示弗洛姆类伦理思想的人性模式，及其最根本的"类本性"——生产性，它是人超越自然存在背反的困惑和解决历史背反的能动性力量。生产性的具体表现是"理性、爱和生产性工作"。由此，弗洛姆的伦理思想体系是以人的"类本性"、人类的共同价值和理性为基础的伦理学，本质上是一种"类伦理"。弗洛姆也曾说过他的伦理学是"人道主义伦理学"。但"人道主义伦理学"有狭义和广义之分。狭义的"人道主义伦理学"是指文艺复兴时期兴起的一种运动，主要是针对"神权"的人性解放运动。广义的"人道主义伦理学"，是指人类历史中的关于人的进步发展的一种思潮，主要凸显人是世界的中心，人的价值和尊严高于一切，追求人与人之间的平等关系。弗洛姆自己所指称的"人道主义伦理学"（所以文中在引用弗洛姆的原话时，仍然用"人道主义伦理学"这一词），应该是一种广义的"人道主义伦理学"。这种广义的"人道主义伦理学"被划分为古代人道主义伦理学、资产阶级人道主义和社会主义人道主义，从这一点看，"人道主义伦理学"并未完全站在人类的立场上，而是有意识形态的倾向或被错误地解释和划分，而且在今天人道主义似乎成了最后的救助方式，改变了人道主义原初的那种我们同为"人类"的一员，平等相携的关系。所以，从现代社会的特性来看，用"类伦理"的定义来描述弗洛姆的伦理思想更确切和更科学，也更符合当代社会以及未来社会对伦理学的期望。

第二章

弗洛姆类伦理思想形成的
现实缘由（一）

弗洛姆是 20 世纪法兰克福学派早、中期的重要代表之一，他认为伦理学应当具有社会批判性，并把批判当成建构其伦理学的重要方法，弗洛姆的类伦理学就是建立在否定性的基础上。他认为只有具有批判的眼光，才能对自己身处的社会有深刻的认识，才能认识到西方现实是一个"不健全的社会"，这个不健全社会的突出表现就是"全面异化"。弗洛姆对资本主义社会中异化的特点，异化的诸种形式进行了深刻的揭示和批判，并分析了异化造成人的生存意义的丧失，而引发"全面异化"的社会内因则是工业社会的生产模式及其"预定和谐"。

第一节　　"异化"的起源与发展

一　"异化"之含义

"异化"的英文为 Alienation，法文为 Aliénation，德文为 Entfremdung。"Alienation"一词来源于拉丁文"Alienation"和"Alienare"。在拉丁文中它至少包含以下三种基本含义：一是，在医学、心理学范围内，有精神错乱、精神病的含义。这是异化较早的含义。二是，在社会范围内，有与他人分离、疏远、差异，与祖国、与神分离、疏远的意思。异化这个词被认为最早出现于《圣经》，是指亚当偷吃了禁果，堕落成凡人，从上帝的纯真神性中"异化出去"。普罗提诺采纳异化的肯定含义，认为异化是超升的途径，而不认为它是人的状况的一种畸变。他在《九章集》中论述到：灵魂不是成为肉体的牺牲品，也不是使灵魂脱离肉体，而是使肉体与灵魂保持密切关系。灵魂为了完全领悟一切事物而需要肉体。没有肉体，灵魂就将彻底留在精神王国中。奥古斯丁也一样，除了他对异化的否定解释以外，他还认为异化是精神对尘世一切的彻底摆脱，是对"今世痛苦"的遗忘。只有当人与其自身相异化时（而且正因为人与其自身相异），他才不会成为思辨（discursive thinking）的牺牲品。换言之，人通过自我异化能够摆脱影响今世的异化和分裂。

在中世纪，异化被定义为人类与上帝相通所达到的狂喜境界。托马斯·阿奎那认为"异化"始终是现实的准备阶段，是上帝的灵性感受的准备阶段。埃卡特把异化的含义扩大了，他认为只有上帝才没有"任何异己的东西"，相比之下，已经存在的、被创造出来的一切都是异化的，异化是"真正生命"的前提。

在新教时期，以加尔文为首，把异化定义为精神死亡，即人因为原罪而使自己的精神与上帝产生疏离。

可见，异化中包含分离、疏远最早是从宗教的维度来阐述的。

三是，在法的范围内，有转让、让与，权利和财产的让渡等含义。异化一词来源于拉丁语 alienatio（变卖）。古罗马的塞涅卡（Seneea）特别是西赛罗（Cicer）使用异化这个概念，基本上是指商品的销售，权利和财产的中止、让与或变卖。

17 世纪英国哲学家霍布斯在权利的转换意义上使用"异化"。霍布斯在《利维坦》一书中这样说："每当一个人转让他的权利时，总是考虑到到对方转化给他的某种权利，或者因为他希望因此得到某种特别的好处。"[①] 霍布斯认为，在国家未产生之前，人生活在"自然状态"之下，"人对人像狼一样"，如果不对人们的自然权利进行限制，人类社会将无法延续。为了避免这种恶果，人们通过缔结社会契约自愿地放弃自己的部分自然权利，把它让渡给君主或国家，通过"国家"的力量来保证大家的和平与安全。所以，国家的权力就是个人自然权利的异化，或者说国家使公民的权利和意志发生异化。在霍布斯这里，异化概念的含义主要是指"转让"。[②]

---

① ［英］霍布斯：《利维坦》，黎思复、黎廷弼译，http：//www.tianyabook.com/zhexue/lwt/015.htm。

② 参见张和平《"异化"不是马克思哲学的中心概念——试析马尔库塞、弗洛姆的"异化"观》，《西北师范大学学报》（社会科学版）2004 年第 1 期，第 50—55 页。

二　几种主要的异化观

（一）卢梭的异化理论

近代法国思想家卢梭在《社会契约论》中最早从政治意义上使用"异化"一词，主要指权利和财富的转让或让渡。他是从自己当时所处的社会现实来论述异化的，他看到人们创造了财富却使自己不幸的这种分离和颠倒的状态。他在《论人类不平等的起源和基础》中说："由于人类能力的发展和人类智慧的进步，不平等才获得了它的力量并成长起来。"[1]人类的这种自私自利的理性——私有制下造成了人的不平等和人的异化。在卢梭看来，异化就是人的不自由的状态，即依附。一种是外在的依附即经济依附；另一种是内在的依附即心理依附。依附的实质是一个人的欲望或精神与物质上的需求。

为了消除异化（也就是内在和外在的依附），卢梭主张需要找出一种联合的方式，全体人民转让他们的自由，使自己成为某个国王的臣民，以共同力量来保卫个人的人身和财产。这种转让不应该是自由的丧失，而应该使每个人的自由得到保证。这种转让是自愿的、无保留的。国家就是通过这样的转让形式形成的。

因此，卢梭主张通过对外在、内在两个世界进行重建来消除异化。外在世界的重建就是建立一个体现公意的社会。公意是人类自由意志的升华。它是自由的化身，它本身就是正义的代名词，它以共同利益为依归，不是指向个人利益或者团体意志，因而是永远公正的。而主权就是对公意的运用，不可转让和分割。公意是冲突的产物。从表面上看，众意越集中越有利于公意的形成，个人意志之间的冲突越大越不利于公意的形成；恰恰相反，公意正是为了协调个人意志才产生的，没有个人意志的分歧和冲突，公意就没有了存在的必要了，公意也就无所谓被代表。公意要得到实现，必须借助于法律，法律是公意的行为，法律的最终目的就是要实现自由和平等。权力凭借法律和职位才能加以行使，使一个社会在财富上没有一个人富得可以买其他人，也没有一个人穷得能出卖自身，大人物要节制

---

① ［法］卢梭：《论人类不平等的起源和基础》，李常山译，商务印书馆 1997 年版，第149 页。

财富和权势，小人物要懂得节制贪得和婪求。① 在社会中个体成员之间的关系要尽可能使之最小化，避免个体之间有依赖关系产生；成员和共同体的关系要使之尽可能最大化，那么在共同体内部人人都依赖共同体生存，个体之间没有什么差别，人人都是平等的，有的只是个性的差别。各个成员在共同体中平等地享有自由和权利，而这些权益本身是属于个人的，通过公意的方式表达和享有，人人都是共同体的一员，有明确的权利和义务来保证自己和他人的权益。

消除异化的另一个策略是重建内在世界。内在世界的重建主要通过教育来实现，通过教育把仁爱和正义内化为人的道德情感、道德意识和理性，规范自身的行为，自觉地承担责任和义务，权衡自身利益与社会利益，促成人的社会化和自我的实现。

在外在世界和内在世界重建下的真、善、美的社会关系中，人们是平等的，是通过与共同体联结彼此的，相互之间是平等的协作关系，解除了人与人之间的依附关系，人获得了最大程度的自由，也意味着异化的削弱和消除。②

（二）费希特的"自我"与"非我"

在德国古典哲学中，费希特首先确定了异化的哲学含义。他哲学中的三个著名原理，"自我设定自身"，"自我设定非我"和"自我设定自我与非我的统一"。

自我是第一性的，绝对的，自己产生自己、建立自己、肯定自己的活动。从而否定了任何自我以外的客观实在性。这是绝对的无条件的不证自明的原理。"非我"是指"世界的表象"，即被意识到的自然界或客观世界。绝对的"自我"是能动的，实践的，它不仅是自身的原因，而且能创造世界。"自我"产生"非我"，主体产生客体。"自我"之所以要设定"非我"，让"非我"与"自我"对立，因为"自我"本身无法得到理解和说明，通过这种对立面，产生对"自我"本身的认识。他说，纯粹的自我只能从反面加以设想，只能被想象为非我的对立面，因为一般的认识都离不开经验的对象。但"自我"与"非我"不是截然对立，而是对立

---

① 参见［法］卢梭《社会契约论》，商务印书馆 2003 年版，第 66 页。

② 参见管宇《从人的异化到人的全面发展——论马克思的异化理论》（硕士论文），大连理工学院，2006 年。

的统一。它们相互依赖，相互限制，相互作用，是对立面的统一，所以，它们在绝对自我中达到了统一。这表明，自我与非我，主体与客体，在绝对自我的基础上达到了统一。自我—非我—绝对的自我，就是"自我"的异化与扬弃异化。①

（三）黑格尔的异化观

哲学史上，黑格尔第一次系统地阐述了异化的概念，赋予了它丰富而深刻的内容。在黑格尔建构的哲学王国中，"异化"是一个核心的概念和环节，它是精神世界发展的重要的否定环节，也是人自身发展中的否定环节。黑格尔同时使用了对象化和异化两个概念，在自然哲学中称为外化，在精神哲学中称为对象化，把自然界、人类社会和精神都统一在绝对精神运动的过程中。黑格尔认为人在生产过程中创造了物，使自我意识在劳动对象那里外化和对象化，通过这种方式联结了主体和客体，物被人改造，是一个分裂和异化的过程，这个过程也是人将自己的意识外化的过程或者对象化，也可以称为自我意识的异化。但这只是自我意识发展的一个中间环节，要在更高的环节上被扬弃。意识的进一步发展，使客观精神扬弃超越对象性向主体回复，最终在绝对精神中完成自我意识的复归。②

因此，在黑格尔的哲学中，异化是事物发展的必然环节。异化是"作为推动原则和创造原则的否定性的辩证法"。③ 黑格尔的《精神现象学》中，"异化——它从而构成这种外化的以及这种外化之扬弃的真正意义——是自在和自为之间、意识和自我意识之间、客体和主体之间的对立，也就是抽象思维同感性的现实或现实的感性在思想本身范围内的对立"。④

（四）费尔巴哈的宗教异化观

费尔巴哈否定了黑格尔的异化论，认为他的异化论是一种观念的异化，对象化并不就是异化，对象化涉及人的真实生活，真实生活是客观的实存而不是精神的异化的产物，人的本质也并不是在精神异化的过程中体现，而是在人现实生活中呈现出来的，即人的类本质的展现，人的类本质

---

① 参见骆素莹《弗洛姆异化理论的思与辨》（硕士论文），华中师范大学哲学系，2006 年。

② 参见管宇《从人的异化到人的全面发展——论马克思的异化理论》（硕士论文），大连理工学院，2006 年。

③ ［德］黑格尔：《精神现象学》，贺麟、王玖兴译，商务印书馆 1987 年版，第 253 页。

④ 同上书，第 159 页。

的基础立足于生活本身，而不是精神与意识。人类的历史不是绝对精神的发展史而是人本质的异化和复归的历史。

费尔巴哈对异化的批判主要借助于对宗教的批判，他认为宗教才是人类本质的异化，正是在人的现实生活中产生了异化的观念，而上帝就是人类本质的异化物。在人类发展历史的幼年期，当人的生存受到威胁、愿望无法满足的时候，就会借助想象力创造出人之外的、或自然或精神的东西来解释和平衡自己的观念系统，调和意图和行为的差异，使自己的意图和目的合理化，于是就产生了自然神和精神宗教。所以费尔巴哈说，人是按照自己的模样创造了上帝，并把人的本质属性和理想化的人格赋予了上帝，并把上帝看成高于人存在的存在物，他主宰了人的一切。因而上帝是人的抽象物和异化观念中完美的"人"，人崇拜和信仰上帝无非是信仰抽象的人性、信仰人自己虚幻的对象，那个原本是人赋予他本质的力量反过来却成了支配人、奴役人、统治人的力量。人把自己的力量，即思维、意志、情感的力量赋予了上帝，把自然本性交给了上帝，人丧失了人性的力量，这就是费尔巴哈所说的人的异化。

所以费尔巴哈认为人的本质不仅是宗教的基础，也是宗教的对象和本质。他批判宗教和异化，并非是要铲除宗教，而是要借助"爱"的力量来改造宗教，用"人性"之爱来代替"神性"之爱，来克服异化，信上帝就是信自己，信一个完美的"人"，完美的自己就是你的上帝。

费尔巴哈对异化的研究从人本学出发，直接以人的现实生活为研究对象，这使哲学从天国返回到人间，回到人本身，这无疑是具有划时代意义的。但他把宗教这种精神异化现象归因于人们的无知和心理上的敬畏感、恐惧感等，以及宗教就是人异化的对象，说明他的异化理论仍然是一种精神异化论。他的异化理论中以抽象的"人"的本质否定永恒的"神"的本质，对人的探讨并未真正深入他真实的生活和具体的人性，抽象的人仍然凌驾于现实的个人之上，他把宗教改造成虚幻的"爱的宗教"，也并未彻底地批判宗教和触及宗教的本质。但费尔巴哈关注人的现实生活，认为物质是基础，是观念的对象，为马克思创立劳动异化论和马克思唯物主义理论奠定了基础。①

---

① 参见胡志《弗洛姆异化理论研究》（硕士论文），西南师范大学政法学院，2005 年。

（五）马克思的异化劳动观

马克思对异化的革命性批判彻底地超越了前人，他综合了黑格尔和费尔巴哈的异化理论，形成了开创性的社会异化批判理论。在《1844年经济学哲学手稿》中，马克思深刻批判了资本主义的劳动异化。人在劳动的过程中创造了物，但创造物结果成了奴役人自己的力量，人的力量的显现结果却成了控制人、奴役人的力量，他说，异化"不仅意味着他的劳动成为对象、成为外部的存在，而且意味着他的劳动作为一种异己的东西不依赖于他而在他之外存在，并成为同他对立的独立力量；意味着他给予对象的生命作为敌对的和相异的东西同他相对抗"。① 马克思揭示了资本主义社会中异化劳动的四种表现。

一是劳动者的劳动和他的劳动产品相异化。劳动过程就是实现对象化的过程，而在对象化过程中人不是拥有了对象而是失去了对象。"劳动为富人生产了奇迹般的东西，但是为工人生产了赤贫。劳动创造了宫殿，但是给工人创造了贫民窟。劳动创造了美，但是使工人变成畸形。劳动用机器代替了手工劳动，但是使一部分工人回到野蛮的劳动，并使另一部分工人变成机器。劳动生产了智慧，但是给工人生产了愚钝和痴呆。"② 因此在资本主义社会中工人生产的财富越多，但他却越贫穷。物质财富的增长与人的价值的贬值成正比。劳动不仅生产商品，劳动和工人也成了商品本身。

二是劳动者和他的劳动活动相异化。在资本主义社会中，工人的"劳动不是自愿的劳动，而是被迫的强制劳动"。③ 在劳动中，运用自己的脑力和体力不是肯定自己，而是否定，他感觉被限制、被束缚、被迫地劳动，无快乐和满足的体验，有的只是无奈和被折磨的心态。所以，工人的劳动仅是为了维持生物体生存的需要或者更多的物质或精神的需要，而不是为了实现劳动本身所具有的本质力量。

三是劳动者与他的类本质相异化。人的类本质体现在三个方面：劳动对象、劳动活动、类的意识。"异化劳动从人那里夺去了他的生产的对象，也就从人那里夺去了他的类生活，即他的现实的、类的对象性，把人

---

① 马克思：《1844年经济学哲学手稿》，人民出版社2000年版，第52页。

② 同上书，第54页。

③ 同上。

对动物所具有的优点变成缺点……异化劳动把自我活动、自由活动贬低为手段，也就把人的类生活变成维持人的肉体生存的手段。"① 人在劳动的过程中，丧失了劳动对象，也把劳动本身贬低为维持生物性存在的手段，使劳动对象和劳动彻底异化，在异化的状态下，人自己真实的类生活也仅仅成了维持生存的手段，类生活本身是确证人之为人的真实行为，但却变成了手段，并被创造的物所奴役，使人与自身的本质异化，也就是与他自己的类本质异化了。马克思总结道："人的类本质——无论是自然界，还是人的精神的、类的能力——变成人的异己的本质，变成维持他的个人生存的手段。异化劳动使人自己的身体，以及在他之外的自然界，他的精神本质，他的人的本质同人相异化。"②

四是人与人的关系的异化。马克思认为，在资本主义生产过程中，工人是被异化的，与劳动产品相对立，他是痛苦的、被迫的；那么必然有一方是快乐和满足的，那就是资本家，但资本家拥有创造物却不是自身力量的体现，所拥有的只是数量的多寡，他与工人的关系是对立的，工人与工人的关系是竞争的关系，人靠创造的物来衡量人的价值，成为商品社会中待价而沽的"商品"，人与自身相异化，并且人与人的关系也被异化成对立和冲突的关系。

因此马克思的异化理论从现实的人的类生活出发，来考察人的劳动异化。劳动作为人的类活动，是体现人的类本质的一个能动的过程，是一种自由自觉的活动，而不是被迫的劳作；人所生产的产品是人的劳动的对象化，体现人的本质力量的对象物，由此也证明人是类的存在物的客观依据。在自由自觉的劳动中人与人结成的关系是平等、友爱、互助的关系，而不是奴役、驱使和压迫的不平等的关系。人与人是平等的，不是通过物的多少和报酬的高低来衡量人的价值和存在的意义，而是从人的能动性和创造性中体现人的价值和存在的意义，尊重每一个个体在不同方面的创造性的价值。然而资本主义社会中劳动的异化使一切发生了质变，马克思由此对劳动的异化做了全面的批判，用现实的批判取代了精神的批判和虚幻的批判，是异化批判理论的重要突破和发展。

（六）卢卡奇的物化理论

卢卡奇在马克思的异化理论的基础上提出了"物化"的概念。物化

---

① 马克思：《1844 年经济学哲学手稿》，人民出版社 2000 年版，第 58 页。

② 同上。

在资本主义社会成了一个普遍的现象，人与人的关系演化成了物与物的关系，整体性被彻底粉碎，人被自己所创造的物所奴役，"人自身的活动，他自己的劳动变成了客观的、不以自己的意志转移的某种东西，变成了依靠背离人的自律力而控制了人的某种东西"。① 人成了机械人、丧失了社会生活的整体性。在物化的控制下，人的外在世界是与人对立的非人存在，人的内在世界是人与人自身相分裂的异己的存在，充满了被动、孤独、无聊和无意义，丧失了人的主动性和自身的本质力量。物化的现象扩展到了人类社会的各个方面，并通过物化的文化和教育渗入了人的内心，使人丧失了批判性，不自觉地趋同和认同，主体性彻底地丧失了。

卢卡奇认为要克服和消除物化现象，必须进行意识形态的批判，用无产阶级的"总体性意识"抵制资产阶级"物化意识"的侵袭，使无产阶级认识到自身的地位，认识到自己与资本的关系，进而把握自己的历史使命。同时加强无产阶级的组织建设和通过无产阶级对社会生活形式的实际改造，实现物化的彻底消除。克服物化的过程不仅要改造外在世界也要改造内在世界，用批判和反思清除物化的影响。②

第二节　弗洛姆的异化概念

一　异化的定义

弗洛姆继承了法兰克福学派批判性的传统，他把批判异化当成他批判资本主义的矛头，在他看来资本主义社会异化无处不在，经济、政治、社会关系、生产和消费领域都表现为异化状态。这些事实上异化状态的存在是他批判的现实基础，但异化同时也是精神与心理上的体验和感知。因为人既是物质的存在也是精神的存在，是自在与自为的统一。

弗洛姆从心理学的角度去阐释了异化在精神上的表现。他说："所谓'异化'就是一种认识的模式，在这种模式中人把自己看作一个陌生人。可以说，他疏远了与自己的关系。他并不感到他是自身世界的中心，是其行为的发出者——而是他的行为及其结果已经成为他的主人，必须俯首听

---

① ［匈］卢卡奇：《历史和阶级意识》，重庆出版社 1989 年版，第 96 页。
② 参见骆素莹《弗洛姆异化理论的思与辨》（硕士论文），华中师范大学哲学系，2006 年。

命，甚至顶礼膜拜。一个被异化的人与自己失去了联系，正如他与任何其他人失去联系一样。他同别人一样，像物一样被认识；他虽然有各种感觉和常识，但是同时却与外部世界失去了有机的联系。"① 异化状态中人与人自身相分离，主体与客体是对立与颠倒的。他体验不到自己作为主体的自我意识的存在，也体验不到作为主体创造了物因此自己可以以一个主体的身份来支配物，反而是被奴役者，他创造物，自己却成了创造物的机器，他有感觉和常识却如同没有，他与物、与其他人之间的关系变成了"无生命"特征的联系。"人"并非是真正的人，在异化的社会中呈现出的是异化的人，也只有通过连接主观世界与客观世界的中介者或者说在主观世界与客观世界统一的承载者——人，才能说明或者意识到异化本身。所以从心理学上去阐释异化是对异化理论发展的有益补充，况且认识模式建立的前提是事实的存在，而弗洛姆正是立足于资本主义社会异化状态的事实基础上，他的异化概念是对异化理解的扩展和延伸。

二　社会历史中的异化现象

弗洛姆在分析异化的历史时，也汲取了异化的最初的含义，认为"异化"较早的含义是被用来指精神不健全的人。在黑格尔和马克思那里指的是程度较轻的自我疏远，不是疯狂的病态，人虽然能够在实际事物中理智地行动，然而却具有一种最为严重的社会形式的缺陷——人自己的行为成为异己的力量与自己对立。

在弗洛姆看来，社会历史中"偶像崇拜，对上帝的崇拜，对人的偶像之爱，对政治领袖和国家的崇拜，以及对外化的非理性热情的偶像崇拜，所有这些现象有一个共同特征，它们都是一个异化的过程"。② 他认为异化和《旧约全书》中讲到的"偶像崇拜"一样。偶像崇拜者向他自己制造的产品顶礼膜拜，实际上是向他自己的部分品质的替代品跪拜和屈服。一神教也具有这样的特质，人把自己的爱和理性的力量投射给了上帝；他从此再感受不到自己具有这些力量，他转而崇拜上帝，希望上帝能够赐予（返还）一些他的力量。因此，一神教和多神教之间的根本区别也不是神的数量的问题，是自我异化的事实差别——人的力量投射对象多寡的差

---

① 弗洛姆：《健全的社会》，蒋重跃等译，国际文化出版公司2003年版，第104页。
② 同上书，第108页。

别。屈从性的崇拜与宗教中的偶像崇拜一样，他已经把他所有的本质力量投射到另一个人身上，不再把这种本质力量看成他自己的，而看成异己的某种事物，深藏在另一个人身上，他只能以屈从的方式与那个人或那个人所代表的世界建立关系，或完全被那个人的世界所左右。偶像崇拜和异化不仅存在于与他人的关系中，而且存在于与自己的关系中，在一个人成为非理性的热情的奴隶的时候，权力、金钱等外部目标就成为了一种偶像崇拜，成为他自身的一种孤立的力量的投射物。因此，这林林总总的崇拜是异化的现象，是与一个人的本质相对立的状态。

三　现代"异化"的特点是：数量化和抽象化

现代资本主义社会的异化首先呈现出的是数量化与抽象化的特点。

今天现实社会到处是数量化和抽象性，它的原因是经济领域支付报酬的数量化歧变和分工带来的整体性的分裂与具体性的丧失。现在的工作为抽象表达所控制，它通常用金钱的数量来衡量，我们再用数量不同的金钱去购买我们需要的东西，其实质是用数量和计算，它掩盖人的真实需要和需要的实质，量化和计算从经济领域扩展到社会生活的各个方面：政治、文化、社会关系等，以致人自身也变成可量化和可计算的商品。比如这个人身家（身价）是××，你能创造多少利润就给你多少比例的薪酬等。用经济领域中的等价交换去衡量社会生活中的一切价值。同时，资本主义生产中进一步的分工，使工人失去了对具体生产过程和产品的把握，他自己就像机器上的一个零件一样，成了现代批量生产中的一个数字的增加者和众多工人数量中的一个数字，而体验不到发挥自己智力和体力的愉悦和造就的产品中"人之所以是人"的力量。

数量化和抽象化影响了人对物、对人及对自己的态度。

弗洛姆认为人认识世界有两种方式：一种是人以完全具体的方式联系主体和客体，客体就表现出特殊的品质；另一种是以抽象的方式联系主体和客体，强调客体所具有的共性。人要充分正确地认识客体必须同时运用这两种认识方式，既看到客体的特殊性和丰富性，又能看到客体的普遍性和高度的抽象性。

资本主义社会的数量化和抽象化替代了认识事物的两种方式，忽视它的具体性和特殊性的品质。由此，人与物的关系被抽象化了，人被抽象化了，人与人的关系也被抽象化了。自然与社会失去了其确定性和具体性。

科学的进步与技术的革新加剧了这一现象的发展。在这样一个"无机"联系的世界中，人失去了是宇宙中心的地位，我们人也沦为"物"，就如同世界中的尘埃，人与人之间的关系演变为抽象和数字的联系，失去了活生生的生命感知的具体性和丰富性。因此，一个人直面去伤害一个人时，内心是不忍和承受良知的考量的；但在现代战争中人无视一个按钮，即使这个按钮可能造成千百万人失去生命和家园，因为对他来说是操作机器，结果也只是一连串的数字的"损失"。价值判断在抽象化和数量化的世界中被忽视和舍弃了。在抽离了具体性和特殊性的状态下，一切似乎都是可为的，道德意识也被抽离了、模糊了。

因此"人被从任何确切的空间抛了出来，只有在那个空间中人才能把握和控制他自己社会的生活。他被他最初他自己制造的动力越来越快地推动着。在这种疯狂的状态中，他思考、计算、抽象地忙碌，离具体的生活越来越远"。① 这样的抽离使人失去了他赖以展开具体活动体现为人的生活世界的根基，丧失了人的意义。人不关心自己的生命和幸福，而是关心他的销路，不再关心自己潜能的发挥，而只是关注自身交换价值的高低。人与他的生存越来越远。

第三节 弗洛姆对诸种异化形式的批判

一 人与人的异化

（一）人与他人的异化

弗洛姆认为人性的异化体现在理性、伦理和宗教等方面。理性异化的特征是理性退化，理智强化。一个异化的人他行动的目的首先是自身的生存，这是理智使然，即使这个事情背后有着不同于事物表象和常识所认为的那样，这不是他所考虑的问题，也是他所无法意识到的问题，这是理性缺乏的状态，因而异化之人的理性是被固化的和常识化的理性，他无法发觉事物背后的真正的动因，也因此在异化中沉沦和难以觉醒。伦理行为所依赖的理性也就无从可依，人的伦理意识和伦理行为与异化的社会相一致，而无反思和批判的能力。在大机器生产的过程中，人只是机器的一个

---

① 弗洛姆：《健全的社会》，蒋重跃等译，国际文化出版公司2003年版，第104页。

零部件而已，被动地运作，只有顺从和屈服，全无人性自身的声音了。同时，在文化中倡导的物的价值、等价交换的概念、对权力和占有物的崇拜使人的精神追求趋向物化和权力化，变成了人的信仰——定向献身框架，而本来的宗教信仰则沦为一种形式和仪式，告诉自己我还有信仰，仅此而已。至于宗教的教义诸如"爱邻如爱己"被无情地抛弃了，代替为公平的等价交换，友爱成了可以等价交换的商品。人与人的关系完全被异化了。

弗洛姆认为现代人是一个个的"原子"，他们是彼此分离的，以独立为其标志，但这些原子总是在社会这样的网下因公或因私而结合在一起。他们表面是友好的、公平的和开放的，但事实上是距离、冷漠和互不信任，每个人都被看作一件商品，人们都视其价值大小而决定人际关系，利己主义原则支配了人与他人的相处，或只是为了建立友好的人际关系而建立关系。在数量化和抽象化的状态下人与他人的关系，就是两种抽象体、两个活机器之间相互利用的关系，缺少的是情感的联系。

我们在私人领域的"个体"和社会领域的"公民"的角色是相互分离的。我们最关注的是自我的利益，对同胞的团结和爱并不是社会关系的基础情感，而是个人的仁慈和慈善的行为。"在社会领域中，国家体现了我们的社会存在，作为公民我们应当而且在实际情况下通常表现出一种社会责任和义务感。"① 虽然资本主义社会公民也表现了一定的责任感和义务感，但那不是出于自身与社会的紧密相连的需要，而往往是制度制约与惩罚的威慑力，或者为获得"好公民"的称号的驱使。而人是社会的人，应有着分享、相互帮助及感觉同为社会一员的深层次需求，这才是我们与他人建立社会关系的出发点和联结的纽带。

所以，尽管有些人信奉上帝，但是却没有一个人真正关心自己的灵魂拯救和精神发展。因为人们并不关心与同胞休戚相关的社会普遍问题，而只担心和关心个人独立生活的部分。在这样的社会生活中人恰恰是走向自我发展的歧路，是人的一种异化状态，对上帝的信仰同整个世界一样已经异化了，自我的救赎却成了自我的束缚。

（二）人与自身的异化

随着生产力的发展和科技的进步，人对自然的控制力量增强了，但结

---

① 弗洛姆：《健全的社会》，蒋重跃等译，国际文化出版公司2003年版，第121页。

果人利用自然创造的物又奴役了人自身，力量的增长也增强了破坏力。自然环境的恶化，生态失衡，战争和冲突，使人类在走向毁灭自身。弗洛姆认为在资本主义社会中，人与人自身异化的实质是一种买卖倾向和交换的需求。人不把自己看作自身权利的拥有者，一个积极的作为者，而是体验自己是一个能够在市场上被人们成功利用的东西，他的目标是成功地在市场上销售自己。他意识自己的方式，不是作为一个有爱、恐惧、信念和怀疑的人，而是用数量化和抽象化意识自己。一个人的自我价值在于能否把自己卖个好价钱，能否赚比本钱更多的钱；人的品质诸如友好、礼貌、仁慈不是当成人与他人本质相连的基础情感，而是被转变成商品，成了"人格包裹"里的财产，目的是有助于在人格市场上卖出好价钱、获得好声誉，以此获得更高的转让价值。亚当·斯密首先发现了交换需求的基本作用，并认为它是人的一个基本驱动力。然而这种基本的驱动力已经演变成了精神的需求，"交换已失去了其作为一种达到经济目的的手段的理性功能，成为了自身的目的，走出了经济的王国"。[1] 这样一来人的"自我感觉的意识取决于自身以外的因素，以及变化不定的市场判断。市场决定人的价值如同决定商品的价值一样"。[2]

人的自我感觉来自作为主体的经验、思维、情感、真实的感觉、判断和行为。自我的感觉预先假定我的经验属于我自己，而人自身的这种异化状态使他"失去几乎所有的自我以及作为一个独特的，不可控制的实体的感觉"。[3] 人自身不再是人，成了"物"，物是没有自我的。人做某事的一个考虑和计量就是"是否值得"。弗洛姆举例说：听一场音乐会或看一场电影，就会从票价上看是否"值得"。甚至有人提出这样的疑问："生命是否值得一活？"弗洛姆评价说，人的"活动本身是生命的一次创造性的行为，与花销的多少毫无关系"。[4] 我们可能会快乐可能会不快乐，实现了一些目标，没能实现另一些目标；却不能以此来衡量这件事是否值得做和生命是否值得一过。如果用经济领域的计算来比较收支，那么就是把生命视为企业，人的活动是经济活动。那么自杀也就是理所当然的行为了。

① 弗洛姆：《健全的社会》，蒋重跃等译，国际文化出版公司 2003 年版，第 128 页。
② 同上书，第 124 页。
③ 同上书，第 125 页。
④ 同上书，第 129 页。

这是与人生命的意义和本质相背离的。迪尔凯姆认为自杀的原因可以在称为社会的"反常状态"的现象中得到答案。在当代政治生活中的人都是"一盘散沙式的个体"。弗洛姆认为由异化的生活方式所造成的单调与乏味也是导致自杀率增高的一个因素。物质生活的丰富性并没有提高人的精神丰富性和人的品位及对生命最本质的领会，相反远离了人最本质的东西。

　　人与自身的异化也表现在对现代生活常规化的认同以及对人类存在基本问题的掩盖。文化就是人化，人创造了一个人化的世界凌驾于自然界之上，如果他能够与他生存的基本事实保持关联的情况，那么他就能体验到自我，无论是快乐痛苦还是孤独和分离。但如果他完全陷入日常技术性工作，除了一个人为的常识性的世界之外什么也看不见，那么他将失去与自己、与世界的联系。这是自我意识对象化与自我意识本身的对立，它表现在常规与人类存在根基的冲突。过去人们用不同的戏剧化形式表达人类生存基本问题，如希腊的戏剧、耶稣受难剧、意大利的舞蹈、印度教、犹太教以及基督教的宗教仪式等。现在保留下来的很少，最接近的仪式是体育比赛，它涉及人类生存的基本问题：人与人之间的搏击以及胜利和失败的各种体验。戏剧化的暴力和情欲是低级趣味和感官上的刺激，也表达了一种深沉的渴望与体验，人类以极端的方式体验人类的生存状态，生与死，罪与罚，灵与肉的斗争。但人们在面对这些时不用自我意识来认识和判断，而是把暴力和情欲本身视为常规，而体验不到其蕴含着的生存意境。对这些艺术生活中人的生存意义领悟也被异化为形式本身。

　　现代生活常规化和对人类存在基本问题的掩盖的一种背后的根源是：求同，对无名权威的认同。

　　18世纪与19世纪的西方社会兼有两种权威的特征，理性和非理性权威都是公开的权威。20世纪中叶的权威不是公开的权威，而是无名的、隐性的、异化的权威。利益、经济需求、市场、常识、公众意见都是人们所考虑的"社会必需品"，是"每个人"所做、所思和所感的对象，无名权威的法规和市场法规一样不可见，但是不容置疑。这些无名权威的运行机制是求同，我不能和别人不同，我要随时为了与别人一致而改变自己，我不允许问"我是对还是错"，而是"我是否适应了"、"是否不特别"、"不是不同"的。认同感不是建立在自我体验的基础上，而是模式化、整齐化、机器化，把一切具体的、特殊的感性活动抽象成了脱离自我意识的"普遍化"。这种求同是异化的显著标志，意味着自我意识与丰富的现实体验的割裂。自我意识完全异化了。公开的权威还可以反抗，在反抗和冲突中自我意识觉醒和发展，但在无名权威中无力反抗，因为它是不确定的、模糊的、不可见的，我只有屈从，更为严重的是我丝毫感觉不到这是求同——是服从无名的权威，需要去反抗，人完全丧失了自我意识，在顺从中丧失了鉴赏力和判断力。不是在自我意识中去完善自己，而是放弃自我意识，成为"趋同群体"的一部分，而不是融入"社会"与"相互性"。

二　工作伦理的异化

弗洛姆认为人最初是与自然融合在一起的。工作使人从自然中分离、解脱出来，成为一个独立的社会人。在工作的过程中人改造自然也改造人自身：人塑造了人化的自然，也因此把握了一些自然规律；人在工作中形成和发展了合作、理性的能力和美感。人通过自己的工作也再一次与自然结合起来。在工作的过程中学会了运用自己的力量，发展和提高自己的技能和创造力。

13世纪和14世纪的西方，技艺形成了创造性劳动演化中的巅峰之一，劳动创造了财富和人本身，也给人带来了真切的满足感。但中世纪后，现代生活方式的改变也改变了工作的意义和功能，特别是新教国家。工作致富是自我救赎的方式，是增加上帝的荣耀途径。18—19世纪中产阶级认为工作是一种道德和宗教的责任，要人们信奉工作成了获得财富和成功的纯粹手段。持续的生产和财富的激增使得劳动脱离了道德和宗教的意义，生产和财富本身成了中产阶级的追求目标。追求高效率、高增长和机器的普遍使用，对出卖劳动力的工人来说是一种强迫劳动，他虽然操纵机器，但体会不到是机器的主人，而只是机器附属的一部分，他的角色和作用也是机器所决定的，他是产品数量的增加、财富增加的为数众多的工人数中的一员，他创造财富就如同机器能创造财富一样。工作只是工人为了生存获得金钱的手段，而不是富有意义的活动，除了金钱本身之外没有成就感和满足感。"工作是一种不自然的、可恨的、毫无意义的以及荒谬可笑的获取薪金的手段，既无尊严，也无重要性可言。"①

弗洛姆引用了J. 吉利斯皮在《工业中自由的表述》的论述，人就是

---

① 弗洛姆：《健全的社会》，蒋重跃等译，国际文化出版公司2003年版，第157页。

一个经济原子，你坐在那里，你的双臂将在以 Y 为半径的范围内移动 X 英寸，你的运动时间将以毫秒计。精细的分工、设备的更新、技术的改造、管理技术的发展，把复杂的工作进行了分解，把工人限制在一个重复的、机械化的、标准化的操作中，一切为了高效率和精准。这样的强迫劳动中，生命的活力和创造性被扼杀了，人的控制需求、创造性、好奇心、独立思考都被阻止了。工人的反应就是冷漠、逃避或反抗。异化的工作与工作的本性是对立的，与人的本质相背离的。①

除了工人的异化，在资本主义社会中各个阶层也呈现出异化的状态。

"现代资本主义经济中起着越来越重要的作用的是大商业、大公司。大型商业的结构性组织、大企业的技术和依赖于大公司的社会信念与承诺的实现程度，决定和塑造了我们的社会性格。"② 经理也像工人一样，是大机器生产中的一部分。在现代资本主义企业的运行中，经理是企业的直接管理者，但被非人化的"巨人"所左右：庞大的竞争企业、庞大的国内和国际市场；他必须创造出消费需求，诱导和操纵庞大的消费者群体；以个人和社会财富的增长使工会组织、政府也认同这样的生产模式。这些巨人决定着经理的行动，也指挥着工人和职员的行动。经理自身的行为既是异化，也进一步加剧了这些巨人的异化。

资本家的异化。现代资本家从过去的企业和公司的所有者转变为股份的拥有者，他与财富的联系由过去的具体联系转变为抽象的联系，所有权就是一张代表不断变化的一定数量的金钱的纸。他没有对财产任何实际的控制权，他也没有能力去影响企业的管理和员工。职业经理控制着他的企业，他的财富完全受市场看不见的手来操纵，财富摆脱了所有者对它的控制。"大公司的'老板'对'他的'财产的态度几乎完全的异化。他对企业不负责任，在任何方面都没有具体的联系。"③

官僚的异化。巨大的商业和政府行政机构是由官僚主义统治的，官僚们是管理东西和人的专家。"对官僚来说，世界不过是他活动的对象而已。"④ 在官僚们的眼里，被管理的人民是客观的物体，他不需要去感觉，

---

① 参见弗洛姆《健全的社会》，蒋重跃等译，国际文化出版公司 2003 年版，第 108 页。
② 转引自弗洛姆《健全的社会》，蒋重跃等译，国际文化出版公司 2003 年版，第 111 页。
③ 同上。
④ 马克思：《马克思恩格斯全集》（第 3 卷），人民出版社 2002 年版，第 61 页。

支配他们如同支配的是数字或东西。但官僚的存在是必需的。现代组织的巨大和分工的极端细致，无人能把握整体，他们之间是缺乏有机的联系，所以需要官僚用"无机"的方式把他组织起来，否则组织就会崩溃。因此官僚就渗透到社会的各个领域，发挥着异化的功能，是不具有感情的色彩和脱离真实情境的管理。

现代资本主义工业社会从官僚机构到经理到工人，层层异化。为了追逐"美元"，要对工人的心理进行操纵，让他快乐、满足，减少人际摩擦，从而提高产量，甚至服从公众。把处理好人际关系当成幸福和人生价值的一个标准。工作中的人际关系异化了，沦落为物质财富的增长手段。

工作、工人、管理者、资本家以及他们之间纵横的关系都发生了异化。工作的异化产生了两种反映：一是完全懒散的思想，更方便地生活，更方便地满足一切"傻瓜式"或智能式的需要，是人们对于彻底懒散和消极生活的一种支持；二是根深蒂固的潜意识中对于工作相连的仇恨。人对工作丧失真正的热情，如果有热情的话那也是一种异化了的热情，并不是工作者为人本身的需要而产生的热情。相比懒散和消极，对工作的无聊和乏味，无法获得满足感的状态，是对工作的一种敌意，它深藏于心，不易被察觉。比如商人，他恨商品、恨顾客、恨竞争对手、恨领导，因为他被它们所左右，但这种恨很快被抛弃，他更专注于他所"得到"的一切，对异化的认同成了他自我意识的一部分。

弗洛姆对工作以及这些阶层的异化的指向是一致的：在一个普遍异化的生产环境中，人被抽象化、数字化，工作不再是创造性的活动而是社会大生产这个机器的奴仆，工作中人与人的关系不再是直接的人与人之间的交往活动，而是物与物之间的交往活动。这是工作和工作伦理的全面异化。

三　民主的歧变

弗洛姆对政治领域中的异化进行了批判，其主要标志是民主的异化。

J. A. 熊比特曾对民主做出这样的解释："民主的方法之一指的是人民经过选举出可以集中代表人民意愿的个人，并通过这些个人来决定自己的事务，以达到实现公共利益的政治决定的制度安排。"[1] 它的基本原则是

---

① ［美］J. A. 熊比特：《资本主义、社会主义和民主主义》，商务印书馆 1979 年版，第311 页。

指全体人民来决定他们的命运和公共事务，表达的是人民的意愿。而弗洛姆认为西方的自由选举并没有必然表达"人民的意愿"。他提出了几个假设：如果人们没有自己的意愿和信念、如果他们是异化的机器人、如果选票没有被诚实地计算……这样的假设事实上是存在的。这样的选举显然不能表达人民的意愿。在一个异化的社会里，他们听从宣传的鼓吹，人民表达意愿的方式与他们选购商品的方式没有很大的差别，因为相信广告而选购，而不是信任产品本身。

在一个异化的社会里，民众普遍表现出淡化的责任感和缺乏有效意志力。在选举中，民众以为自己是决定的制定者，他接受这个决定，就如同这个决定是他自己所做的一样，然而在现实中，民众无法控制决定。因为"如果一个人不能有效地行动——他就不能创造性地思考"。① 因此普通公民在国内政策及外交政策上显得无知和缺乏判断力，即使受过教育的人和非政界的成功人士也是如此。弗洛姆分析说这主要是缺乏直接责任感的主动性，即使信息是完全和正确的，他仍然是无知和缺乏判断力。因为他没有机会行动，他的思维就变得迟钝。所以这样的民主是异化的民主，虚假的民主。

同时，在弗洛姆看来，国家与个体发生的政治异化就体现在偶像崇拜之中。与宗教中的偶像崇拜一样，他把所有的社会感情、交往的力量和个人的某些权利都投射到国家身上，国家成为一种偶像，是他自己的社会情感、交往力量、个人的某些权利的体现物，他屈从和崇拜这一偶像，就是屈从于自己社会情感和交往力量、个人的某些权利的体现物，他淹没在偶像的世界里，把异化世界中国家认同的社会情感和交往力量、个人的某些权利当成自己的。事实上这一崇拜的过程发生了质变，是一个异化的过程，社会情感、交往力量、个人的某些权利的特性已经与我们本质生存相分离甚至对立了。这种个体存在和社会存在是分离的。所以"如果个体收回社会力量，建立一个团体，那么他与社会存在合二为一，对国家的崇拜才能消失"。② 这个团体弗洛姆的理解是指"人类"。

四 消费的异化

消费异化是弗洛姆探讨异化理论的一个新视角。弗洛姆对消费异化

---

① 弗洛姆：《健全的社会》，蒋重跃等译，国际文化出版公司 2003 年版，第 166 页。
② 同上书，第 122 页。

的批判最为深刻和彻底。弗洛姆首先对金钱的异化做了批判，认为现代人把金钱这种交换的媒介物当成了人追求目标的本身，把金钱在物物交换中的真实关系抽象出来，使它成了抽象物，而人们为这个抽象物所迷惑，反倒把交换本身的意义抛弃了，用金钱这种抽象物来衡量一切事物和活动存在的价值。"如果我有钱，即使我没有一点艺术鉴赏力，我也能买到珍贵的画；即使我没有欣赏音乐的情趣，我也可以买到最好的留声机……正是因为占有金钱，我就有权利得到并支配我所喜欢的一切。"① 正如马克思所批判的那样："金钱无所不能，也超越了交换本身的空间，它可以把忠诚变成邪恶，把邪恶变成了德行，把主人变成了奴隶，把无知变成了理智……"② 在消费领域内的等价交换原则渗透到了政治、文化和伦理道德各个领域，各种异化相互影响、相互推进，进一步加剧了异化的程度。③

消费本身是出于需要，它是一种具体的人类行为，消费应该是充满意义的、人本的、创造性的体验，其中应该包含我们的感觉，身体的需要，我们对美的感受力。但现代西方社会的消费是一种无用的占有，幻想的需要。我们所购买的物品遵循着这样的原则：我从广告中知晓；我知道周围有身份、有地位的人都使用这种产品；它使我们更快捷更方便，傻瓜式或智能式；它是最新型号、最流行的、功能最全的、技术最新进的产品；或者说调查统计的结果是最受欢迎的产品……就如我们吃无味而无营养的面包，是因为广告，因为它是某一著名品牌面包坊的产品，我们消费的是广告和标签，而不是真实的需要。同时我们被舆论所控制，我们根本不了解产品本身，只是操作和占有、消费它们，我们无法做出判断，只能依赖舆论、依赖专家、品牌、权威。在这样的导向下我们不会关心这样的问题：我需要吗？我真正需要什么样的产品？这样的产品适合我吗？反而担心的是我所购买的是不是符合大众的评判。所以"消费基本上是对人造幻觉的满足，是一种与我们具体的、真实的自我相分离的幻想"。④ 这样的消费歪曲和颠倒了消费本身的功能，使消费成了虚幻的欲望而不是真实的需

---

① 弗洛姆：《健全的社会》，蒋重跃等译，国际文化出版公司2003年版，第114页。
② 同上。
③ 参见许惠芬《弗洛姆对消费异化的批判与重建》，《石家庄学院学报》2011年第1期。
④ 弗洛姆：《健全的社会》，蒋重跃等译，国际文化出版公司2003年版，第116页。

要。弗洛姆把这样的消费现象称为消费异化。①

消费异化导致了需要和欲望的无止境，社会要求创造更多的消费需求，创造物成了消费的目的。消费本身应该关注的是物品的使用价值，使人们获得满足和快乐。但工业社会的消费不是真实的消费而是幻想的消费，消费更多更好的商品对一个人来说可能意味着一种更为快乐和满足的生活，因而创造更多的物质财富，追求最新样式、最好型号的商品，而最终创造这些物品变成了我们的首要目的，而使用中的真正快乐和使用价值则被挤到第二位。这种不断创造出来的需求迫使人去做出更多的努力，也使得我们完全依赖于这些需求，依赖于能够帮助我们满足这些需求的人和机构，人受物的控制和影响就变深了，而人丧失了作为主体应有的意识、判断和主动性，以及来自消费行为本身的快乐和满足。②

消费异化导致了消遣的异化。弗洛姆这样推理道："如果一个人与他所从事的工作失去真实的联系，如果他又以一种抽象化和异化的方式消费商品，他如何能够活跃而充满意义地度过他的空闲时光呢？他总是一个被动和异化的顾客。"③ 所以他的乐趣除了消费外主要是"吸收"的满足：球赛、电影、报纸、杂志、书籍、演说、自然风光、社会聚会……他不能积极地参与，只能"吸收"一切东西，尽量多地占有快乐、文化以及自己所没有的东西。看上去他是在自由地享受他的闲暇，其实这种"享用"同样是一种异化和抽象化的方式，就像他享用他自己购买的商品一样。因为他闲暇时光的消费被工业化所控制，他的品位被限制了，他想听到和看到的东西已经被条件限制死了。旅行就是一个典型的例子，看似我们在休闲、在欣赏美景，其实我们什么也没看见，我们只是一个照相机，把景物定格成照片，完全失去了在沿途中去感受美景本身的机会，这些照片替代了我们的体验和感觉。这样的旅行失去了它本来的意义，只是一个异化的过程。④

消费异化导致求同和需要的满足不能受挫。人有归属感和爱的需求，希望被别人认同和接受。拥有认同感的主要途径是求同，在消费上保持和

---

① 参见许惠芬《弗洛姆对消费异化的批判与重建》，《石家庄学院学报》2011 年第 1 期。
② 同上。
③ 弗洛姆：《健全的社会》，蒋重跃等译，国际文化出版公司 2003 年版，第 119 页。
④ 参见许惠芬《弗洛姆对消费异化的批判与重建》，《石家庄学院学报》2011 年第 1 期。

周围的人一致是其求同的方式之一。所以消费观念、消费物品都无一例外地有潮流和主导，异化的消费也是一股潮流迅速蔓延。同时，在创造了更多的消费需求后，人的每一种欲望都希望即刻满足，它的典型例子是分期付款。面对各种更为"人性化"服务的诱惑，你不能不动心，只要你想满足总可以得到的。满足意味着需要与满足之间没有冲突，你会平静快乐，你也更愿意加入创造更多消费需求的大军，来支付你的需要的满足。这看起来似一个"和谐"的循环，我忙于工作，我快乐满足，"我是一个欲望和满足的系统；为了满足我的欲望我不得不工作——经济机器不停地刺激和指导这些欲望"。① 而人终究是被机器推动的一个"物"。②

消费异化导致了资源、能源和劳动力的浪费。为了创造更多的物质财富满足创造出来的需要，需要不断地攫取资源和能源，破坏了我们生存的环境，主权国家之间为了掠夺资源和能源斗争纷起……整个世界面临着气候变暖、生态失衡、环境污染、核武器威胁等危机，这些还只是外在的；另一方面，这些生存危机演变成了心理的危机，浮躁、烦畏、焦虑、不安等几乎成了现时代最流行的文明病，它加剧了人的异化。③

面对一个消费异化了的世界，弗洛姆这样总结到：我们把世界当成了一个巨大的物体、一个大苹果、一大瓶饮料、一个大乳房；无尽的欲望使我们成为贪婪的吮吸者，就如同没有断奶的婴儿，永远无法摆脱异化的状态、成为真正的人。消除异化的消费是摆脱人的异化的重要一部分。④

弗洛姆认为，当代资本主义社会的消费异化已经不是马克思那个年代所能想象到的。人们通过对大量的无使用价值的"物"的占有来满足自身的无限欲望。最终导致需求的无止境和人的极度异化。我们不仅被所做的工作和消费的物品与快乐异化了，我们社会的生活和每个人的生活也被社会力量异化了。经济萧条和战争看上去似乎是自然灾害，但实际上都是人为的事件，人类的欲望、异化的民主和国家等形成的统治力量不可避免地促成了灾难的发生。这种社会力量是无名性的，他是资本主义社会生产方式的结构所固有的：机器化大生产、高速的经济增长、繁荣的物质生

---

① 弗洛姆：《健全的社会》，蒋重跃等译，国际文化出版公司2003年版，第114页。
② 参见许惠芬《弗洛姆对消费异化的批判与重建》，《石家庄学院学报》2011年第1期。
③ 同上。
④ 同上。

活、无摩擦的人际关系、高度的同一感……面对资本主义社会这种规律、庞大的国家和经济体系，人类无法控制也不想控制，因为他们的领导人也是异化的人，他甚至还为他们的"辉煌成果"沾沾自喜。这种异化的社会力量决定了我们社会和个人生活的性质。无名权威和自动求同是这种社会生产方式特点的自然反应，以此来适应机器、齐一纪律的行为，共同的爱好以及自愿服从。异化的社会力量与异化的一切是协调的，就连异化本身也深入人心，成为同一性的意识了。[①]

第四节　全面异化与生存的背离

弗洛姆认为西方社会中人的"全面异化"也伴随人满足需求方式的异化，这种"满足"非但不能满足，而且带来人更深的困惑和焦虑。在异化的社会中，人对世界的把握是抽象的、非真实的、非理性的和分裂的，打破了人认识世界中主观世界和客观世界相统一的状态。同时西方社会中用公平伦理去代替人道主义的伦理，使人的社会生活全面异化为抽象化和数字化，亦使人失去了人文和伦理的意义。这与人生存的真实意义和目标背道而驰。

一　人的三种基本需求

弗洛姆认为人有三种基本的需求：安全的需求，即消除焦虑的需求；爱与性的满足；快乐的需求。

生命就其思想和精神方面来说，必然是不安全和不确定的，只有我们的出生和死亡才是确定的。因为我们的思维和见识至多只是部分真理，我们的生命和健康可能受到我们无法控制的力量左右。在真实的生存情境中，不可能都是安全和确定的。只有我们依托一种强大而持久的力量，这种力量使我们无须去做决定、冒险和负责，我们才能感到完全的安全，但这样的人显然没有自由。自由的人需要自己思考和做决定，所以必是不安全和不确定。

人通常有两种方法来确立安全感。"一种办法是根植于群体之中，成为群体的一员，这个群体可以是家庭、氏族、国家和阶级，这样，身份感

就得到了保证。"① 这是人类早期的联结方式，它不自由却有安全感。现代社会的发展导致了这些原始纽带的解除。现代人是自由和独立的，靠自己的力量承受一切，"他只有发展自己的主动性，达到能与世界相联系而不淹没于世界之中的程度时，他能获得一种创造性倾向时，身份感的获得才有可能"。② 他通过主体的创造性与世界发生交互，使主体既能感到自我是独立的，又能感到自己与世界是一种有机的联系，他与他的同胞也是休戚相关的，使他获得身份感。

另一种确立安全感的办法是"求同"。这是异化的人解决安全感的方法。他们最高的目标是被其他人认可。所以他尽可能与他的同胞相似，任何脱离常规的行为，任何批评都会引起恐惧和不安全感……人的自我感觉完全依赖于他人的认同，而不是在主体自我，人的自我感和"自立"更生的精神和创造性变得越来越稀缺，乃至丧失了整个人格。看起来是求得安全感，但事实上他从未获得真正的安全感，面对复杂的生存境况，稍有差异和不同，就使他惶恐，求同反而让他越来越缺乏安全感。

爱的需要。弗洛伊德认为爱根本上是一种性现象。"人类发现性的爱给了他最强烈的满足经验，而且实际上为他提供了所有幸福的典范，而这一发现一定向他表明他应当在他的生活中沿着性关系的途径继续寻找幸福的满足，并且应当使生殖器的性欲成为他生活的中心点。"③ 当爱受挫后，他把主要看重的东西"从被爱转移到自己去爱他人……他们不是把自己的爱仅仅给予某一个对象，而是一视同仁地给予全人类；为了避免由生殖器的爱带来的不稳定和失望，他们远离爱的性目标，并把这种本能转化为一种其目标受到控制的冲动"④ 的方式，改变了情欲的作用。沙利文和弗洛伊德不一样，他把性与爱严格区分开来。性行为是一种合作，"是为了追求一种持续增长的同一性——也就是说，越来越相近的互相满足，以及保持增长的相似安全的运行方式"。⑤ 爱的本质定义也是合作，相爱的两人

---

① 弗洛姆：《健全的社会》，蒋重跃等译，国际文化出版公司2003年版，第171页。

② 同上。

③ ［德］西·弗洛伊德：《文明及其不满》，傅雅芳、郝冬瑾译，安徽文艺出版社1987年版，第45页。

④ 同上。

⑤ 弗洛姆：《健全的社会》，蒋重跃等译，国际文化出版公司2003年版，第172页。

感到："我们根据游戏的规则游戏，以保持我们的威信、优越感和优点。"① 弗洛姆认同沙利文把爱和性区分开来，性是一种合作，而爱是与他人结为一体的力量，包括与各种人之间的爱。

需要的满足必然带来快乐，但异化之人并没有真正的快乐。

快乐是一种强烈的内心活动状态，是发生在与世界以及自我创造性联系之中的越来越有活力的体验，能够触摸到现实的坚实基础，发现自我，以及与他人的一体感与差别性。快乐可以看作悲伤、哀愁和抑郁的反面，抑郁就是没有能力感觉，无力体验快乐，也无力体验悲伤。在充斥了异化的世界中，人失去了创造性生活的体验，看似忙碌的生活，实际是需要填充的空虚，尽管可能获得短暂的乐趣和愉悦，但从根本上说他们是抑郁的。

人避免痛苦有两种方法：一种是用创造力的方式，在这种状态中体验快乐；另一种是避免痛苦的出现。现代普通人所采取的追逐乐趣和快乐的方式实质上就是后一种。他所有的娱乐活动都为了一个目标，帮助他心安理得地逃避自我和无聊的压迫。然而，掩盖了一种症状并不能消除痛苦本身，当在他一个人或与最亲近的人在一起的时候，压抑和厌烦就毫无遮掩地暴露出来了：他不能忍受独处，他厌烦工作，但不工作又使他更无聊，他只好又转而去寻求娱乐来逃避这种状态。对无聊的恐惧是现代人缺乏创造性体验快乐的基本特征。

异化之人对这三种需求的满足方式是异化的，他带来的必然是焦虑和罪感。

异化之人担心自己跟不上社会的节拍，尤其在他怀疑自己的情感、思想或行为背离了社会常规的时候，感到害怕和恐惧，因为他的自我价值建立在别人对他一致性的称赞上。人不是机器，就有可能犯错误，所以他总是害怕别人的指责。结果就是他必须努力地与别人取得一致，得到别人的赞同，取得成功。他不是听从自己的良知，运用爱与理性，创造性地获得自我的认同，而是在与群体保持紧密联系的感觉上给了他力量和安全感。

异化的另一个结果是罪感的流行。弗洛姆认为罪感有两种来源。一种来源与产生自卑感的来源相同。与他人不同，相处得不好，就会产生罪

---

① 弗洛姆：《健全的社会》，蒋重跃等译，国际文化出版公司 2003 年版，第 173 页。

感。另一种是来源于他的一个感觉：他具有自身能动的力量，运用自己的力量创造了一切——一种更为富有和舒适的生活，然而他却始料不及，他恰恰失去了生命中最为宝贵的东西，而他又无能为力，他因为丧失而产生了罪恶感。异化社会中后一种来源更不易被人察觉，但这两种根源互为波澜，加深了罪感。所以异化之人"因为是自己和不是自己，活着和是个机器人，是一个人和是一件东西而产生犯罪感"。①

二 异化是与生存目标的背离

弗洛姆认为人与世界发生联系有两种方式。一种是人从外部看世界，从无生命的、物的特性来认识世界，用统治和利用世界的心态来对待世界，体现其客观性和抽象性。另一种是从事物的内部看问题，用人内在的认识、感受和情感来认识世界，体现了主观性与丰富性。如果仅仅以照相式的外部方式去认识世界，与自己的主观世界失去联系，那他是一个被异化的人；如果完全从内部认识世界，忽略了世界的客观意义，转换成纯属于我们个人经验的主观世界，同样是片面的。只有内部与外部认识相结合，才能客观地看待世界，把握世界的本质，同时体验世界的丰富性与具体性，成为一个有创造力的人，而不是"物"或"机器"。

人本主义的伦理传统中，认识世界的两种方式是统一的，但这种协调性和统一性被人类内在的异化过程所破坏了。现代人之所以对自己的生活方式越来越不满和失望，就是在与世界交互的过程中与自己的主观世界失去了联系，异化的世界表面上看是一个繁荣的世界，其实是一个干枯的世界，它缺乏现实感和整体性，是一个分裂的世界。异化的世界中人对一切事情缺乏现实感，他用人造的、美化的虚假现实来代替真实的现实，掩盖了人类生存的全部现实：生与死的意义、快乐和痛苦，感觉和严肃思考的含义……异化世界分工的细致，人所从事的一小部分工作使他不能把握事物的整体，只能是片面和抽象的认识，也体验不到工作过程带来的创造性的满足感。在现实生活中他是理智的但却是非理性的。理智使他主动去适应一个异化的世界，促进肉体的生存；异化则是一个理性毁灭了的世界，它割裂了人与世界真实的联系和他的整体性，失去了体验世界的自我感觉。

---

① 弗洛姆：《健全的社会》，蒋重跃等译，国际文化出版公司2003年版，第178页。

在弗洛姆看来，理性与伦理是不可分割的，"伦理行为建立于价值判断能力的基础之上，而价值判断又以理性为基础；它的意思是在善恶之间做出决断，并以此决断而行动。理性的运用是以自我的存在为先决条件的；伦理判断和行为也是如此"。① 这个自我存在就是人的存在，它高于一切，生命的目的是展示人的爱心与理性，人类的其他行为必须服从于这一目的。在异化的世界中，个体是"机器人"，他的原则是求同，这与良心的形成是不同的，良心是在别人苟同时站出来说"不"的力量。异化的人缺乏理性，不能形成正确的价值判断，因而也就不能做出正确的伦理行为，伦理在异化的世界中失去了它的方向。

弗洛姆批判了当今社会以公平伦理取代人本主义伦理的现象，认为这是对人生存问题的漠视。在现实中，我们可能会遭遇人本主义伦理与公平伦理的冲突。公平伦理告诫我们不撒谎、不欺骗和使用暴力。但爱你的邻居、感到同他融为一体，这些不是公平伦理的一部分，它最初是基督教和犹太教的教义。我们到底该遵循哪种伦理呢？弗洛姆给出的答案是：它们并不冲突。在宗教教义中的黄金法则："爱你的邻居如同爱你自己一样"（《圣经》），在公平伦理系统中，这条法则可以做出这样的通俗解释：买卖时要公平给出你期望得到的东西，不要欺骗！而不是说我们在一切世俗的交往中要等价交换。弗洛姆认为宗教教义中的黄金法则仍然是我们伦理中真正的黄金法则。他认为是否认同宗教的教义和人的宗教性并非一致的。宗教的教义可以有普遍性的意义，但不是绝对地具有普遍有效性，它可能在某些社会领域发生作用，在某些社会领域中可能不起作用，但我们每个人都有自己的"宗教性"，因为每一个人没有这样的系统是无法存活和保持健全，它是倾向性的系统和崇拜物意义上的宗教，最通俗地讲就是我们所信奉的。弗洛姆认为我们的文化可能是人类历史上第一个完全世俗化的文化，我们把最早宗教教义中的黄金法则无情地抛弃了，抛弃了对人类生存的根本问题的了解和关心，兄弟之情被无情的公平所代替，我们也是如此来理解生命本身的："除了成功地投资生命，没有大的不幸而能度过一生之外，生命没有其他的目的"。② 在异化的世界中，生命的意义和目的就是进行公平的交换，获取

① 弗洛姆：《健全的社会》，蒋重跃等译，国际文化出版公司2003年版，第150页。
② 同上书，第155页。

更大的商业和数字价值，那也是人生成功的意义，它丧失了人文和伦理的价值。

在这样一个全面异化的世界里，与我们关联的一切和我们自己一同被彻底地异化了。缺失了关心人类生存这一根本问题的"伦理"，显然与改善人类生存、促进人的发展和增进人类幸福的目标相背离。

第五节　对工业社会预定"和谐"的诘问

弗洛姆在对异化的批判中，认为西方工业社会中的全面异化的社会内因是西方社会在工业社会中的这种发展模式，其"预定的和谐"是异化的罪魁祸首。

现代文明的症结在于工业本身已达到压倒一切人类旨趣的地步。在《人道主义计划》中，弗洛姆认为西方文化是建立在犹太基督教传统基础上的，受到信仰《摩西十诫》和《圣经》中的《黄金律》的教育，然而，在西方工业社会中谁依照《摩西十诫》和《黄金律》行事，谁就会遭受损失。这种尖锐的对立的症结在于对工业社会的预定"和谐"：它假设生产利益的最大化和人的最佳利益之间先定的和谐。正是这个假设使人类通过机器和技术不断地创造更多的物质财富，工具理性和价值顺理成章地统治了这个世界，以技术的可行性为一切的价值标准，社会的目的就是经济机器的增长和效率，人的一切活动的动因是促进这个大机器的高速发展，并认为经济的高速增长带来的是人的幸福的增长。但是我们所信仰的道德价值却与我们目前行为的目的背道而驰，经济的增长带来了物质的丰足，却使人深陷生存的困境和人自身发展的困境，正如《圣经》中所说的：如果人赢得了整个世界并丧失灵魂，他得到的好处是什么？丧失灵魂的结果是与我们的道德价值的根本目标截然对立。梅奥（Mayo）在《工业文明中人的问题》中早就提出了这样的反问：谁（或什么）是目的，什么（或谁）是手段？当物质财富积累到一定阶段，创造物质财富的目的与消费本身的真实意义背道而驰，幻想型需求的满足与幸福并非成正比。物质财富本身是需要的手段却成了工业社会中追求的目的。管理哲学的思想家奥兹·伯克汉（Oz Burkehan）和丘奇曼（Churchman）的著作中也提出这样的疑问：我们的计划是为了什么？我们计划的价值是什么？如果以技术上可行性的价值成为我们唯一的价值标准，那么善的、美的有利于人的发展的事情与技术、经济利益冲突时，宗教的、伦理准则的抛弃是一个必然的结果。预定的和谐导致的必定是伦理与经济的冲突和非人的状态。[①]

今天我们已经看到了这个预定的和谐所引发的社会性灾难。物质财富的丰富与道德沦丧的对立，物质的丰富与精神匮乏的对立，享乐与幸福的对立，忙碌与无聊的一致，以及非人的状态……

人是一个系统，如同人体系统、细胞系统、社会组织系统一样。人这个系统是人与其存在的周遭力量的一个平衡系统。人的系统的独特性在于他的内部有着极大的一致性和抗拒变化的能力，同时又具有对其理解的特殊困难，人思维的复杂性和行为的无意识决定了这一点。人是社会系统里的一个子系统，社会的进步与发展是不能不关注人的系统的发展和在社会大系统中的平衡力量。一个系统追求系统的最佳功能为目标，它的重点不是各个局部力量的最优化，而是作为整体力量的最强大和协调。这意味着在人的系统内需要所有的能力形成最强大的合力，使人自身、人与人之间、人与其环境之间的摩擦和精力的浪费都被控制在最低程度内，促进人最大程度的发展和增进幸福。[②] 人与人之间减少摩擦的亲近方式是成熟的爱，既满足了亲近的需要，也实现了人的独立；而依赖性的关系满足了亲近的需要，却丧失了独立性，这不是一个完整的个体的最佳状态，也容易在顺从与反抗的对立中增加摩擦。

人的系统的最佳状态未必是与经济利益追求相一致，就如上帝的利益与恺撒的利益并不一致。在整个西方工业化世界，已经陷入了严重的危机，确切地说是人的危机。[③] 物质财富的增长需要资源、能源和劳动力；在消耗这些资源的同时伴随着产生大量的环境污染、被不断刺激的无止境的物质欲望、能源和资源的减少造成人类的相互争夺；过度的虚幻性需求不可能带来需求的满足，而是厌倦、焦虑和孤独，物质的丰盈却造成了精神的匮乏，这与工业社会预定的和谐相去甚远，物质财富的增长未必一定带来人类幸福的增长，而是要考察我们所做的一切是否是以人的充分发展为中心，以人的利益和幸福为最高目标，而不是以最大限度地生产和消费

① 参见许惠芬《弗洛姆对消费异化的批判与重建》，《石家庄学院学报》2011年第1期。

② 同上。

③ 同上。

为中心。否则就造成如现代西方社会物质财富涌流、严重的生存危机以及精神极度匮乏的异化状态，人失去了自我也丧失了生存的意义。人类时刻要反省，什么是合适的，什么是系统的最佳状态？对于人类来说，我们在行进的过程中永远不能忘了我们为什么而出发。

第三章

弗洛姆类伦理思想形成的
现实缘由（二）

第一节　重占有的生存方式

西方资本主义社会中人全面异化之后，人如何来安顿自身？因为即使是一个异化人，他也有他的精神体系，他有一套自己的生活哲理，这是任何一个人都不能缺少的。弗洛姆发现异化之人对其生存的反应也是一种异化的方式，用弗洛伊德的原理来说，表现出是一种生的本能还是死的本能，是执着于活的生命还是无生命的物。这就是弗洛姆从弗洛伊德理论中引申出来的人类的两种生存方式。但弗洛姆的分析已经超越了弗洛伊德理论的生物性，从社会性的角度进行了剖析。

一　人类生存的两种方式

弗洛姆认为人类的生存有两种基本的方式：重生存或重占有。从现代人的角度来看，占有是生活中再正常不过的事情：我们必须占有一定的物，才能获得需要、满足和快乐，而且我们常常把占有越多作为人生追求的更高目标，似乎生存的真正本质就是占有。那么一无所有的生存是否就毫无意义？其实占有和生存两种方式都是人类生存的重要形式。"重占有和生存是人对生活的两种不同形式的体验，其强弱程度决定着个人性格的社会性格的不同。也显示出对生命本身的理解和追求生存的终极目标的差异。"①

弗洛姆考察了东西方文化的差异，认为对生存方式的理解在东西方文化中是迥然不同的。他列举说：英国的坦尼森对崖石边的花是想要占有

---

① 弗洛姆：《占有还是生存》，关山译，生活·读书·新知三联书店 1988 年版，第 20 页。

它，他把这朵花连根拔起；日本的芭蕉松尾对花的态度是不想去摘取它，而是凝神细望篱笆墙下，一簇悄然正开放的花，尊重花作为生命本身的存在。同样在歌德的《浮士德》这部作品中，他对占有与生存这两种生存方式之间的冲突做了戏剧性的处理，魔鬼靡非斯特，就是占有这种生存方式的化身，通过浮士德在生存与占有间游走，用一系列的事件显示了占有与生命的根本追求的背离，重生存才是生命的唯一出路。生存和占有这两种生存方式之间的区别，就精神而言，是一个以人为中心的社会与一个以物为中心的社会之间的区别。西方工业社会中，金钱、荣誉和权力是人们奋斗和追求的目标，占有越多越安全是其基本的心理特点。即使在西方人语言的运用上也是凸显占有的倾向，越来越多地使用名词而不是动词。"是"与"有"是表达占有和生存的两个基本词汇，"有"等于"占有"，"是"等于"生存"。在重占有的生存方式中，与世界的关系是一种据为己有和占有的关系，我要把所有的人和物，其中包括自己都变为我的占有物，表达的往往是"我有什么……"。在西方社会，消费是一种典型的占有形式。消费者不断膨胀的欲望想要吞食整个世界，消费一切可以消费的……重占有的生存方式可以用这样一句话来概括："我所占有的和消费的东西即是我的生存"①，生存等于占有。

在重生存的这种生存方式中，有两种生存的形式。一种是与占有相对立的生存方式，即创造性地发挥自己的能力以及与世界融为一体，这种形式意味着生动性和与世界的一种真实的联系。生存的另一种形式则是与外表相对立，即与具有欺骗性的外表相反，强调一个人真正的本质及现实性。从哲学史来看，认为发展、活动性和运动都是生存的要素。生命哲学的代表人物狄泰尔，认为世界的本质是生命，生命本身具有创造的力量。齐美尔在他的生命哲学中谈到，世界的本原是生命，生命是"活力"和"永恒的冲动"，这种连续不断的运动创造生生不息的生命。赫拉克利特和黑格尔更是对生存这种能动性和发展性做出了最好的诠释。赫拉克利特认为世界就是一团永恒的活火，按一定的尺度燃烧，按一定尺度熄灭；火既是运动的，又能使别的事物运动，它具有内在的逻各斯，世界就是一个不断运动的活的世界，这是世界万物生存的本态。黑格尔认为世界的本原是绝对精神，事物的发展、更替就是这种绝对精神的发展。在黑格尔的帝

---

① 弗洛姆：《占有还是生存》，关山译，生活·读书·新知三联书店 1988 年版，第 32 页。

国中，绝对精神的自我发展经历三个发展阶段：逻辑学、自然哲学、精神哲学，他把自然的、历史的、精神的三大世界统一在一个发展过程中，这个过程就是运动和变化的过程，凸显对一切存在物运动本性的肯定。

在宗教伦理和东方的传统文化中对重生存的生存方式也做了详尽的解释，并把这种生存方式作为人唯一的选择。宗教伦理的核心教义是以重生存这一选择作为人生存的方式。佛说，谁想要达及人发展的最高阶段，就不可去追求占有。耶稣说："因为凡要救自己生命的（'生命'或者'灵魂'，下同），必丧掉生命；凡为我丧掉生命的，必救了生命。人若赚得全世界，却丧失了自己，赔上自己，有什么益处呢？"（《圣经》）埃克哈特教士说，不要占有什么，要使自己变得开放和"空"，不要因自我而阻碍了自身的发展，这些都是获得力量和精神财富的先决条件。《旧约》的主要论题之一是：请丢掉你所拥有的一切，将你自己从一切束缚中解放出来吧！上帝告诫以色列人的两条重要指示：各取所需和不要囤积、贪婪和想据物为己有。安息日是休息日，是人与自然的战争中的停火日，以"重建人与自然和人与人之间的完整的和谐关系"①。安息日那天，除了生存之外别无目的。在犹太教法典中称安息日是即将到来的弥赛亚时代的显现，而弥赛亚时代就是永不结束的安息日。在这一天，财产和钱就像悲哀和忧愁一样都是禁忌，时间是战败者，主宰人们的只是自在地生存。像安息日一样是犹太人生存的希望。而现代的星期日是娱乐日，是消费日和背离自己的一天。②《新约》像《旧约》一样继续反对以占有为取向的生活方式。《新约全书》中有一个中心前提，即人必须抛弃一切占有欲和财产要求以及完全从占有中解放出来。与此相应，一切积极的道德规范都根植于重生存、分享和团结的道德风范之中。无论是在与人的关系中还是在与物的关系中，这都是一个基本的道德立场。彻底地放弃自己的一切权利和要求去爱自己的敌人，比《旧约》中提出的"爱你周围的人"更进了一步，也更为强调要完全破除私心和全面承担对周围人的责任。要求对自己周围的人不做任何判断实际上是更进一步要求忘记自我，彻底地理解他人和全心全意地为他人的幸福服务。反对重占有取向和接近重生存取向贯穿了整个基督教的历史并被继承下来。

---

① 弗洛姆：《占有还是生存》，关山译，生活·读书·新知三联书店 1988 年版，第 57 页。

② 参见上书。

　　埃克哈特（德国圣多米克教团的主要领导人之一，是位知识渊博的神学家，又是德国神秘主义最重要的代表人物以及最为深刻和彻底的思想家）对重占有和重生存概念做了深刻的剖析。他说，"精神上的穷人是极乐的，因为天堂是他们的"，[①] 这种贫穷不是外在的贫穷而是内在贫穷。外在的贫穷即是物质上的贫穷。内在的贫穷是"一无所求"、"一无所知"和"一无所有"。"一无所求"的人就是对一切都无欲念的人，即他说的"孤寂"，祛除了贪念本身。正如佛把欲念看作人生一切痛苦的根源，而不是生活的本来乐趣。"一无所知"的人不是愚昧不知的人。知识有占有知识和认识行动两种方式，认识行动不是占有知识而是通过知识去认识的一种行动。他的"一无所知"是"人应该摆脱自己的知识束缚"，人应该忘记他是知道的——人不应把他的知识当作能赋予自己一种安全感和认同感的占有物来看待；不应让知识来"充满"自己和一味地固守他的知识以及去追求这种知识。而要摆脱知识的束缚，知识就在我们的思考和行为中。"'一无所有'的意思是人应该摆脱一切事物的束缚，内在的也好，外在的也好，而达到一种自由自在的状态，能够摆脱上帝及他所创造的一切束缚，只有这样才称得上是精神上的贫穷。"[②] 所以，埃克哈特认定的占有，首先是，我们不应该受自己的物品和行动的束缚；其次，如果我们眷恋着财产、造物和我们的自我，那人的自由就是有限的。正如 D. 米特在《基督——人身上的社会因素》一书中所说，自由作为真正的收获的条件就是放弃自我。所以在埃克哈特理论中，一种无拘无束的、摆脱了对物和自我欲望的自由是爱和创造性生存的先决条件。作为人，我们的目的就是要把自己从重占有的生存方式中解放出来，从而达到完满的生存。

　　在埃克哈特的理论中，生存代表两种意义。一是狭义的、心理学意义上的生存，它意味着"'人不必总去想应该做些什么；他应该更多去思考自己是什么'，重要的是美好地生存，而不是应该做什么和做多少。重要的是我们行动的基础。我们生存的现实，推动我们的精神并决定我们行为的性格；相反，我们的所作所为和信念是与我们的动力的核心相分离的，是非现实的"。[③] 生存的第二个即生命、积极的活动、生育、更新、创造

---

①　弗洛姆：《占有还是生存》，关山译，生活·读书·新知三联书店1988年版，第66页。

②　同上书，第67—68页。

③　同上书，第71页。

性和不断涌流的水，直至枯竭。这种动态的生存是真正的生存和活的生活方式，它是占有的对立面，是恋我心态和利己主义的对立面。生存是一种积极的行动，是人自身力量的创造性表现，而不是现代意义上的那种忙碌的生活。他把生存比作"沸腾的水"、"自我生产"、某种"在其自身之中又超越其自身的流动的东西"，他用"跑"来比喻生存的积极性。一个积极的、有生气的人好比一个不断变大的罐子，它可以盛东西，但永远装不满。① "在埃克哈特的伦理学体系中，这种内心的创造性活动就是最高的道德，而要想从事这种创造性活动，首先要克服任何形式的恋我心态和欲念，即占有的心态。"②

弗洛姆早年深受犹太文化的熏陶，对犹太文明的生命力和活力深有感触，埃克哈特的伦理学思想中对生存的理解和领悟深得弗洛姆内心的应和，认为他道出了生存最本质的状态，在他的伦理思想中处处闪耀着"犹太文明的智慧"，这正是现代人所缺乏和丧失的"生"的意义。

二　现实社会的占有状态

（一）工业社会发展的心理前提与人的生存危机

自进入工业社会以来，人类的伟大梦想是：征服自然界、让物质财富涌流、获得尽可能多的幸福和无拘无束的个人自由。然而工业社会从来没有实现它的伟大允诺，越来越多的人认识到：无限制地去满足所有的愿望并不会使人生活得幸福；我们想要主宰我们生活的梦想破灭了，我们成了大机器的齿轮；就连我们的思想、感情和趣味也被工业——国家机器的大众传媒媒介所操纵；③ 世界经济发展中穷国与富国之间的差距越来越大；人类技术的进步不仅威胁着生态平衡，而且也带来了爆发核战争的危险，不论是前种威胁还是后种威胁或两者一起，都会毁灭整个人类文明，甚至地球上所有的生命。④ 1954 诺贝尔和平奖的获得者史怀泽这样评价现在的人类：人具有超人的力量，但却没有超人的理性；他日益成为一个灵魂空

---

① 参见弗洛姆《占有还是生存》，关山译，生活·读书·新知三联书店 1988 年版，第71 页。

② 弗洛姆：《占有还是生存》，关山译，生活·读书·新知三联书店 1988 年版，第 71 页。

③ 参见许惠芬《弗洛姆对消费异化的批判与重建》，《石家庄学院学报》2011 年第 1 期。

④ 参见弗洛姆《占有还是生存》，关山译，生活·读书·新知三联书店 1988 年版，第 3—4 页。

虚的人，已经从超人变成了非人。弗洛姆分析到，"工业社会的伟大梦想之所以没有实现，其原因除了工业制度内部的经济矛盾之外，还在于这一制度两个重要的心理上的前提"①：一是生活的目的是"幸福"——极端享乐主义；二是自私、利己和占有欲以及制度为了能维持自身的生存的错误诱导。

极端的享乐主义早期可以追溯到苏格拉底的弟子——亚里斯提卜，他认为幸福就是快乐享受的总和，人生活的目的就是最佳地去享受身体上的快乐。在他之后，十七、十八世纪的哲学家们又一次明确地提出了，人生目的就是满足人的一切愿望。"益处"一词已经不是说"心灵上的获益"，而是表示物质上或财政上的获益，这种观念也就很快地流行起来。在霍布斯看来，幸福不过是一个接着一个的欲望；拉梅特利甚至向人们推荐吸毒，因为毒品起码可以唤起幸福的幻觉；德·萨德则认为，满足那些残忍的冲动本身就是合理的，因为这些冲动存在和要求能得到满足等。功利主义更是把享乐作为幸福的重要依据。而另一些则是坚决反对享乐主义的理论体系，主要代表人物是康德、马克思、梭罗和史怀泽。但自第一次世界大战结束以后，我们这个时代在相当大的程度上又回到极端享乐主义的理论和实践上去了。现实就是尽情享乐的观念与纪律严明的劳动思想形成鲜明的对照，然而现代人的生存境况说明了娱乐消遣不是一个令人满意的解决人类生存问题的办法，极端的享乐主义不符合人的本性，不是通向"美好生活"的正确途径。中国、印度、近东和欧洲那些伟大的哲人们提出的关于人的根本目的是幸福地生存，极端的享乐主义是与之相悖的。人的需求正如伊壁鸠鲁所分析的那样：需要（愿望）分为两种，一种是主观上感觉到的，满足这种需求会导致瞬时的快乐，但这不是人生的目的，因为继这种享乐之后而来的必然是厌倦和痛苦，从而使人背离了他的真正目的——没有痛苦；另一种是深植于人本性之中的，满足这种客观有效的需求则会促进人的成长，也就是说，会给人带来真正的幸福。所以伊壁鸠鲁所说的享乐是"纯粹的"享乐，把它看作最高的目的，即"没有痛苦"和"灵魂的安宁"。现代人的享乐已不是伊壁鸠鲁所指的意义了，享乐的最终后果是享乐需要的不满足、厌烦和麻木。

工业时代的第二个心理前提是：个人以一种利己主义的方式去尽情享

---

① 弗洛姆：《占有还是生存》，关山译，生活·读书·新知三联书店1988年版，第5页。

受有利于和谐、和平和普遍的福利。在中世纪的社会中，在其他一些高度发达的社会甚至原始社会里，经济行为是由道德规范来决定的。到 18 世纪的资本主义逐步地发生了一种深刻的变化：经济行为与伦理学和人的价值观念相分离了。决定经济系统发展的问题不再是：什么对人有益，而是：什么对系统的增长有益？凡是对经济系统（即使是一个康恩采）的增长有益的事，也会促进全体人的福利。与经济系统需要的相一致的现代人的性格特质是：自我中心主义、利己和占有欲。所以"现代社会中利己主义不仅仅是行为的一部分，而且也是个性中的一个方面"。[①] 利己主义想把一切都据为己有，能够给他带来欢乐的不是分享而是占有：一个人占有的多寡就是生存的价值所在。欲望的无止境导致人与人敌视的状态，嫉妒占有得多的人和轻视、害怕比他占有的少的人；他还得微笑地面对他们，把自己伪装成一个理智的、诚实的、宽容和友善的人。同时，工业社会人对自然界的肆意索取和对一切非机器生产的东西蔑视，加剧了利己主义的倾向。为了满足自身的需要，人奴役自然、改造自然，结果是自然界越来越多地遭到破坏；使人着迷的是机械性的东西、巨大的机器、无生命的东西，使人越来越迷恋毁灭力。因此，改变人的价值观和态度是工业社会经济变革的必要条件。梅萨罗维奇和佩斯特尔（罗马俱乐部的报告）首次对全人类的经济状况、人类发展的可能性和危险做出分析，他们的结论是：必须具备一种新的伦理道德和改变以往对待自然界的态度；舒马赫也主张人必须从根本上改变自己，如果我们不从根本上改造我们的社会体系，那等待我们的将是一场经济上的灾难和人类自身的灾难。

（二）重占有的生存方式的日常表现

重生存与重占有并非截然地存在于两个不同世界中，而只是在不同文明中可能更青睐和表现更为突出、崇尚与主导。现实生活中重生存和重占有表现在日常生活的体验中，也由此可以把人分为重占有的人和重生存的人。比如：在学习、记忆、知识、交谈、对权威与信仰的态度以及爱的方式中呈现的不同样态。

倾向于重占有生存方式的学生只有一个目的，就是要把"所学到的东西"牢牢地抓住。重占有的人的记忆是机械性的。他们的联系是建立在纯粹的逻辑关系上的。在知识的表现上"我有知识"和"我知道"这两种

---

①　弗洛姆：《占有还是生存》，关山译，生活·读书·新知三联书店 1988 年版，第 8 页。

表达方式反映出在知识领域里重占有和重生存方式的区别。有知识是说获取可供使用的知识（信息）和把这些知识据为己有；而"我知道"是说他的知识是功能上的需要，是其创造性的一部分。知不是对真理的占有，而是穿透表面现象批判地、积极地去接近真理。重占有的人不会和作者交流；不知道作者自我矛盾的地方和避而不谈某些问题；体会不到作者什么时候是描述事实，什么时候又表达自己的情感和思想观点；哪些观点在当时还是"合理的"，以及哪些观点是作者的新贡献，只是接纳作者所说的一切。从行使权威方面来看，重占有的人往往利用手中的强权来奴役别人，遏制人的发展，其结果必然遭致反抗和颠覆。同样在重占有的生存方式中，信仰只是对一些没有合理证明的答案的占有，"是一张入场券，以此给人一种可靠感，有了它也就为自己购置了从属于某一大的群体身份，从而他也就摆脱了一项困难的任务：独立地思考和做出决定"。① 因为他们没有勇气自己去探索，信仰就是他们寻求安全感和寻找生活意义的支柱。这样他成为信仰的占有者，他有宗教信仰，却没有真正的信仰。重占有的爱对被"爱"者是限制、束缚和控制，而不是尊重、认识、责任等创造性的活动。

总之，重占有的生存方式的表现是对事物"死"的执着，用无生命的占有表达其生命的意义和价值，但恰恰相反，生命本身的意义和价值被颠倒了。

三　重占有的生存方式的特点、实质和反应机制

现代西方社会是"建立在私有财产、利润和强权这三大支柱之上的。捞取、占有和获利是生活在工业社会中人不可转让的、天经地义的权利"。② 它是重占有的生存方式的基础。

重占有的生存方式在工业社会中显示了五个特点：一是人与物之间的关系非人化，物不是一个具体的对象了，而是自我和社会地位的象征，人被物化；二是一种掠美和新奇的心态，表现出对美的、新奇的、现代的物强烈的征服感的需求和满足；三是获利的行为；四是寻求刺激，是物化社会中短暂的刺激；五是社会性格的转变，从囤积型人格到商品销售型性格

---

① 弗洛姆：《占有还是生存》，关山译，生活·读书·新知三联书店1988年版，第47页。
② 同上书，第75页。

转变。

"重占有的生存方式是从私有财产派生出来的。它唯一有理的就是把物据为己有和可以将所获得的东西保存下去的无限权利。"① 在佛教中它称为欲念，在基督教中它称为贪婪。占有感的一个重要的对象是自我。自我包括很多东西：人的躯体、名字、社会地位、占有物（包括知识在内）以及人自己产生的并想要将其传递给别人的想法和观念。此时，"作为主语的我不是我自己，而是我的占有物所体现出来的我"。② 我之所以是我，因为我拥有某物。在这样的生存方式中，我占有物，物也占有我，人与人所拥有的东西之间是死的关系，没有生命力，它脱离了主体创造性的行为，就连思想和信念本身也不例外。

按照生物自然本性成长的趋向，对想阻碍其成长的任何企图的反应是反抗。所以占有的结果导致暴力和反抗。这种反抗可能是公开的、有效的、直接的、积极的反抗，也可能是间接的、无效的和无意识的反抗。婴儿、儿童和成年人都无法自由和自发地表达自己的意志，真正成长着的人被迫放弃其大部分自主的、真正的愿望和兴趣以及自己的意志，而接受并非他自己的、而是社会的思想、感情模式强加给他的某种意志、某些愿望和情感。这个过程是一个无意识渗透的过程。他以社会和家庭作为媒介，破坏一个人的意志而又不使他察觉，这个过程往往借助于一种复杂的灌输过程、一个奖罚系统和相应的意识形态来完成。所以大多数人都以为自己是按照自己的意志在行事，而没有意识到这一意志是有条件的，是被操纵的。如果这种操控行为目的与人自身成长的需要一致，必然自然而然地被拥护和执行；但如果与人的自身成长需要不一致，这种介入就是异律性，而招致暴力和反抗。就如在孩子成长的过程中最能体现这种状态——叛逆期，孩子自身的成长中的自我意识被长辈干涉和阻止就引发孩子强烈的叛逆、与长辈的对抗。现代西方工业社会发展与促进人自身的成长的根本目标不一致，对一个意识到这一切的个体来说，要表现的是暴力和反抗，有时这种反抗可能是消极怠工式罢工：对外界不感兴趣、懒惰和消极，这恰恰是现代人最普遍的精神状态；或者是对什么都感兴趣，异常的忙碌，看起来与这个世界极其适应，在这个社会中他能实现他所有的欲想和目标，

---

① 弗洛姆：《占有还是生存》，关山译，生活·读书·新知三联书店1988年版，第82页。

② 同上书，第83页。

这种状态与前面的状态看似对立的，但结果是一样的，在忙碌和激进的背后却是对"死"物的追求，而无"生"的动能，这样的人所体验到并不是人的真实意义和价值。

所以"重占有的生存方式和以财富、利润为目标的价值取向必然会产生对强力的要求，为了控制某一物，粉碎它的反抗必须运用暴力。在重占有的生存方式中，对一个人来说，幸福就在于他能胜过他人，在于他的强力意识以及他能够侵占、掠夺和杀害他人"。①

四　重占有的生存方式的伦理态度

弗洛姆认为在重占有的生存方式中，人对伦理所表达的态度是矛盾的，他总想抓住实质，但总站在他的对立面，所以他始终无法解决人本身的问题，无法实现人的最终目标。他所面对的矛盾状态主要包括六种：

（一）安全感与不安全感

一个重占有的人，他之所以感到安全是因为他拥有物：财产、名誉、地位、权力等，但如果他失去他所占有的物，那么他就是一个失败者，丧失了安全感。所以他害怕失去自己所占有的东西而产生恐惧感和不安全感，因为这些物可能在瞬间就消失了。他也害怕没有把握和不肯定的事物，避免做选择，害怕因此失去所拥有的物，害怕承担责任，这也就是人为什么害怕自由的原因之一，因为自由是不确定的，自由意味着选择和责任。靠占有所获得的安全感恰恰是暂时的、虚幻的和不确定的。占有与生存是一对矛盾体，一个人不会因为奉献而失去什么；相反，一个抓住自己东西不放的人才会失去他的东西，可能失去一切的危险是重占有生存方式所固有的。在重占有的情况下，所占有的东西越用越少；而人身上如理性的力量、艺术和智能的创造力，却不会随着他们的运用而减少，相反运用这些力量使自身力量更强大和产生满足感、安全感和幸福。所以重占有的人为了获得安全感去拥有更多的物，但最终却丧失了安全感。

（二）团结与对抗

在重占有的生存方式里，通常人与人之间的关系是以竞争、对抗和恐惧为其特征的，它是占有这一心态的特性所决定的。对物的占有的意

---

①　弗洛姆：《占有还是生存》，关山译，生活·读书·新知三联书店 1988 年版，第 87 页。

愿会演变成一种要求越来越多、直至最多地占有某物的欲望。只要个人的主要动机是重占有和贪欲，在一个特定的群体内必然是竞争的态势，由这样的个人组成的民族之间也必然不可避免地进行战争。世界的资源是有限的也是分布不均的，一些民族嫉妒另一民族所占有的东西，对弱小的民族试图通过战争、经济压力和威胁来得到；对较为强大的民族，他们便与其他国家结成联盟来反对他，以此来满足占有欲。人类生存在世界上，是彼此需要的，彼此联结在一起的，这是团结的需求，但人类在一己的群体内可以是团结的、可以是道德的，在群体之外却是对抗和非伦理的，这与人生而平等，相互联结是对立的，唯有爱才是团结的真正力量、消除对抗的力量，因为爱是关心、责任、尊重和欣喜地看待对象的成长，是联结人与人之间的真正纽带。而充满占有欲的氛围中爱被遗忘、世俗化和物化了。以爱的名义来获得物也是占有的方式之一。所以重占有的生存方式中人与人的关系是对抗，这与人要在世界上与他人结为一体的需要是不一致的。

（三）快乐与享受

弗洛姆认为快乐是我们在通向实现自我这一目标的道路上所获得的体验，是伴随着创造性活动而产生的，是生动和活力。在重占有的生存方式中人为了追求快乐而去占有，结果不是获得快乐，而是享受。现代人的享乐有很多，比如在社会上获得成功、挣更多的钱、中了彩票、通常的性享乐、"尽情地吃"等，他从兴奋与刺激中获得了充分的享受，觉得自己的目的达到了，但在成功之后接踵而来的是种深深的沮丧感，因为他的内心没有变化。弗洛姆引用了一句古老的名言"一切动物在交媾之后都会惆怅"，只有肉体上的亲密同时是源自内心爱的亲密时，人才会体会到性生活的真正满足和快乐。占有获得的满足和刺激并不是内心真正的快乐，在满足之后他很快要去需求新的更富有刺激的享乐，想去填补心里缺失的快乐，但适得其反，因为他与快乐本身并不一致，所以现代人的享乐是当今时代的突出特征，真正的快乐被遗忘在人内在的生产和创造性中。所以占有的背后是享乐而不是快乐。

（四）善与恶

弗洛姆认为在犹太教和基督教的神学思想中，经典的罪恶概念等于对上帝的不顺从。实质要人学习畏惧权威，并必须把这种畏惧内在化，并赋予不顺从一种道德、宗教的性质：不顺从是罪恶。"宽恕可以消除他的罪恶感，但这种宽恕只有权威才能做出。这种赦罪的前提是：犯有罪孽的人对惩罚表示懊悔，并通过接受惩罚重新表示屈服。"① 亚当、夏娃有了理智之后，觉察到善恶之分，他们的最大的羞耻是："赤裸着"站在另一个人面前，以及意识到相互间的差异、分离、孤立和利己，而这样的人无法通过爱的结合来克服彼此之间的隔阂。在《旧约》中关于建造巴别塔的故事也包含这同一思想：人人都说同样的一种语言，达到了一种和谐的境界，人的统一和由于统一而具有的力量，将无事不成，这让上帝感到可怕，于是变乱了他们的口音，使他们彼此语言不通而摧毁了巴别塔。分离从来被视为罪恶，意味着差异、分裂；凡美德和善举占主导地位的地方，显现着统一、完整，人类本来应该是一个和谐的、你我之间没有冲突的整体。重占有的生存方式所表现的人与人的关系、人与自然和社会的关系无不是一种分离的状态，人类的最大的善，就如阿奎那所说，决定幸福的是我们对人的本性的合理理解以及建立在这一基础之上、能够保证人最优发展和幸福的规范。善在弗洛姆那里是与人的本性一致的，善就是充分地发挥人的潜能，发展理性和爱，使人们结为一体。在重占有的生存方式中，更能获得成长的是罪恶而不是善。

（五）对死的恐惧与对生的肯定

生与死的问题是伦理学中最基本的问题之一。在对待生与死的问题上，重占有的人死死地抓住生命不放，把生命视为一种财产，他害怕的不是死亡，而是失去他所占有的东西：他的躯体、自我、财产以及个性……未来的享乐。在有生的岁月中，占有一切是他的目标。而对真正重生存的生存方式来说，生存是生命的本身，死亡只是结果，生存才是生命的本质。所以斯宾诺莎这样说道："自由的人绝少想到死；他的智慧不是死的默念，而是生的沉思。"②

（六）此时此地与过去和未来

重生存的生存方式只存在于此时、此地，而重占有的生存方式存在于过去、现在和将来的时间之中。在重占有的生存方式中，与人紧紧联系在一起的是他在过去所积攒起来的东西：金钱、土地、荣誉、社会地位、知识、子女以及回忆等。同样他也像对过去的体验一样，有对未来的体验，

① 弗洛姆：《占有还是生存》，关山译，生活·读书·新知三联书店1988年版，第128页。
② ［荷兰］斯宾诺莎：《伦理学》，商务印书馆1983年版，第67页。

未来的希望就是占有更多的物。如果说"这个人有前途"，意味着将来占有物。① 在重生存的生存方式中，人尊重但不屈服于时间，总是执着于此刻的创造、体验，对于爱、快乐以及领悟真理的体验也都是此时此地的，而没有时间上的先后。此时此地即永恒，我们同样可以新鲜地体验过去的情景，似乎这一切都是此时此地，因为，我们可以重现过去，看到其富有创造性的生命……那过去就不再是过去了，是生命本身的即时展现，这样的过去就在此时和此地。人们也可以体验未来，似乎未来就在此时此地。生命本身的意义在于我们所经验的而不是所曾占有什么，过去是经历过的此时此刻，未来是我们还不曾经历的此时此刻。生与死是人的共同开始和结局，但积极的体验却是生命最纯粹的意义，也从来不曾为时已晚。

第二节　逃避自由

弗洛姆认为人在全面异化的同时，也衍生了一套新的适应异化世界生存的反馈机制，它包括以一种重占有的方式来体现自身的生存和价值；同时人面对自由时，不是追求自由以实现人的本质需求，而是逃避自由，屈从这个异化的世界。弗洛姆在他的《逃避自由》一书中分析了自由的特性、起源、现代人的自由，以及对逃避自由的方式、逃避自由的直接结果和真正的自由。

一　自由是生存的本质

（一）自由与个人化

弗洛姆认为自由是人类存在的一个特征，是人类发现自己区别于自然界和其他生物，凸显其独立性和个别性的特质，人类因意识到具有这种特性从而改变自我和世界，而此种自觉意识是有差异的，改变的程度与意识的程度也是相关的。人的自由和独立与人类自身的觉知联系在一起。在人类的早期，人意识到自己不同于其他的生物时，人类历史便开始了。但在觉醒的初期，人类仍然把自己看成自然界不可分割的一部分，早期人类原始的图腾就说明了这一点。这种自我意识的觉醒过程弗洛姆称之为"个人

① 参见弗洛姆《占有还是生存》，关山译，生活·读书·新知三联书店1988年版，第136页。

化"的过程，它在宗教改革到现代社会的数百年历史中，达到了其顶峰状态。在人类的历史中存在着个人化的过程，在一个人的生命历史中，也存在着同样的过程。一个婴儿脱离母体，成为一个独立的个体，是个人存在的开始，但是婴儿与母亲仍联系在一起，婴孩仍须母亲喂养、携带和照顾，经过一段相当长的时期才走向独立。婴儿通过自己的行为感受外界的世界，其中教育的过程促进了个人化的过程，敌意和挫折也是教育的一部分，它是形成区分"你"与"我"的过程中的一个重要因素。婴儿与母亲的联系由脐带割断而象征其独立，人类与外界也是如此，意识到自由意味着独立的开始，它切断了人类原始联系的脐带。个体在成长的过程中能力不断地增长，便渴望更多的独立和自由，这与人类历史的发展是一致的。

个人化的过程有两方面，个人化成长过程的一面，就是自我实力的成长；另一方面，是人日益的孤独。同时个人化的过程是不可逆转的。

儿童在成长的过程中一方面由于学识和能力的增长而获得更多的自由，可以发展和表现自我，使其人格力量日增及逐渐完整。可是在另一方面，儿童的成长日益地脱离了给他安全与保障的那个世界，他与母亲及他人不分彼此的同一性被打破了，因为他需要独自面对和处理更多的问题。依赖与独立的纠缠，经验与能力的不足，使他可能产生一种孤立状态，造成强烈的焦虑与不安，这可能会在对立中走向妥协和服从，但服从显然又带来新的焦虑和不安，这使得儿童需要确立一种新的同一性和自我认识，成为一个真正独立的个体，这是一个蜕变的过程，是人的成长过程中的必经阶段。因为个人化是单向性的，不可逆转的。

同样当人类已成为一个独立的整体从世界"脱颖"而出时，与世界相比，人类是无力和软弱的，而世界仍然是强有力的、具有威胁性和危险的。一个人孑然孤立地面对一个充满危险的世界，使人产生一种无权力和焦虑的感觉。他采取"服从"的态度，想要以此来克服恐惧和焦虑，他以放弃自己的力量和完整性为代价，可结果与当初想要服从的目的正好相反：增加了不安全感。但这种服从，放弃自我的方式与切断原始关系前不相分离的状态是不同的，因为个人化的过程不可能退回到史前。

（二）自由的两种方式

人类的存在与自由，从人类出现起便是不可分的。自由是伴随人类的出现和成长的。人在大自然中是最不能自立的种群，他初生时没有动物那样能迅速和有效地自动调整本能行为的能力，因而依靠父母的时间比其他任何动物都长。人之所以能适应自然，靠的是学习，而不是本能，这种学习的过程就是自由展现的过程。在成长的过程中，人类的本能的弱小和无力使得他获得了发展的最强动力，超越了其他的物种，同时它也是人类文化产生的条件。人类从其有生命开始，就必须对各种不同的行为方式做抉择，以求得自身的生存，这种抉择开始于思想，显现了自由在人类存在中的本质性。人运用自身创造性的力量主动地适应自然，使自然界和工具成为为我的条件，人的成长使他有足够的力量脱离大自然，他开始朦胧地发现他自己或者说他的种群与大自然是不同的。他是自然的一部分，但又超越自然。这种能动的自由成长体现了自由是人生存的本质性的因子。

弗洛姆认为自由在人类适应自然的过程中体现了两种形式：一是积极的自由；二是消极的自由。积极的自由意味着"自由而为"，而消极的自由就意味着"解脱什么"，也就是说解除本能的约束。

弗洛姆用《圣经》中"伊甸园"的故事来说明人与自由间的基本关系。在他看来反抗上帝的行为意味着人类自由的开始，把人从高压强制中解脱出来，这是第一项的自由行为，是第一项"人"的行为。人与自然之间原有的和谐状态破裂了，他脱离天堂的枷锁，获得了自由，但需要他去面对来自世界的威胁和恐惧，由此他失去了安全感。人如果以他刚获得自由的人类初始状态，他一个人是难以生存的，不能自由地去管理自己，他只能与周围的人结成原始关系，通过家族、社会和宗教的媒介，通过角色身份才确认自我和与他人相联系，去实现他的"群体人格"。在原始关系中人与自然、家族、宗教的同一性，使个人有安全感。因为在这样的一个有组织的整体中，他有不可怀疑的确切位置。虽然被束缚着，但有安全感。人冲破了上帝的束缚又陷入了原始关系的沼泽，他获得了最初的自由，但缺失了安全感，原始关系中限制了自由的发展，看起来与自由是相悖的，但那是个人化的一个片段和过程，是必然的和不可逆转的。

在原始关系中获得的自由是一种消极的自由。"这种原始的关系阻止了人类充分发展人性，阻止了人类理性与批评能力的发展，他不能像一个自由、自决而有生产性的个人般的发展。"① 但自我意识的觉醒促使他获得消极的自由，从而才可能有更多的积极的自由，在这样一个寻求自我发

---

① 弗洛姆：《逃避自由》，北方文艺出版社 1987 年版，第 12 页。

展的个人化过程中，自由可能意味着不安全，因为现实社会中总是可能存在着种种限制个人发展的一些阻碍。人脱离自然是一项漫长而延续的过程，人无论如何超越世界或自然，他总与自然或世界以某种方式相联系的。所以"原始的束缚一旦被割断了，便不会修复；一旦丧失了天堂，人就不能重返天堂。只有一个可能，用生产性的办法，可以解决已个人化的人与世界的关系，那就是：他积极地与所有的人团结起来，以及他自发自动的活动——爱和工作——借着这种办法，而不是借着原始的关系，以一个自由而独立的个人身份，再度把他与世界连接起来"。① 人类真正的自由必然包含这层积极的自由——自由而为，消极的自由显然是不够的。

解脱任何束缚与不能积极实现自由及个人化之间的脱节，必然使自由成为一项不能忍受的负担。为逃避这种自由，要么屈服于某种的权威下，要么与他人及世界建立某种关系，即使这种屈服或关系剥夺了他的自由，但可以获得暂时的安全感。自由在这里成了一个悖论：追求自由却又逃避自由，是人不能以独立的个人身份与世界建立联系。这是解除了一种束缚又编织了另一种束缚，仍然没有真正的自由而为的积极自由，这种束缚是登上积极自由的阶梯，虽消极，但此消极自由非彼消极自由。

因此"自由的暧昧意义，即是：一方面人日渐地脱离外在权威而独立，而在另一方面，个人则日益感到孤立，结果，感到个人无足轻重与无权力"。② 这是消极自由的本质特点。

二　自由发展的轨迹和性质

（一）中世纪的自由及其解构

弗洛姆认为中世纪有稳固的社会结构层次，人生下来便在某一社会层次中有确定的身份地位，他的身份是确定的和不容置疑的，虽很难跨越阶层的界限，但一个固定的身份给他带来了安全感。那时候的人是无个体自由的，是一个群体的角色和人格，贝克哈特（Jocob Christoph Burckhardt）在形容中世纪文化时说："人只能意识到他自己是一个种族。民族、党派、家族或社会集团的一分子——人只有透过某普通的种类，来认识自

---

① 弗洛姆：《逃避自由》，北方文艺出版社 1987 年版，第 13 页。
② 同上书，第 14 页。

己。"① 所以中世纪意味着自由的缺乏。随着文艺复兴和宗教改革的到来，中世纪稳固的社会结构被打破，形成新的有产阶级，"个体"开始出现，个体自由开始涌动，人发现自己是可以独立自由的，他与自然及他物是截然不同的，人类发现了新的大陆，发现了这个世界，也发现了"自己"。

弗洛姆认为中世纪社会结构的破坏在文化上呈现为两种方式，一是文艺复兴，二是宗教改革。文艺复兴时期的社会是由一小群富裕而有权的人来统治，并且是艺术家和哲学家形成的社会基础，由他们表达出此精神；而宗教改革本质上属于城市中下阶级和农夫的宗教，正如韦伯所说城市中产阶级才是西方世界资本主义发展的骨干。这两个不同阶层的运动在文化上解构了中世纪的社会结构。

1. 文艺复兴与自由

文艺复兴运动所宣扬的，"给予他们一种自由的感觉和一种个人存在的意识。但是，同时这些人也失去了一些东西：安全感与相与感——这是中世纪社会结构所给予的。他们更自由，但也更孤独了"。② 新的自由一方面强调人性的尊严、个人地位及力量。资本主义使个人解除了中世纪的阶层和制度的束缚，获得自由，人获得了自我发展的自由和动力，个人的努力和奋斗是新社会中改变命运和成功的条件。金钱成为衡量人地位的东西，较出身与门第更为有力量。物质财富是必要的，追求财富和物质成功的欲望，成为最吸引人的一种热望。另一方面他们日益地感到孤独、怀疑、猜忌，以及因此感到焦虑。在新的经济秩序中，他们不再有固定的位置，资本决定个人命运和地位。市场的功能日益扩大，竞争日益激烈，人与他人的关系变成为紧张、敌对的关系，他与他的同伴因此而分离和陌生。他自由了，但这也就表示，"他是孤独的、隔离的，受到来自各方面的威胁"。③ 新的经济秩序以及对经济活动的伦理看法影响了每一个人。资本及市场的超人力量解构了中世纪的固有体制，也瓦解了个人的安定和安全，整个社会陷入一种冲动的冒险和不确定的疑惑。

弗洛姆总结道："个人解脱了经济与政治关系的束缚。由于他必须在新的制度中，扮演积极和独立的角色，他也获得了积极的自由。但是，他

---

① 弗洛姆：《逃避自由》，北方文艺出版社 1987 年版，第 20 页。

② 同上书，第 23 页。

③ 同上书，第 36 页。

同时也脱离了以前给予他安全感及相与感的那些关系。他不再生活于一个以人为中心的封闭的社会里；世界成为没有边界的，同时也是危险的。由于人失去了他在一个封闭社会中的固定地位，他也失去他生活的意义，其结果是，他对自己和对生活的目的感到怀疑……他没有文艺复兴时代财主所拥的财富或权力，也失去与人及宇宙的同一感，于是，一种他个人无价值和无可救药的感觉压倒了他。天堂永远地失去了，个人孤独地面对着这个世界——像一个陌生人投入一个无边际而危险的世界。新的自由带来不安、无权力、怀疑、孤独及焦虑的感觉。如果个人想要成功地发生作用，就必须缓和这些感觉。"①

2. 宗教改革与自由

中世纪教会强调上帝面前人人平等，应情同手足，人的尊严和意志自由是不容侵犯的，个人的努力是获得上帝的爱和救赎的基本条件，人有信心只要努力就会得到上帝的垂怜，稳固不变的社会结构也让人产生安全感。在中世纪后期，由于资本主义的成长，自由意志的重要与人类努力更加强大，但有自由和努力未必能获得一个满意的结果，因为市场充满了不确定，只有资本才最具权威。文艺复兴和宗教改革改变了中世纪的自由内涵。

路德的宗教改革和加尔文的改革在特定的意义上来说是追求自由的一种方式，主动地寻求自身的变革；同时也是在资本主义结构的浪潮（另一种自由所带来的不安全感和无力感）下想在宗教的领域为人谋得世俗生活中缺乏的安全感和相与感，也为宗教在世俗世界中谋得出路与支持。然而这两种宗教改革都同样重新设置了自由的圈套，宗教与世俗在此不谋而合。

路德的神学是在中世纪的宗教面临世俗挑战的过程中的一种矛盾的应对，他不得以放弃教会的权威迎合世俗的观念，从宗教层面上下放权威，肯定个人的权威、个人的意志自由和个人努力的重要，以及人必须为自己的行为负责，"使教会失去了权威，使个人得到了权威；同时，路德的信仰与拯救的观念，是一种主观的个人经验的观念，在这种观念中，个人负有一切责任，权威是与责任无关系的"。② 上帝不再是监督这一切，这样

_____

① 弗洛姆：《逃避自由》，北方文艺出版社 1987 年版，第 35—36 页。

② 同上书，第 47—48 页。

的理论在迎合世俗的权威中恐有失去宗教原初的内涵而走向毁灭。因此路德认为即使人有自由但也未必能从善，那么宗教在这个时候为人们的意志自由寻找正确的方向，要找到这个正确的方向，那么人必须臣服上帝，放弃自我，在放弃自我的无我境界中上帝就会赐予他所失去的所有一切，获得智慧、恩典和救赎，在这个过程中对上帝的信仰是不容怀疑的。路德的宗教改革在破除了宗教的权威后又树立了宗教的权威，因而也赢得了世俗的认同。弗洛姆认为路德的信仰是非理性信仰下的反馈机制，具有补偿的作用。

路德的神学对资本主义社会中人获得自由但缺乏安全感的处境充满了怀疑和绝望，在尘世中人不可能找到依靠的"上帝"，只有在宗教中才能找到出路，他对破除权威后无权威的状态是恐惧和迷茫，重返上帝的怀抱才是真正的出路，而其条件就是完全地臣服上帝，放弃自我的价值和个人意志，"基于人的无权力，他与上帝的关系是一种服从。他自己说，这种服从是一种自动的服从，不是出于恐惧，而是出于爱心。可实际是一种无权力及软弱的感觉充满了他的心灵，使他与上帝的关系的本质，成为一种服从"。① 所以路德的宗教改革在自由的背后印刻的是"服从"。

加尔文的教义也反对教会的权威，但仍然坚信权威。他认为人要获得上帝的爱和来世的幸福除了贬低、自辱和摧残，别无他路，只有放弃人的尊严才可能得到上帝的爱。"他教导说：我们应该屈辱自己，自己屈辱自己是信赖上帝力量的一种方法。因为没有任何事物，能像由于意识到自己的可怜，而引起自信心的丧失和焦虑感那样地使我们信赖上帝。"② 人并非是他自己的主人，主宰人的思想和行为的是上帝而不是人的理性和意志，把自己当成上帝的仆人为他生存，为他牺牲，完全听命于上帝的向导，人才能得救，进天堂。

加尔文的教义还有命定说的特点。人生来就是不平等的：一种是得救的人；一种是注定受谴责的人。在来到人世之前，便已由上帝预先决定了某人要蒙受恩宠，而一些人要注定永受诅咒，这并不是他在世时做了什么善事或恶行的结果，而是命定，这是俗人不可试图探究的一个秘密。"此一命定说的心理上意义是双重的。其一是它强烈地表达个人不重要与无权

① 弗洛姆：《逃避自由》，北方文艺出版社 1987 年版，第 41 页。
② 同上书，第 55 页。

力的感觉、人类意志与努力的无价值。人类完全失去过问和决定自己命运的权力。另外一个意义是，像路德的命定说一样，加尔文的命定说的作用是想要压抑非理性的怀疑。一个人的得救不在于他的行为，而在诞生之前便已被决定了。"① 另外加尔文更强调道德努力和道德生活。服从上帝，无休止地努力，而不感到厌倦，和在道德及世俗工作方面获致成功，这就表示他属于上帝选民的一类。最初努力主要是指道德的努力，可是后来，演变成一个人工作的努力及其结果。事业成功成为上帝恩典的象征；而失败就成为受诅咒的象征。加尔文的宗教改革同样以放弃自由而获得上帝的恩典，以此来克服焦虑和不安全感。

新教教义也告诉人们要放弃自我，而且还要不停地努力工作增加上帝的荣耀，人才能克服他的怀疑与焦虑和获得救赎。努力工作、喜爱俭约、苦行禁欲、创造更多的物质财富造就了资本主义精神，极大地推动了经济和社会的发展。这种努力与活动不是内在力量与自信的结果，是被大机器推动的运行，财富、权力和名望也只是人逃避焦虑和不安的追求。

所以无论是路德还是加尔文，他们所做的宗教改革与世俗相应和，欲肯定人的自由但又重新束缚了人的自由，宗教改革时期的自由显然并不是真正的积极的自由，仍是消极的自由。

（二）现代人的两种自由的观念（消极自由的特性）

在中古社会，人是资本的主宰，人们生活在有秩序有规则的社会，自由而为的空间极其有限。现代社会中，人解除了中古社会的束缚，获得了人的力量和个性的尊严；每一个人完全依靠其自己，促成了个人自助观念的建立，人与人之间的联系日益松散，这成为现代社会文化的突出特点。人征服了大自然、创造了整个物质世界，却不能自己控制这些力量，成了物质的奴仆。人类彼此间相互竞争、利用、相互打击，人与人之间是冷淡和漠视；人运用自己的智慧，开创了很多科学发明，却毫无理性地利用这些攻击人类自身，比如经济危机、环境危机和战争等。人与自身的关系也发生了变化，人类似乎不是在出卖他所制造的货物，而是在出卖他自己，像出卖货物一样，人的价值因环境和才能而异。人被市场和外在的东西所决定，自己无法决定自己，人觉得自己是无力的、孤独的，充满了不安全感和焦虑。在现代社会中，人被资本所凌驾，人的力量仅成了资本、市场

---

① 弗洛姆：《逃避自由》，北方文艺出版社1987年版，第58页。

和竞争的手段。宗教改革也加剧了现代社会人的困境。路德强调"性恶"说，并力称"个人的意志与努力"丝毫无用。加尔文亦以性恶说为其重点，而其中心理论则为"个人绝无尊荣"，并且说，人生的努力是以荣耀上帝为目的，你创造的财富越多，你为上帝增加的荣耀越多，除此之外，别无生命意义。路德及加尔文教义和新教影响造就了现代资本主义的主要精神：一是生命的无意义；二是为本身以外的一切奉献自己，过去是侍奉上帝，现在则是侍奉现代的经济制度，人成了大机械的奴隶。

在现代工业社会制度下，社会的形态对于人们的影响同时产生了两种现象：一是他变得更自立自主，而且不满现实，喜爱批评；二是他也同时觉得更孤单无依，并产生一种惶恐不安的心理。[①] 由此相对应的自由具有了自由的双重意义：一方面表示已挣脱了中古社会的束缚；另一方面，个人虽然得到了不受牵制的一种新的生活自由，却也同时感到孤独彷徨，内心充满焦急忧虑，必使他一再屈服于新的环境。面对这种境况，人为自己设计了解决的办法：一是必须要有财产，财产拥有越多，越感到安全；二是权位及声望。然而这些也未必是可靠的，一场危机财产严重缩水，激烈的竞争和攻击可能失去了名望和权势。虽然物质财富能弥补一时的自大和满足，但人还是惶惶不安。人类的发展促使人不断追求人性的尊严和个人力量的展现。康德及黑格尔等均极力主张个人自由，法国大革命时期及19世纪之哲学家也一致主张，人是目的，不应为他人做任何服务，除了充分发展个人自由外，并应追求精神满足与生活保障。自由主义至此发展至顶峰状态，不仅中产阶级为其中坚，下层劳工阶级亦群起响应，为个人乃至整个社会的经济成长而奋斗。随着近几十年来资本主义迅猛发展，使得人类追求人性尊严及个人力量的自由达到了拓展的顶峰，但人类的孤寂感与彷徨感与日俱增，所谓"自由"已受限制，科学与工具理性对人类构成了严重的威胁。

总之，现代社会在获得所谓的个人自由的同时，却备受不自由的限制，人类的孤独感和不安全感剧增。同样，这样的自由并不是现代人也不是人类一直追求的真正自由。

---

① 参见弗洛姆《逃避自由》，北方文艺出版社1987年版，第75页。

三　逃避自由

当一个人原有的社会依存结构被打破时，失去了一直依赖的关联而变得不确定和无依靠，产生不安全感；人在自身的需求中需要找到一种新的连接方式，弗洛姆建立关联的方法有两种：一是依靠爱和创造性工作，重新建立人与自然、人与社会之间的关系。二是放弃其自由，并努力去克服其与外界隔离而造成的孤独现象，依附于某种权威。现代工业社会下自由不能消除人的焦虑和不安全感，人只能退而求其次，在放弃自由的依附中消除焦虑和不安全感。弗洛姆认为对自由的逃避方式在现代社会最典型的有三种。

第一种逃避自由的方式：依附极权主义。

它是指个人放弃其自己独立自由的倾向，而依附于某种强有力的力量，借此获得他所缺少的安全感。这种逃避自由的方式就是寻求新的第二个束缚，来代替其已失去的原始约束。

极权是与权力相联系的。"权力"这个词包含两重意义，一是统治，意思是具有超越他人的力量，有主宰别人的能力；二是指潜力，指具有做某一事情的力量，后者的意思没有主宰的意味，它只不过是感觉能力上的主宰而已。这两种力量不但不相同，而且还有互相排斥的倾向。伴随权力产生的是权威。权威可以分为理性权威和非理性权威，前者如老师与学生的关系，后者如主人与奴隶的关系。在前者的关系中充满爱、羡慕与感激，人与人的距离越来越小，权威也渐渐地消失；在后者的关系中，相互之间充满了敌对与憎恨，加剧了双方的冲突，在还没有力量改变关系时只有服从权威。同时权威也可以分为内在权威和外在权威。外在权威我们可以看到某种组织或某些人的存在为标志。内在权威比如：良心和责任感，自基督教以至康德哲学，已经就是内在权威的时代了，但并不是外在权威不存在，而是理智和良心发挥更大的作用，虽然它可能以此为外衣。同时由于资产阶级的兴起及在政治上的胜利，使得外在权威被打破了，凸显的是人的尊严与人的力量，外在的权威被人的一己良知所替代。许多人认为这种改变是自由的胜利，因为一个自由人不是听从外在的命令而是听从自我内心的力量。这种内在权威的良知约束不亚于外在权威的力量，因为个人自由意志而做出的选择内心是无法对抗的，一个人不可能背叛自己的内心选择。但资本主义的发展使所谓的"良知"已渐渐失去它本来的意义，只要不涉及他人的正常活动，每个人都是"自由"的。外在或内在的权威转变为看不到的"匿名"的权威，"他伪装成一般常识，科学，心理健康，正常状态，公众舆论等，再也发现不了命令与压迫，代之而起的是温和的说服，如广告。这种方式较看得见的权威更有效果，因为任何人绝不会想到要去服从任何命令，外在的权威让人看到是谁在下命令及命令本身的存在，因此容易招致对权威的反抗。即使是内在的权威，其命令也可以被发现，唯有这匿名式的权威，两者都是看不到的，这就好像看不见的敌人射击一样，让你根本找不到对象可以还击。"① 它使我们在不知不觉中依附极权。

极权最重要的核心是表现在对权力的看法。极权可分为两类，有权的和无权的。权力使人们自动产生"爱慕"，心甘情愿地服从它；无权的人自动地产生了轻视，为了消除无力的恐惧不断地向权力挑战形成反抗。所以一个激进主义者容易转变为绝对的独裁主义。独裁者大都认为个人的生命、兴趣、意愿是被外力来操纵着，为了消除无权的焦虑，他们可能假借上帝之名，假借过去，假借大自然，假借责任或本分，总之行动的理由是高于一切个人的行动，只有屈服于外力，才能获得快乐。在独裁的特性中，它们也有活动，勇气及信仰，只是这些特质的基础是权力。独裁主义假借最高权力而得到力量，这个权力是永远不可反抗也不可改变的，失去权力意味着所有的爱慕及尊敬都变成了轻视与憎恨。在独裁者的字典中没有平等的字眼儿，符合他的意图可以有平等，但这样的平等无足轻重。

极权的建立就是一个解决依赖与自由之间的冲突，他要克服的是新自由带来的无力感，用所谓的自由来压制或统治自由。个体在极权之下放弃的是自由，服从让其找到一个确定的位置，以此来克服无权力的恐惧和焦虑，获得暂时的安全感。所以极权制下，独裁者和民众都未有真正的自由。通过极权的模式逃避现代的自由。

第二种逃避自由的方式：破坏性的行为。

生命有其自己内在的动力，生命有生长及表现自己的倾向。求生的冲动与破坏的冲动，可能是一种互差的关系："求生的冲动受阻越大，想要破坏的行动越强；生命实现的就越多，则被破坏的行为的力量就越小。"② 就如同一个孩子，父母限制越多，他越感到压抑和不平，越想要通过破坏性的方式表达自己的想法和对自由的渴望。大多数的破坏现象被通过某些

---

① 弗洛姆：《逃避自由》，北方文艺出版社1987年版，第102页。
② 同上书，第110页。

冠冕堂皇的理由使他合理化，比如爱、责任、良知、爱国主义等。"破坏性行为是一种企图逃避无法忍受的无权力，是对权力的挑战，因为他的目的在于铲除一切与他必须匹敌与对立的对象；在孤立与无权力的情况下，产生了焦虑和使生命受到挫折；而焦虑与生命的受挫折，是促使发生破坏行为的另外两个原因。"① 所以破坏性是自由的一种变相的运用，是对无法获得积极自由的无可奈何的逃避。

第三种逃避自由的方式：舍己的自动适应。

现代社会中人在强大的外在世界面前，感觉到自己的渺小与无能为力，也许会做出一种选择，放弃自我，完全接受文化模式给以定位的整个人格，把自己变成与他人一致，我和他人没什么不同，我不需要比别人承担更多不确定的风险，即使有风险也有别人和我一起去承担，我感觉到我并不是一个人，我不再是孤独和焦虑的了。但这种舍己的自动适应是盲目求同、是丧失自我，人并无自信和主动性，他要依赖别人的认同来确认自己，把自己的命运交给并不了解的他人来决定充满了更多不确定和风险，人不是用自己的力量来证明自己，而是在他人的意识中来决定是否被认同，在求同的时候更增添了无助和不安。

四　逃避自由的直接结果

弗洛姆认为自由与民主的关系极其重要。现代自由所显现的个人不重要和无权力是对民主的最大威胁。现代社会中人格并非能自由地发展，而是受到三方面的压制。一是，现代社会对悲剧性情感的压制，比如对死亡，压制它，但对它的恐惧仍然存在着。二是，对创造性思考的压制，它通过两种方式：一种是灌输和虚伪，另一种是认为一切真理都是相对的。三是，混淆一般成人的创造性思维。把对个人及社会生活中的一切问题神秘莫测化，唯有专家才能了解，使人们失去了相信自己可以思考这些问题的能力。造成的两个结果是人们对此抱着讥诮的态度或者使人没有勇气自己去思考，自己去做决定。另一种是人们失去批评性思考能力的方法，"最后，我们对世界上发生的事情的态度，是漠不关心。以'自由'为名，生命失去了意义，生命不过是由许多零星的、互不相关的事情构成的。人没有了'完整'的感觉。他感到困惑和害怕，只有不停地注意着

① 弗洛姆：《逃避自由》，北方文艺出版社1987年版，第109页。

这些无意义的琐事"。①

在感觉及思考方面，人们失去了"创造力"。在"意志"的行为方面，人们也失去了"创造力"。现代人有太多的希望，他们不断地追求目标，以为知道自己需要什么，而他实际上想要追求的却是他以为应该要的东西。同时我们可能又成为普通常识及舆论的匿名权威的牺牲者：我们已成为机械人，在自以为有自由意志的幻想下生活着。这种幻觉建立起我们的安全感，它是给予我们的唯一帮助。"本质上，个人的自我已受到削弱，因此他觉得无权力和极度的不安全，他生活在一个与他已失去关联的世界中，在这个世界里，每一个人和每一件事都成为工具，他成为他双手建造的机器的一部分。他以为他的思想、感觉和意志，是属于自己的，但事实上却生活在虚幻的自由和安全中；在这种过程中，他失去了自我，而一个自由人的真正安全却必须以自我为根据。"②

自我的丧失的结果是对自己身份的深切怀疑。意大利剧作家皮兰得娄（Luigi Pirandello）在他的戏剧中，曾说明了现代人的这种感觉。"我没有身份，根本没有我自己，我不过是他人希望我什么的一种反映；我是'如同你希望的'。"③ 自我的丧失使得人们更迫切想要与别人一样获得认同；否则我们得不到别人的赞同，日益地孤立，而最终将会失去自我意识。正是"靠着符合他人的期望，靠着和他人没有什么不同，一个人就把对自己身份的怀疑压制下去，同时，得到了一种安全感。然而，他所付的代价也是很高的。放弃自发能力与个人的特性，其结果是生命的挫折"。④ 现代人表面看起来是满足和乐观的，在这表面的背后，他是永远的不满足和孤独感。于是借着时尚、个性化的物品和修饰来填补内在的个性缺失。又由于人成了机器，依靠的是科学和常识判断，不能自发地经验生活，人在现实生活中的创造性被抛弃了。

所以，对现代人来说，这种自由意味着"他已经解脱了使他不能随心所欲地行动和思想的外在约束。如果他们知道想些什么，爱些什么，他将可以根据自己的意志来作为。但是，他不知道。他顺从无名的权威，他失

---

① 弗洛姆：《逃避自由》，北方文艺出版社 1987 年版，第 127—128 页。
② 同上书，第 129—130 页。
③ 同上书，第 130 页。
④ 同上书，第 131 页。

去了自己。他越是这样做，他越加觉得无权力，也越加地被迫去顺从权威"。① 现代人解除了过去外在的对自由地束缚，而又深陷人类自身设计的"自由罗网"，以一种否定真正的自由、逃避自由来放弃自由的追求和自我的态度。

五　真正的自由

弗洛姆认为到目前为止的自由都是消极性的自由，他在对现代社会自由的否定和批判中并未消除对真正的自由的渴望和追求。在他看来真正的自由是积极的自由，是与自发联系在一起的。

弗洛姆认为在人类历史发展的过程中，到现在为止都是一种消极的自由，即便如此，消极自由也有它进步的一面：它使个人一度解脱了使生命有意义及安全的所有束缚；但在现代社会中人又陷于孤立的、无权力与不安全。孤立使他无助，失去了与世界的统一性，他开始怀疑自己，怀疑生命的意义，甚至怀疑任何行为的原则，他不知道如何去适应这个世界。这时权威的力量便产生了巨大的效应，屈从是最安全的一种选择。不用费力地思考和选择，不用承担与别人不一致的额外风险，用服从与附和逃避这种消极自由。逃避自由并不能使人重新获得已失去的安全感，而是又套进新的枷锁，它仅能帮助他忘记他是独立的个体，用牺牲个人自我的完整性，去换取不堪一击的安全感。因为他不能忍受孤独的滋味，他宁愿失去自我。自由与束缚是否循环交替的？独立与自由是否能兼得？弗洛姆深信一定是有一种积极自由的状态存在。在那种状态中，个人既独立且自由，既具有理性的批判精神，又有对自我和他人的完整认识，通过理智与情感凸显整个的人格，充分实现自我。一句话，"积极性的自由在于整个而完整的人格的自发活动"。②

自发性的活动是自我的自由活动，是出于自由意志的活动。所谓"活动"，并不是指"做某件事"，而是指创造性活动的能力，表现在一个人感情、心智、感官等的经验方面以及意志方面。在消极自由中，人与世界之间建立的关系是被动的、不可信任的，也是脆弱的和不断受到威胁的，因而还是缺乏安全感。自发性的活动则可使人克服孤独的恐惧，而同时不

---

① 弗洛姆：《逃避自由》，北方文艺出版社 1987 年版，第 131 页。

② 同上书，第 134 页。

会使一个人和自我的完整性受到损害；因为在自发的自我实现过程中，人通过生产性的活动再度与世界与人类，自然及他自己，结合起来。爱与工作是两种创造性的活动。真正的爱就是自发地肯定他人，一方面铲除分离，趋向合一；而另一方面则又不去毁灭个人的个性。工作，凭借其创造的行为，人与自然合而为一。人类通过这样的自发行为，克服了自由所带来的两种对立的困惑——个人之诞生及孤独的痛苦。在所有的自发活动中，既体现个体的独立性，又与世界合一，个人也因此包含了世界。个人因此是强壮的、丰富的，也是活跃的和有生命力的。人在自发的过程中与世界合为一体，在创造物中确证了自身的力量，获得了满足；克服了对于自己及对于他在生命中之地位及生命意义的怀疑，"他发现自己是活泼而有创造性的个人，也体验到，'生命只有一个意义，那就是自发自动地生活'"。① 通过自发的活动获得安全感与个人未获得积极自由前的那种安全感完全不同。"这种新的安全感不是依靠个人从外界较高权力所得之保护；也不是除去生命中悲剧成分的那种安全。这种新的安全感是动态的；它不是依靠保护，而是以人的自发活动为根本。这种安全感是人从事自发活动而得到的这种安全。"② 所以唯有积极的自由才能给予这样真实的安全感。

弗洛姆认为积极自由的基本原则之一是：自我的独有特性与平等的原则。人虽然是生而平等，但却也是生而有所不同的，意味着对积极自由的实现的差异。"人类生而平等的含义是，他们有相同的基本人性，他们都具有人类的基本命运，他们对获得自由与幸福，都具有同样不可让与的权利。"③ 人与人和世界是休戚与共的，而不是主从的关系。就实现自我而言，就是充分地肯定个人的独有特点。此种差异的本质就是人生而具有的，在心理及智力的本能的差异。自我的真正发展，永远是依照本质而发展的，这是一种有机的成长，是因人而殊的核心的展开。积极性的自由第二原则是：人是他生活的中心与目的。在个人自我之上"没有更高的权力；人类特有个性的成长与实现是唯一的目的，决不可拿其他假定更具尊

---

① 弗洛姆：《逃避自由》，北方文艺出版社 1987 年版，第 138 页。
② 同上。
③ 同上书，第 139 页。

敬的目的，来取代人本身这一目的"。① 因此主张人除了服从自己外，不应服从任何较高的东西，但并不是否认理想的尊严。因为所有真正的理想都有一共同之处：最终是要达到个人成长与幸福的目的。

"自发的行为允许个人自由行为，但如果个人只承认自己，除自己以外，没有更高的权威，那么，是否必将会导致无政府状态?"② 弗洛姆认为"人无所谓好坏；生命有想要生长、扩展、表现潜在力的倾向；如果生命受到阻碍，如果个人被孤立了，同时充满怀疑与孤独无力的感觉，那么，他将不由自主地喜欢破坏，渴望权力或屈服于他人"③，形成对自由的逃避。如果人类真正的自由是"有所作为的自由"，那么在人类史中，这种自由从未实现过，但是它是人类一直追求的理想。就如同人类遭受了种种逆境，却仍然能保有并且发展：尊严、勇气、高贵和仁慈这些美德。所以代表社会和世界期望的理性的权威和真正的理想一样，代表个人生长与发展的目标，它决不会与个人及个人的真正目的发生冲突。除非那是非理性权威。听从人类自身的需要和呼声不会导致无政府状态，而是服从了"人"这唯一的最高的目的。

因此，比对积极的自由，在现代人的自由中体现了这样的特点。"一方面，他脱离了传统权威，获得了自由，和成为'独立的个人'；但同时他也变得孤立、无权力，成为别人达到目的的工具，以及他与自己及与他人都成了陌路人；而且，这种状态伤害了他本人，削弱和威胁了他，使人想要屈服于新的种种枷锁。可是，在另一方面，积极性自由就是充分地实现个人的潜能，以及使个人有能力可以积极而自发地生活。"④ 唯有在这样一个民主社会中：当个人的生长与幸福是这个社会最高的目标；个人不必屈服外在的权威和被匿名权威利用；人的自发行为真正出于他的良知和理想，自由才会真正地实现。在现代史的以前任何一个时期中，这些目标都未能充分地得以实现，这正是现代社会在解决生产问题的同时急需要去解决人的问题。

---

① 弗洛姆：《逃避自由》，北方文艺出版社 1987 年版，第 140 页。
② 同上书，第 143 页。
③ 同上。
④ 同上书，第 144 页。

第四章

弗洛姆类伦理的主体素养

弗洛姆认为作为类伦理思想主体的人与西方工业社会中的人是迥然不同的，他们最鲜明的特点是以一种重生存的生存方式展开自己的生命活动，运用自己生产性的性格与世界、他人结成一体，既保持了独立性，又克服了孤独和焦虑，在生产性的活动中创造人化的世界和自身生命的意义。

第一节　重生存的生存方式

一　重生存的生存方式

弗洛姆认为我们人应从自身出发，以重生存的生存方式生活。弗洛姆引用了埃克哈特理论中对生存的两种定义。一是狭义的、心理学意义上的生存。这种生存的基础是现实，强调人的行为，真实而美好的生存是他的目的。这种生存引导人应该做什么而不是思考人是什么，通过现实来决定人的行为和性格。因而他与我们人内在的动力相分离，反而是不现实的。生存的第二个含义范围更广，也更为重要。生存意即生命、积极的活动、生育、更新、创造性和不断涌流的水，直至枯竭。它强调的是人内在的动力，从人本身具有的主动创造性出发，去积极地生存，而不是现代意义上那种被动的忙碌。他用跑来比喻这种生存的积极性，它是占有的对立面，是恋我心态和利己主义的对立面，这种生存才是与人之现实一致的生存，"是其所是"而又"是其所不是"。

重生存的生存方式在日常生活中的表现与重占有的生存方式是不同的，它充分展现生存的积极性、主动性和创造性：在记忆、学习、知识的获得、对权威的态度以及信仰和爱都表达了这种差异。例如重生存的学生不是消极地全盘接受别人的话和思想，他们听别人讲，但不仅仅是听，他们采取一种积极和建设性的方法去接收和回答；重生存的人在记忆时往往在单个的事实和与此相关联的许多其他事实之间建立生动的联系，实现自由的联想；他获得知识的最高目的是获得更为深化的知，知不是对真理的占有，而是穿透表面现象批判地、积极地去接近真理。重生存的人所做出的反应是自发的和创造性的，他忘记了自身的知识和地位，不受它们所束缚，他完全可以适应别人和别人的思想观念，在交流、沟通和碰撞中激发和创造新的思想观念，而不被自己所拥有的知识和地位所拘泥。同样建立在生存意义上的权威，是建立在为高度实现自我和完整协调的人格之基础上，而不是以能满足一定社会职能要求的能力为其基础。重生存的权威是合理的权威，它有利于人的发展，反之则遏制人的发展，必然遭致反抗和颠覆。"对重生存的生存方式来说，信仰主要不是对一定观念的信仰，而是一种内在的价值取向，一种态度。与其说有信仰，不如说在信仰中生活。"[1] 他们"对自己、他人和整个人类以及人使自己真正成为人的能力的信念都含有一种可靠感，但是这种可靠感是以我自己的经验、而不是以对规定我应该相信什么的那个权威的屈服为基础的"。[2] 在重生存方式的人身上最能表达人与人之间一种和谐的关系是"爱"，它是创造性的活动，是注意某人、关心他、认识他、承认他以及喜欢他，唤起他的生命力和增强他的生命力，这就是一个人更新和成长的过程，爱的过程；而不是占有他、控制他和束缚他。

二　重生存的生存方式的特点

生存立足于人的现实生活，它最重要的是体验，从人的感性生存出发去展现自我。这种"重生存的生存方式的先决条件是：独立、自由和具有批判的理性。其最主要的特点是积极主动地生存。这种主动性不是那种外在的、身体的忙碌，而是内心的活动，是创造性地运用人的力量"[3]，去展现他的愿望、他的才能和丰富的天赋。

"一般来说，主动是获得社会承认、有目的的行为，这种行为引起有

---

① 弗洛姆：《占有还是生存》，关山译，生活·读书·新知三联书店 1988 年版，第 48 页。

② 同上书，第 49 页。

③ 同上书，第 94 页。

利于社会的变化。"① 在雅典,"实践"这一概念几乎囊括了自由人所从事的全部活动。对自由人来讲,自由意味着能够从事某种创造性和有意义的工作。在亚里士多德看来,实践是人的理性活动的最高形式——专心致志地寻求真理的冥想生活。阿奎那也同样认为冥想是人活动的最高形式,将人生贡献给内心的静寂和精神上的认识,"幸福地生存"不在于快乐,而在于与道德相一致的活动之中。埃克哈特教士更是强调积极的生活。弗洛姆非常认同斯宾诺莎关于"主动"的理论。"一个人的善或恶、成功与失败、幸福或痛苦、主动或被动都取决于他在何种程度上能够最佳地实现自身所特有的本性。"② 斯宾诺莎把情感分为主动的情感和被动的情感。主动的情感之所以存在,因为我们是自由的,而被动的情感则是内在的或外在的强迫的结果。按照他的说法,主动、理性、自由、幸福、快乐和自我完善是不可分隔地联系在一起的;同样,被动、非理性、屈从、悲哀、软弱和所有违背人的本性的那些倾向也都是联系在一起。马克思在《1844年经济哲学手稿》中说到,自由的、有意识的活动是人类的性格特征。对于人来说,劳动就是人的活动,而人的活动就是人的生活。马克思认为历史什么也没做,历史只不过是追求着自己目的的人的活动而已。所以立足于人现实的感性活动必然是主动的,是人之为人的属性。

弗洛姆认为现代意义上的主动(活动)没有区分什么是积极主动,什么是忙碌。在重占有的生存方式中,人的活动是异化的,人被资本操纵、被机器主宰,他并没有体验到他是自己行动的主体,他只是被动地忙碌,他的活动的结果是与他相分离或高居他之上并与他相对立的"彼岸"的东西。异化的活动是一种无创造性的主动,实际上是被动,而真正的主动是"体验到自己是自己活动的主体。主动是一个创造、生产的过程,我与我的产品始终保持着联系,我的活动是我的力量和能力的表现,我、我的活动和我的结果结为一体"。③ 这种主动(活动)被弗洛姆称作创造性活动。"创造性"活动不是说造就某种新的、独创的东西而是表示内在的活动状态,一种活动的特质。大多数现代人紧张的工作和频繁的社交活动只是一种忙碌,实际上是一种被动,一种不明就理,不知道自己真正需要

---

① 弗洛姆:《占有还是生存》,关山译,生活·读书·新知三联书店 1988 年版,第 96 页。

② 同上书,第 100 页。

③ 同上书,第 97 页。

什么的盲目追求的一连串无止境的行为，是趋同、模仿、占有欲驱使的行为，就连标新立异和与众不同也成了趋同的目的，这些与个体内在的本质力量无关的外力引起的活动，是无创造性的主动，是忙碌而不是真正的主动。

三　重生存的生存方式的伦理态度

在重生存的生存方式中，人从自身成长需要激发的创造性活动中，获得了真正的安全感，它不是屈从于外物获得认同和接纳，而是由人格上的自由和力量成就自我。我存在的唯一根据是我自身，即生存和表达我自己力量的能力，这种能力是我内在性格结构的一部分。任何人都不能威胁到我的安全感和个性，除非我自己"对生活和创造力缺乏信心、退化的倾向、内心的懒惰以及听任他人摆布自己生活的态度。但是，这些危险并不是重生存的生存方式的必然属性"。① 这种危险恰恰是重占有生存方式的特性。退回到重占有的生存方式才是真正的威胁。

重生存的伦理态度中团结、真正的快乐和注重当下的现实生活是其生存的积极取向。

人的存在从来就不是孤立的，无论身处什么时代，定与他人相联系的。在重生存的生存方式中，人与人之间联系的纽带是爱和创造性，他们不重视对方的占有（私有财产），而是奉献、分享甚至牺牲，这是团结的意义。人之所以能在万物存在的环境中脱颖而出，是因为他们懂得彼此的需要，彼此是联结在一起的，被孤立、排斥和分离的恐惧是人所不能承受的，所以团结从来就是社会寻求的最强大的力量。在工业社会和其他的许多社会里，与他人结为一体的需求受到很大的压抑，导致个人主义和利己主义成为普遍规则，而团结精神成了例外。但是，矛盾的是，导致这种现象的原因恰恰是人希望与他人结为一体的要求，我希望成为与他人一样的个体以便融入群体的进程恰恰阻碍了成为"我们"，所以问题的实质在于联结方式的错误。在一个异化的社会和一种以占有为特点的市场性的社会性格里，任何人都不愿意做一个局外人或者说被排斥出去的人。为了成为其中一员，人必须占有物，占有物才能确立自己的身份和地位，人与人之间为了物而形成彼此间的对抗和联盟；把对方视为敌人，又矛盾地顺从大多数人的意识，以换取与他人一

---

① 弗洛姆：《占有还是生存》，关山译，生活·读书·新知三联书店1988年版，第118页。

致而成为一个群体的成员，想借此消除个人的孤立感。但事实是，在短暂的满足后适得其反。只有通过爱的创造性发挥——奉献、分享和牺牲，才能真正达成人与人之间结为一体的和谐状态。

在人的生存中真正的快乐是伴随着创造性活动产生的，不是刻意追求高峰体验，它是人发挥自己的能力而出现的一种情感状态，它是生存本身所具有的持久的炙热。在宗教和哲学体系中，快乐是生存的基本，人与人之间是团结的，那么奉献、分享乃至牺牲最终让人体验到共同的快乐，体验到人自身力量和与人紧密结合的力量是一股永动的生息，它是人在实现自我的道路上的一种体验。所以真正的快乐是通过理性和爱的创造性活动所带来，而不是享乐。

在重生存的生存方式里，人重视生，超越死亡。就如斯宾诺莎所说，"自由的人绝少想到死；他的智慧不是死的默念，而是生的沉思"。① 这种重生存的生存方式注重真实的生活，它就在此时、此地，而过去和未来是我们经历过的和尚未经历的此时此刻。我们不仅可以真实地体验过去的情景，也可以体验未来，幻想未来就在此时此地，因为今天的现实是过去决定的结果，今天的行动和态度就是未来的状态。生命的重要意义在于此时此地，它超越了生命的有限性、超越了死亡，此时此地才是生命永恒的意义。

四　重生存的生存方式的基础

弗洛姆认为人类生存的基础条件之一是定向的献身框架和追求对象，即宗教信仰。在他的理论中所推崇的宗教信仰并不是指加入某一种宗教，正如他所说，"他可以是一位有'宗教信仰'的人，但自己却不这样认为；或者，他虽然觉得自己是个基督教徒，但实际上却一点信念都没有"。② 宗教信仰的需求是深植于人类的生存条件之中。人类为了生存下去，需要有一份关于自然和社会环境的"地图"及其方向——定向的献身框架，即宗教。"宗教"概念不是一定与某种神的概念或偶像联系在一起的体系，而是说"任何一个群体所共有的思想和行为的体系，这个体系给个人提供一个取向的框架和笃信的对象"③。宗教信仰是我们性格结构

① 斯宾诺莎：《伦理学》，商务印书馆1983年版，第67页。
② 弗洛姆：《占有还是生存》，关山译，生活·读书·新知三联书店1988年版，第147页。
③ 同上书，第143页。

的一个方面，因为我们的生存即意味着我们追求和笃信某种东西，它们是我们行为的动力。他批评现代西方社会把"正式的"宗教信仰与真正的、秘密的宗教信仰混为一谈。比如他崇拜的是权力，但他信仰爱的宗教如基督教，那么他真正的信仰是权力，而基督教则是他的一种意识形态。人具有自我意识、理智和想象力，他受需要的驱使去行为，需要背后的力量就是他所信仰的，他用自己的意识、理智去分析和取舍，从而摆脱矛盾的和非理性的东西。但如果他所信仰的本身就是非理性的，那么其生存的状态就不符合生存本义，也就是说它不是一种重生存的生存方式，但他仍然有他的信仰——定向献身框架，他是一个理智的人，但不是一个理性的人，他明白他生物体的需要是理智，但不具有明察人的本质和根本意义的理性。重生存的生存方式的人追求的信仰与人的发展、最终目标相一致的信仰，也是现实生活中积极主动行为的实践者，在他们身上体现的是自由、主动和理性。

当然在人身上，重占有和重生存并非排异地存在，而可能同时存在。占有的倾向归根结底是来自人想活下去的生物要求；而生存倾向，即以奉献、分享和牺牲为乐，这种意愿则来自人生存的特定条件，特别是因为人有通过与别人结为一体而克服自身的孤立感这种需要。谁占的分量大，那么这种倾向就更明显和强大，哪种占主导取决于人与环境因素。

第二节　性格与道德

一　性格与道德判断

弗洛姆认为道德判断的基础是理性和良心，是从人格中表现出来的。

道德判断与意志自由有两种论断。一种是环境决定论，认为人没有意志自由，人完全是由他无法掌控的环境因素决定的，所以他没有抉择的自由，不可能对自己的行为做出判断，它的结果必然导致宿命论的观点。另一种是意志决定论，认为人有充分的意志自由，不管心理或外在的条件及环境如何，他都能运用这种意志力，因此他对自己的行为是负有责任的，并能够对自己的行为做出判断。弗洛姆认为心理学家似乎不得不同意那种宿命论。因为心理学家立足于人的性格发展，来研究人的道德判断；通常他们认为，人的道德特性植根于他的性格。孩子是在一种道德中性的状况下开始他的生活，在他的早期成长期外在因素影响是巨大，那时他没有辨别和改变的能力，到了他具有改变的能力时丧失了可以改变性格的最好时机。既然事实上是这样一种矛盾的发展状态，那么人在性格的形成上似乎是没有自由的，因而他自己不能对行为做出正确的道德判断。那么我们也无权对任何人进行道德的评判。因此心理学家在分析性格的过程中，洞察了那些对性格的形成和性格的动力负有责任的条件，就似乎不可避免地持有这样的观点：不能对任何人进行道德判断！

　　性格就果真是在早年的环境中塑造成的，而无法在后天得到改善？先天道德判断的基础的存在在伦理学的发展史上也曾遭遇到很多人的置疑。要厘清性格与道德判断之间的关系，弗洛姆给出的答案是，对性格定义的鉴定是解开这个问题的关键。注重行为取向的心理学家都把性格特性当作行为特性的同义词。麦孤独、高登和克雷奇默尔则强调性格特性的意动和动力因素。弗洛伊德曾首创了最深刻的性格理论，认为性格是行为的基础，而不等同于行为。人的行为特性掩盖着许多无意识动机，它对性格构成的影响力量是强大的。性格的基本实体并不是单一的性格特性，而是整个性格结构，单一的性格特性都是由此而形成的。弗洛姆继承了弗洛伊德的这些观点，并把整个性格结构称之为性格取向（orientation of character）的综合物。弗洛伊德性格理论中性格的根本基础在各种类型的力比多中，而弗洛姆认为性格的核心是在特殊的人与世界的关系中，通过同化和社会化的过程形成人与世界的关系。"这二种人与世界之关系的形式都是'开放的'，人为了满足自己的需要必须以某种方式从外在世界来获得事物并同化它们；同时人也不能单独地生活，为了防卫、为了工作、为了性的满足、为了玩、为了养育下一代、为了知识的传播和物质的占有，他必须与其他人发生联系，他也需要与群体相联系。"[①] 弗洛姆认为性格不仅使人的行动前后一致并"合乎理性"，它也是人适应社会的基础。"如果一个人的行为根植于他的性格中，那么，他就能充满能量，且只有当这个人的性格发生根本的变化时，他才能改变。"[②] 而且，性格也有选择人的观念和价值的功能。性格的差异构成了真正的伦理问题。在现实生活中，人的许多行动都要极其迅速地加以完成，而不容意识的审察，它是人的特征及

---

①　弗洛姆：《为自己的人》，孙依依译，三联书店1988年版，第70—71页。

②　同上书，第72页。

不可改变的、最深层的习惯和意见通过性格结构而得到诱发。

正是在对性格的定义剖析之后，弗洛姆认为自由意志是整个性格结构中的一种表现和属性，性格决定了人的道德判断。性格是道德判断的基础，但并不妨碍人有自由意志。意志不是人性格以外所具有的抽象能力，相反，意志只是性格的表现。"我们行为的动机是我们性格中各种特殊力量之混合的结果。我们所做的每一抉择，都分别由统治动机的善或恶的力量所决定的。"① 性格的差异构成了真正的伦理问题：人的性格有所不同，那么他的行为也就会有所不同。性格是一种内驱力系统，它构成行为的基础，而不等同于行为，是形成理性和良心的基础。而理性和良心是我们人格的内在结构的动力，是形成我们的道德判断和决定我们行为的动因。

我们的性格决定我们的抉择，这一观点并非是宿命论的。人有理性和良心，所以人面对环境不是无能为力的，人会积极去运用那些内在及外在于我们的力量，不断培养和强化那些发展和实现善之追求的条件。但理性和良心并不是无约束的、不确定的，也不是脱离我们经验的自我而存在，它们是我们整个人格结构的内在力量，是由整个人格结构所决定，也影响着整个人格结构。以理性和良心为基础的价值判断所依据的是：人生的主要使命是使自我成长，是成为与他的潜能相符的人（成为自己），人生奋斗最重要的成果是他自己的人格。每个人作为类的一员，人格是平等的，如果他未能完成他的使命，遭遇了道德失败，我们会对他给予同情，但这种同情并不会改变判断的有效性。了解一个人并不意味着宽恕他；而只意味着我们不会像高踞于他之上的上帝或法官那样谴责他，而是站在人的角度去审视和对待他。②

所以以理性和良心为核心的整个性格结构才是道德判断的基础；自由意志并不是决定道德判断的基础，它是性格的一种表现和属性。

二　社会性格

弗洛姆认为人的性格结构中包括个人性格与社会性格两部分。个人性格的差异性很大，受我们的遗传、家庭环境等影响最大。同时，人生存于社会，受到社会文化的熏陶、改造形成一定的社会性格与其社会文化相匹

---

① 弗洛姆：《为自己的人》，孙依依译，三联书店 1988 年版，第 211 页。
② 参见上书，第 213 页。

配。"社会性格是指同一文化中的大多数人所共同具有的性格结构的核心"①，它的主要功能是在一个确定的社会中塑造和引导人们的能量，使这个社会能够继续正常运转。

（一）四种社会性格

弗洛姆认为一种经济基础能产生与之一致的社会性格，他分析了 19世纪和 20 世纪的社会性格，认为有四种主要的社会性格类型。（任何人的性格通常都具有这些取向的部分或全部，其中有一个是占主导地位的。）

第一种是接受取向（the receptive orientation）型的性格。这类人认为，"一切好的都源于外界"，他们从来不说"不"，依赖和缺乏判断能力是他们最突出的特性，有时被冠之于"忠诚"，他们的安全感来源于坚定地跟随他人。具有接受取向的人在表面上是乐观、友善的，对生活和他们的才能有一定的信心；但当他们的"供应来源"受到威胁时，他们便会感到焦虑和心神不安。②

第二种是剥削取向（the exploitative orientation）型的性格。"他们具有和接受取向一样的基本前提：一切好的都源于外界，人不管想要什么，都得到外界去寻求，人自己是不能创造任何东西的。"③ 属剥削取向的人并不期望从他人那里接受礼物，而是通过强力或狡诈，从别人手里拿走东西。他们的特征是怀疑、挖苦、羡慕、妒忌，别人的东西是他们获得安全感的重要因素。

第三种是囤积取向型性格：接受型和剥削型都期望从外界获得东西，而囤积取向（the hoarding orientation）与他们有本质的区别。具有这种取向的人不相信，他们有可能从外界获得任何新东西；他们的安全感建立在囤积和节约的基础上，而消费则是一种威胁。他们不仅吝啬钱和物质的东西，而且吝啬情感和思想。爱实际上是一种占有；他们并不给予爱，而是试图通过占有"被爱者"而获得爱。囤积型的人对人甚至对回忆都有一种特殊的忠诚。他们的多愁善感使过去的一切都显得极其珍贵；他们抓住过去的一切不放，并沉溺于对以往的情感和体验中。他们的最高价值是秩序和安全，他们的座右铭是："世上没有新东西。"与他人关系的亲密是

① 弗洛姆：《健全的社会》，蒋重跃等译，国际文化出版公司 2003 年版，第 67 页。
② 参见弗洛姆《为自己的人》，孙依依译，三联书店 1988 年版，第 73—74 页。
③ 同上书，第 75 页。

一种威胁；而对他人的疏远或占有，则意味着安全。

第四种是市场取向（the market orientation）型的性格。他们强调的是交换价值，而不是使用价值。他把人当作一种商品，可以待价而沽，人与人之间的区别被简化为一个共同的因素——市场价格。人的价值与自尊由他所无法控制的市场条件来决定，如果他"成功"了，他就有价值，如果他不成功，他就没有价值。人与人的关系必然是表面的，因为他们自身并没有关系，有关系的只是可交换的商品。①

（二）社会经济条件与社会性格

弗洛姆认为现代工业社会的社会经济条件造就了现代西方人的性格。在17、18世纪，技术和工业还处在起步阶段，中世纪文化的习俗和观点在当时仍然对这一时期的经济活动具有相当大的影响。那时其中最为重要的一个原则是社会和经济是为了人而存在的，而人的存在并不是为了社会和经济。19世纪开始西方社会的工业改变了人们的生产和生活方式，人开始在这种制度中越来越失去其中心地位，这个位置被生产和商业所占据。19世纪的性格正是理性与非理性权威相混合的绝好例证，社会性格基本上是竞争、囤积、剥削、崇拜权威、攻击性、个人主义；积蓄和占有已经成为大多数中下层阶级的典型特征。19世纪的剥削和囤积倾向被20世纪的接受和市场取向所取代。20世纪随着西方资本主义的发展，市场的垄断特性逐渐被打破，"一种不断增长的'协作'趋势似乎取代了无序竞争，一种通过市场获得稳定和可靠收入的愿望取代了追求无止境的利润；一种共享并扩大财富，控制他人和自身的倾向取代了一味地剥削"②；社会似乎更协调了，然而事实上问题非但没有解决而是更加隐蔽，人与自己本质的存在更加分离和遥远。

市场取向型的人在出售力量的过程中获得成功，而不是在使用力量的过程中实现自我，他的力量和力量所创造的东西相分离了，是一种异化的状态，他自身的价值由一个条件不断变化的竞争市场所决定，个人对自己并无决定权。他的自我同一感和价值由一个无"人性"的市场所决定，由无生命的物来控制有生命的人，必然是死的状态而不是活动的人的真实状态，这种自尊必然是靠不住的。因此，任何市场的不确定因素都可以摧

① 参见弗洛姆《为自己的人》，孙依依译，三联书店1988年版，第78—82页。
② 弗洛姆：《健全的社会》，蒋重跃等译，国际文化出版公司2003年版，第85页。

毁他的自尊和价值。市场中的人就像一只被剥开的洋葱一样，没有自己的内核。由于人无法在怀疑他的同一感中生活，因此他必须在市场取向中找到同一感的证明，这种同一感与自我和人的力量毫无关系；而是与市场和他人的意见相联系——他的威望、他的地位、他的成功，以及他作为一个特定角色的人，这些呈现在外的事实，取代了真正的自我同一感。

在市场中，人与人之间的区别被简化为一个共同的因素——市场价格。所有人生来平等这一观念意味着，所有人都具有同样的基本权利——把人自身当作目的，而不是手段。西方现代社会中，平等的含义被篡改了：平等已相当于可交换性，而且是对个体的真正否定而不是肯定；平等原本是每个人发展独特性之条件，已被意味着消灭个体的市场取向所取代。平等原来是和差别联系在一起的，而现在，它已成了"无差别"的同义词，而无差别确实是现代人与自己、与他人之关系的特征，我们都是市场人。公众舆论和市场的权威——取代了理性和非理性的公开的权威，适应和附和的需要取代了个人的自我意识。当个体自我被否定时，人与人的关系必然是表面的，因为他们自身并没有关系，有关系的只是可交换的商品。"市场取向不能发展人的某些潜在性（除非我们荒谬地假定，'虚无'也是人的一种特性）。为利润而漫游在地球上的'流浪的'、'冒险的'资本者，就是具有这种特征的人，他们以贱买贵卖为目的。而且无情地追求权力和财富。它的真正本质并不是发展一种特殊的、永久的关系，而依据市场变化的态度的确实可变性才是这类取向的永久特性。"① 这种类型的性格是在 18 世纪和 19 世纪自由竞争的市场条件下培育起来的，在 20 世纪发展到了极致。

"经济基础，不仅能产生某一种社会性格，也能产生某些思想和理想，而思想一旦被产生出来，同样也影响社会性格，并且也能直接地影响社会的经济结构。"② 正是从社会性格中，各种思想和理想才得以获得自身的力量和吸引力。一个囤积型性格的人热衷于储存的理想，反对"乱花钱"的主张。现代人的理想则完全不同。人的命运、安全和权力都以私有财产为基础；市场以等价作为交换的原则，因此，在资产阶级社会中，私有财

---

① 弗洛姆：《健全的社会》，蒋重跃等译，国际文化出版公司 2003 年版，第 88 页。
② 弗洛姆：《在幻想锁链的彼岸——我所理解的马克思和弗洛伊德》，张燕译，湖南人民出版社 1986 年版，第 92 页。

产是神圣不可侵犯的、平等和自由是必需的，这些是该社会意识形态大厦的奠基石。自由、公平、合作和"人际关系"是 20 世纪资本主义社会中最普遍的形式。因为它是自由市场的基本规律。以自由市场的平等取代人与人的真正平等，是平等的异化和背离，市场公平和合作的背后是利益而非总是正义。这些思想、理想与经济基础遥相呼应、相互影响，促成社会性格的形成。"某一种思想之所以能占支配地位，之所以能普及，其原因则可以在历史的概念中为人们所理解，也即是在一种特定的文化社会产生的社会性格这个概念中为人们所理解。"①

"社会性格正是社会经济结构和一个社会中普遍流行的思想、理想之间的中介，将经济基础变为思想或将思想变为经济基础的过程中都起到了中介作用。"② 社会性格能把大多数人的能量引向某一个方向，他们的动机相同，那么他们也会接受相同的思想和理想。社会成员在某一个特定的社会中，不得不按照社会制度所要求的那种方式去行动。他们的所作所为都是由社会决定的；同时他们也因自己的行为能符合文化的要求而感到满足。这是在市场上获得同一感的途径。所以，也就是说，为使这个社会能继续发挥作用而改变和操纵人的能力，这就是社会性格的功能之所在。③弗洛姆在对社会性格是由社会经济基础所决定的分析时，也意识到可能与人们所说的性格在一个人的童年时就形成的这种论断是矛盾的。他辨析到，事实上社会性格的内容是由社会结构以及个人在社会结构中的作用所决定的。另一方面，家庭被认为是社会性格的塑造机构之一，它的作用是把社会的需要和父母对社会结构的理解灌输给正在成长着的孩子。它是我们社会化的渠道之一，所以成长的过程也是社会化的过程。

社会性格是与人生存的社会经济基础相一致，社会的经济基础决定了社会性格。

三　无意识与社会无意识

社会性格是社会结构及其思想之间相互联系的一个环节，还有一个环

① 弗洛姆：《在幻想锁链的彼岸——我所理解的马克思和弗洛伊德》，张燕译，湖南人民出版社 1986 年版，第 92 页。

② 同上。

③ 参见上书，第 83 页。

节影响社会的思想和理想的是社会的无意识。"社会的无意识，指那些被压抑的领域，这些领域对于一个社会的最大多数的成员来说是相同的。当一个具有特殊矛盾的社会有效地发挥作用的时候，这些被共同压抑的因素正是该社会所不允许它的成员们意识到的内容。"① 它决定哪些思想和感情能达到意识的水平，哪些只能继续存在于无意识的层次。社会按它的需要塑造社会性格。要理解社会无意识，需要对无意识先做一个解释。

（一）无意识

弗洛姆对无意识的发展做了一个梳理。他认为斯宾诺莎第一个明确提出"无意识"这个概念：人"意识到自己的欲望，但是，人却忽视了决定这些欲望的原因"②。因为人生活在自由的幻想中，他的行动被那些连他自己都意识不到的因素支配着，即无意识。人要获得自由应以不断认识到内在于人和外在于人的现实为基础的。尼采也曾经说过无意识力量的强大，他说有时在人的记忆中那事是他干的，但自尊心却不允许他承认这一点，记忆只得让步。黑格尔认为正是"理性的机智"才使人成为绝对理念的一个代理人，同时，人也受自己主观意识的目的和个人的激情所驱使。个人和意识是木偶，操纵它的是理念（上帝）。马克思将黑格尔的理念从天堂降到人类活动的大千世界。"不是意识决定了人们的生活方式，而是人们的生活决定了意识"③，存在改变着人们的思想。罗莎·卢森堡在《历史发展的逻辑》中写道："无意识先于意识。'历史发展的逻辑'先于介入历史发展过程的人类的主观逻辑、人的意识，即人的主观的发展过程是由'历史发展的逻辑'所决定的。"④ "历史发展的逻辑"在她那里即是无意识。

当然弗洛姆认为对于无意识理论的探讨最富有开创性的是弗洛伊德的理论。弗洛伊德提出的"个人的无意识"是指由个人的生活状况所特有的处境而造成的对人压抑的内容。他认为我们对我们自己所做的思考大多

① 弗洛姆：《在幻想锁链的彼岸——我所理解的马克思和弗洛伊德》，张燕译，湖南人民出版社1986年版，第93页。
② 斯宾诺莎：《伦理学》，商务印书馆1983年版，第97页。
③ 马克思：《政治经济学批判（序言）》，《马克思恩格斯选集》（第2卷），人民出版社1972年版，第82页。
④ 转引自弗洛姆《在幻想锁链的彼岸——我所理解的马克思和弗洛伊德》，张燕译，湖南人民出版社1986年版，第111页。

不是很真实，然而又总是自欺欺人。一个不懂得无意识的人会深信，他能说出他所知道的一切，这意味着道出了真理。其实很多时候，人意识到的并非是真实的，而真实的却没被意识到。因为潜在的无意识的欲望经过一番道德思考转换成了合理的想法，改造成了意识，而我们只看到自己的意识而没有领会意识背后的无意识或对无意识不以为然，进而对无意识进行了压抑，这种对无意识的抵制力量与压抑倾向的力量成正比。不管被压抑的欲望的具体内容是什么，它们总代表了人的"阴暗面"，与人们所认为的文明和体面是背道而驰的。所以在弗洛伊德看来，人类文明的发展伴随着压抑的增加。压抑的是被压抑的冲动的意识，而不是冲动本身。压抑了冲动但无意识的力量仍然潜在地，从人的背后决定着人的行动，而在人的解释系统中，恰恰是用合理化的意识来表达和表现，遮蔽了无意识本身。所以我们通常把意识到的事实和理由视为合理的、根本的内因，而事实并非如此。

那人如何能认识和揭示无意识呢？斯宾诺莎指出，理性的认识是传导性地引起变化的，理性的认识也是表达感情的认识。一个人只有通过对自己无意识欲望的理性认识，才能更好地控制这些欲望，这是传统伦理学的目的。弗洛伊德和其他的心理学家从中发现了这个真理。揭示一个人的无意识不仅是一种理性活动，而且也是一次情感的体验。这不仅是一种思考的活动，而且也是一种意识活动，更确切地说，这实际上就是一种直观活动，对那些尚未被意识到的经验、思想或感情的认识并不意指对它们所做的思考，而是指直观到了这些无意识的经验、思想或感情，正如意识到人的呼吸并不意味着对这个人的呼吸所做的思考一样。对无意识的认识是一种体验，它具有自发性和顿悟的特点。

弗洛伊德将个性分为三个部分：本我、自我和超我。本我代表全部的本能欲望；自我代表一个人有组织的个性——意识，是向社会呈现出来的"我"；超我即父亲或社会的命令和禁令的内在化，遵循社会的完美原则，是良知的体现，它属于意识，也属于无意识。弗洛伊德思想的核心是认为人的主体性是受客观因素决定的，这些客观因素是活跃在人的意识背后的，它决定了思想和感情，从而间接地决定了人的行动。"人对自己的思考和选择的自由感到骄傲，其实人是木偶，受那些人所没有意识到的力量支配的。人制造了一种幻想，人是按照自由意志行动的，所以虚构了种种合理的说法，表明是出于合理的理性和道德理性的缘故，似乎只能选择他不得不做的事情。"① 但在理性的推动下人可以逐渐认识到那些无意识，一旦人认识到这些力量就扩大了自由的领域，可以把自己从一个受无意识力量操纵的、无能为力的木偶，改造成为一个能决定自己命运的、有自我意识的、自由的人。

（二）社会无意识

如果揭示无意识意味着达到对自己的人性的体验的话，那么必须进一步揭示社会的无意识，才能揭示人的社会性格被决定的社会力量。我们必须从普遍的人的价值观点出发来认识社会的动力，批判地估价自己的社会。批判地理解社会对分析和认识自己不仅是重要的，而且分析和认识个人的无意识对认识社会也是一个有意义的贡献。"一个人只有经验到个人生活中的无意识范围，才能全面地认识到意识形态是何以可能决定社会生活的。"②

"马克思和弗洛伊德一样相信人的意识大都是'虚假的意识'：人通常认为自己的思想是千真万确的，是自己思维活动的产物，而实际上人是受客观力量决定的，这些客观力量在人的背后起作用。在弗洛伊德的学说中，这种客观力量表现为生理学（力比多）和生物学（生本能与死本能）的需要；马克思的学说中，这些客观的力量则是社会和经济的历史动力，这些动力决定了存在，因而也间接地决定了个人的意识。"③ 弗洛伊德认为社会是通过对人的压抑来影响人的存在，文明的发展就意味着压抑的增强。马克思认为，人的存在及其意识是由他的生活实践所决定的，压抑本质是人的全面发展的需要和特定社会结构之间的矛盾的结果，因此，在符合人全面发展的社会，社会与个体内在需要的冲突消失了，压抑也就自然消除了，也就不存在社会的无意识。

弗洛伊德主要研究了个人的无意识，而马克思道出了社会意识背后的社会无意识的力量——社会结构。这与荣格的"集体无意识"似乎相似，但不尽相同。荣格指出，在个人无意识之下的、更深的一个层次是"集体的无意识"，它是普遍的无意识，他具有内容和行为的习惯，这些内容和

---

① 弗洛姆：《在幻想锁链的彼岸——我所理解的马克思和弗洛伊德》，张燕译，湖南人民出版社1986年版，第106页。

② 同上书，第139页。

③ 同上书，第112页。

行为的习惯在所有的个人中都是存在的，是一个超越个人本质的、共同的精神实体，这一实体存在于我们每一个人之中。集体无意识直接指普遍的精神，从来不在个体的意识中存在，它是原型，是代代相传的同类经验的积淀，是社会结构的精神支柱。"社会无意识是与压抑的社会性格这个概念一起提出的，它意指人的经验中的某个部分，一个给定的社会是不允许达到对这个部分的认识的；社会使人疏远的也正是人的这一部分，社会的无意识即是普遍精神在全社会中被压抑的那一部分。"①

那么所谓的社会无意识如何来决定人的意识呢？

（三）社会过滤器与社会无意识

弗洛姆认为一个人的经验只有通过社会过滤器才能成为意识，或能阻止某些经验成为意识。"经验只有在一个概念的体系中方可以被感知、被联系起来，形成条理。每一个社会，通过自己的生活实践和联系的方式，通过感情和知觉的方式，发展了一个决定认识形式的体系或范畴，叫社会过滤器。"② 许多经验在人背后起着决定作用但并不让自身容易地在意识中被感知到。除非经验能进入过滤器，否则经验不能成为意识。

社会过滤器的第一方面：语言。人类的语言包括了对生活的一种态度，从某一个方面来讲，语言乃是经验生活的一种固化的表述。在一些语言中，有丰富的词汇来表达某些微妙的体验，但在某种语言中则是无法用语言来表达，那么，这些经验要成为明确的经验几乎就是不可能的。在希伯莱和拉丁语中，动词变形的主要原则决定于动作的完成或未完成，动作发生的时间则是从属的方式来表述，而英语中时间的概念优先于动作本身。在语言中名词指东西，动词指动作，越来越多的人宁可以"占有某物"这个方面，而不愿从存在或行动方面来思考。这意味着他们宁愿使用名词，而不愿使用动词，那么体验到某些隐藏的经验就是不可能的。所以语言通过它的词汇、语法和句法，通过固定在其中的整个精神来决定哪些经验能进入我们的意识之中，不同的语言在其中发挥的作用是不同的。

"使意识成为可能的这种过滤器的第二个方面是在一种特定的文化中

---

① 弗洛姆：《在幻想锁链的彼岸——我所理解的马克思和弗洛伊德》，张燕译，湖南人民出版社1986年版，第119页。

② 同上书，第120页。

直接指导人的思维'规律'"① ——逻辑学。悖论逻辑在中国和印度人的思维中，在赫拉克利特的哲学、黑格尔哲学和马克思的学说中都很普遍。在这些文化中悖论逻辑是很普遍的，但在西方的思维规律中是矛盾的，不能存在的，它与自然的逻辑相冲突，认识到既是正确的又是错误的经验是不可能的。这个过滤器在不同的文化中影响亦是不同的。

语言和逻辑学是社会过滤器的两个组成部分，第三方面是社会禁忌，这是最重要的，它不允许某些感觉成为意识，即使这种感觉已进入了意识领域，它也要使这种感觉脱离这个领域。社会禁忌阻止某些不合适的思想和感觉达到公众的意识层次。社会用堂皇的理由来进行道德的约束，使该社会成员对社会禁忌消除怀疑并合理化。一个社会越不人性，这种压抑的必然性也越大，在奴隶社会、封建社会这种压抑极其普遍。工业化的社会也一样深藏着压抑的状况：有人挨饿，有人大量储存农业的剩余物资；有些发达的国家预算的一半经费花费在武器制造上，而这一切似乎是理所当然的。人们用善和无私教育孩子，但生活中为了获得成功，给予孩子们的则是反面的实例。两次世界大战，为的是"自由和民主"而战，现在曾经的敌人已是自由的捍卫者，以前的同盟却成了敌人；我们极力反对那些不能容忍言论自由和政治活动自由的制度，但与他结成军事同盟后，我们又说他们是热爱自由的。我们非常地富有，我们却没有欢乐……这些"不合理之处同样被认为是理所当然的，几乎不被任何人注意到，不是我们缺乏批判能力，而是不愿意对自己运用理性的、批判的判断罢了"。②

（四）压抑意识到的事实的原因

人需要对自己的存在做出一个合理的解释，以便使我们获得一幅完整的生存图景。由于我们拒绝认识我们周围的许多事情，所以对事实的认识压抑必须通过接受许多幻想而得到补充，形成完整的解释系统。西方社会通过父母、学校、教会、电影、电视、报纸从人的童年时就加强灌输的社会意识诸如：我们是基督教徒；我们是个人主义，我们的领袖是英明的；我们是善良的；我们的敌人是邪恶的……所有这些意识形态控制着人们的头脑，似乎这是人们自己思考或观察的结果。

---

① 弗洛姆：《在幻想锁链的彼岸——我所理解的马克思和弗洛伊德》，张燕译，湖南人民出版社 1986 年版，第 125 页。

② 同上书，第 129 页。

　　人们对事实的压抑主要有两个原因。一是害怕成为一个失败者。另一个重要的原因，压抑的最大动力是对孤立与排斥的恐惧。人必须与别人发生关系，同别人联系起来。与别人保持一致的需求是人最强烈的欲望，意识到社会所禁忌的，意味着与别人不同，则被孤立和排斥。把常识、公众的信仰和情感不加辨识地接受而全然忽视自己真实的体验似乎是安全的。

　　对排斥的恐惧便意味着对失去同一性的恐惧，两者的结合会构成一种十分强大的压抑的动力。"用排斥来威胁人，肯定了一点便意味着忘却了另外一个事实，即人不仅是社会的一个成员，而且也是整个人类的一个成员，当他害怕与他的社会集团彻底隔离的时候，他也害怕同自己内在的，代表自己的良心与理性的人性分离。"① 换句话说就是，社会的同一性与自我的同一性相矛盾。当整个社会采取非人的行为标准的时候，这种矛盾越激烈，对失去同一性的恐惧就越强；一个社会越人道，个人就越不需要在脱离社会或失去人性之间做出选择。所以，社会的目的与人类的目的之间的冲突越大，对孤立、排斥的恐惧越强。一个人如果意识到自己是类的一员，感觉到自己与许多人休戚相关，他便能容忍社会的排斥和孤立，他就能根据自己的良心行动，超越了一己社会的同一性与自我同一性的矛盾，达到了世界公民的程度。在一个并不人道的社会里，普通的个人并不允许自己意识到自己的思想和感觉与该社会的文化模式是相冲突的，因此，他被迫压抑他自己的这些思想和感觉。"从形式上来讲，什么是无意识，什么是意识，取决于社会的结构以及这个社会所产生的感觉和思维方式。就无意识的内容而言，普遍化是不可能的。"②

　　弗洛姆认为"无意识通常代表了一个完整的人，一个具有隐蔽或显露潜能的人；通常无意识也包含了人对生存所提出的问题做出各种不同回答的基础"。③ 仅从意识层面去说明一个人是不可靠的，人性的很多真实的动因恰恰在于无意识，认识到无意识才能揭示人的本性和解释西方现代人的行为。在任何一种文化中，人本身具有一切潜能：具有生物性，也具有社会性；具有非理性，也具有理性、爱情和正义，所以，无意识的内容既

---

　　① 弗洛姆：《在幻想锁链的彼岸——我所理解的马克思和弗洛伊德》，张燕译，湖南人民出版社 1986 年版，第 133 页。

　　② 同上书，第 134 页。

　　③ 同上。

不是善的，又不是恶的；既不是合理的，又不是不合理的；而是两者的统一。

"意识代表了社会的人，代表了社会所处的历史状况所造成的偶然的局限性。无意识代表了根植于宇宙中的普遍的人、完整的人；它体现了人本身的植物性和动物性，体现了人的精神"①；体现了人的发展过程，而最终人将成为全面的人、自由的人。"认识到人的无意识意味着接触到了人的完整的人性，抛弃了社会设在每个人身上的、最终设在每个人与他人之间的种种障碍。"② 弗洛姆认为要达到这个目的是困难的，至今还没有人能做到这一点；因为一个人不能完全超越于他所生存的一己社会之外。比如说民族主义和对外国人的畏惧与憎恨是同人道主义经验相对立的情感，这种经验是由对人的无意识的认识所引起的，这种经验和情感也许还将在一定的时间和范围内存在，除非我们消融了民族和国家的概念。尽管如此，我们并不会在那个时刻到来之前袖手旁观，仍然可以不断去接近这个目标，运用我们的理性去分析、批判和选择，不断去解放人类自我，成为自由而全面的人。

社会和个人的无意识两者是不可分的，是相互关联并不断相互作用的，关联的密切在于个人意识和现实主义的程度。"除非一个人能够超越他的社会，认识到这个社会是如何促使或阻碍人的潜力的发展，否则，他就不可能全面地论及自己的人性。只要他不承认自己生活于其中的那个社会对人的本质的歪曲，那么对于他来说，社会规定的禁忌和约束当然就是自然的，而人的本质就一定会以一种歪曲的形式出现。"③ 合理化与意识形态都能做到这一点。

通过合理化，社会试图说明每一个人的行为似乎都是受理性的、道德的动力所驱使的，这样也就掩盖了这个事实——产生行为的动机与一个人的意识的思维是相反的，也就遮蔽了真实的需要，形成了无意识存在的空间。合理化大多是虚假的，它具有否定的功能，即允许一个人自以为对地进行错误的行动，丝毫意识不到自己的行动是不合理的或不道德的。意

---

① 弗洛姆：《在幻想锁链的彼岸——我所理解的马克思和弗洛伊德》，张燕译，湖南人民出版社1986年版，第135页。

② 同上。

③ 同上书，第138页。

识形态也具有同样的功能，比如基督教的教义，谦卑、善良、兄弟般的友爱、正义、仁慈这些曾经是真正理想，打动人们的心，甚至人们愿意为此奉献自己的生命；但在整个历史中，这些理想被错误地当作合理化被用来与达到这些理想相反的服务。

社会无意识那么重要，是因为在西方现代社会中，人被市场社会性格主导，他是不可能意识到社会的无意识力量，不可能站在全人类的立场上去认识人与他人的关系，也最终不能实现人自身真正的本质。社会性格对于削减或消除社会无意识来说，至关重要。只有一种生产性的性格才能确立人与人之间一种和谐的关系，而且这种性格成为主导的社会性格，那么被压抑的社会无意识的这种状态才能改变，社会的发展目标与人类的本然追求才能相一致。

第三节　生产性性格

一　人的第一潜能与第二潜能

弗洛姆假设："如果人性本恶的主张是正确的，那么，人道主义伦理学的立场——人能够根据自己的天生潜力和理性来识善行善——就是不可靠的。"[1] 但人类的发展史却说明"善"是人类追求的不变的主题。弗洛姆认为生存和死亡是伦理学最基本的选择，二者必居其一。这是生产性和破坏性、潜能和无能、美德和罪恶之间必居其一的选择。在他看来，"所有邪恶活动都与生命相违抗，而一切善良行为则有助于保护和展现生命"。[2] 弗洛姆认为善与生产性，恶与破坏性联系在一起。

根据弗洛伊德的观点，破坏性是人类的天性；区别主要在于破坏的对象——他人或自己。从这种立场出发，结论必然是，毁坏自己与破坏他人成反比。弗洛姆则认为，这个假设与事实是相矛盾的，即不管破坏的对象主要是指向自己还是指向他人，他对生命力的破坏程度是一致的。对别人有强烈破坏欲的人同样对自己深怀敌意，因为人所产生的对生命的破坏力与对生命的促进力成反比。破坏力越强，生命的促进力越弱，无论破坏的

---

① 弗洛姆：《为自己的人》，孙依依译，三联书店1988年版，第194页。

② 同上书，第197页。

是自己还是他人；反之也一样。它似乎表明，对生命破坏性的程度与展现人之能力受到阻碍的程度成正比。弗洛姆认为那不是欲望的偶然受挫，而是涉及人在感觉、情感、生理及智慧等能力的自然表现上所受到的挫折，以及生产性潜能所受到的阻挠。如果这种关乎生命成长的趋势受到阻挠，这股力量就转而成为对生命的破坏力，这两者的程度是一致的。"破坏性是丧失生命力的结果，那些阻碍生命促进力的个人和社会条件产生了破坏性，破坏性又成为各种邪恶表现的根源。"① 弗洛姆在此又假定，"破坏性是人的第二潜能，只有当人不能实现他的第一潜能时，破坏性才会出现"。② 所以人并非天生是邪恶的，只有当适合他成长与发展的条件缺乏时，阻碍其生命的成长时，他才会变得邪恶。即缺乏善的生存和发展条件时，邪恶才会产生。

弗洛姆认为正常的个人本身具有发展、成长、生产性的倾向。"人有一种内在的成长和尊严之驱力，这一假定并不意味着，这是一种追求完美的抽象的内驱力，就像人所具有的一种特殊天才一样。它来自人的真正本性，来自这样一个原则，即行动的力量创造了运用这种力量的需要，而不能运用这种力量则会造成机能失调和不幸福。"③ 这就是生产性，是人的第一潜能，当生产性被遏制时，他就转而成为人的第二潜能——破坏性的力量。恶是与破坏性相联系，是生命受阻的表现。善是与生产性相联系，两者是相互促进的，使生命得到健康成长。人运用自身的生产性力量与世界重新联结起来，实现内在的和谐和平衡，否则给人的体验是烦躁、分离和孤独。

弗洛姆写道："我们假定，自由和自发性是每个人所应该达到的客观目标，那么，一个人如果未能达到成熟、没有自发性，不能真正地体验自我，他则可以被视为有严重的缺陷。如果一特定社会中的大多数人都没有达到这样一个目标，那么，我们则把这一现象视作社会形态的缺陷。个人与其他许多人都处在这一现象中，他没有意识到这是一个缺陷，他的安全似乎并没有因变迁或被遗弃而受到威胁。他可能失去了财富，并失去了真正的幸福感，但这一切由于他感到适应了其他人——因为他认识他们——

---

① 弗洛姆：《为自己的人》，孙依依译，三联书店 1988 年版，第 198 页。

② 同上书，第 200 页。

③ 同上。

而得到了补偿。事实上，他的真正缺陷已被他所处的文化培养成了一种美德。"① 个体为了获得安全感，放弃自我的自由和自发性，屈从于社会的权威，他因此失去内在的某些财富和真正的幸福感，但他并未真正意识到，而是将其合理化，在社会文化的熏陶下养成了屈从、被动的社会性格，成为合社会的人，这样的缺陷却被其社会称之为美德。斯宾诺莎曾十分清晰地详细论述了社会形态缺陷的问题。他说："人们虽然受制于许多情感，但永远为同一情感所支配的人，还不多见，不过为同一情感所牢固地纠缠着的人，也复不少。我们也常常看见，有时许多人为一物所激动，甚至于即使那物不在面前，也确信其即在面前。假使一个人并不是在梦寐之中，而发生这类的事，则我们便说他是发疯了或癫狂了……"② 这些文字表达了现代人可能执着于金钱、名誉、荣誉等的外在物，它们主导了人的生命与自由。弗洛姆对我们今天社会形态的缺陷提出批评：人的一些行为和感觉如同一台机器；或许一个人从未自发地体验过自己，他对自己的认识和期望源于他人和社会的标准，他陷入了两种困境。其一是，他遭受着由自发性和个体性方面的缺陷所带来的痛苦，这种缺陷似乎无可救药。其二是，他和众多的其他人并无本质上的区别，后者处在同样的位置上。整个社会中的大多数人的特质是类似的。③

生产性和破坏性的两种潜能是此消彼涨的，善与恶亦是这两种潜能力量显现的结果。尊重生命、尊重他人，也尊重自己的生命是最基本的善。我们自己的成长、幸福、力量，就是以对生命力的尊重为基础的。遏制这些生产性的发展诱发破坏性的产生，在侵犯他人的生命力的同时也削弱了自己的生命力。破坏者也许从中获得了暂时的满足，但他不能消除深藏内心对生产性发展的渴望，破坏者的内心也由衷地羡慕正义、勇气和美，他的破坏行为本身也说明了缺乏和渴望他所破坏的一切。所以善是促进生命的成长，与生产性相联系；而恶是抑制生命的成长，与破坏性相关。

二　生产性的性格

（一）"生产性"的含义

生产性的性格是人类发展的目标，同时也是人道主义伦理学的理想。

---

① 弗洛姆：《为自己的人》，孙依依译，三联书店 1988 年版，第 202 页。
② 斯宾诺莎：《伦理学》，贺麟译，商务印书馆 1983 年版，第 205 页。
③ 参见弗洛姆《为自己的人》，孙依依译，三联书店 1988 年版，第 203 页。

人既是生理意义上的动物，也是理性的和社会性的动物。他最主要的特征是具有生产性，能运用自身的力量包括理性和想象力进行物质生产和精神性的生产，塑造一个人化的世界，也在此过程中完成对人的自我塑造。"人格的'生产性取向'是一种基本态度，是人类在一切领域中体验关系的模式，它包括人对他人、对自己、对事物的精神、情感及感觉反应。"①生产性是人运用自身力量去实现他内在潜力的能力。他能运用他自身的力量，就意味着首先他必须是自由的，同时是由理性所引导，因为只有理性才能揭示事物的本质，真正了解他自己具有什么力量、为何运用力量以及怎样运用力量，他才能实现他之潜能。所以"生产性意味着他把自己当作一个自身力量的主体、一个'行动者'而加以体验；他感到自己与他的力量融为一体，同时这种力量并没有受到阻碍而与他相异化"。②弗洛姆认为我们每一个人都能体验自身的生产性，除非在他精神上和情感上具有残障。

所以生产性是一种能动性，但能动性并非就是生产性。在现代的习惯用法中，能动性常被狭义表示为与生产性全然相反的意思。它一般被定义为耗费力量以促使现存情境发生变化的行为。常见的有非生产性的能动（比如睡梦中和催眠下的行为）、服从之能动性（比如对权威的恐惧和焦虑引发的服从行为）。这些能动性缺乏自发性，它们并不是在积极的自由下行动，也不完全出自理性，它们最有力的来源是非理性情感。正如弗洛姆所描述的"一个为吝啬、虐狂、羡慕、妒忌及所有其他贪婪形式所驱使的人，是被迫而行动的；因而，他的行动既不是自由的，也不是理性的，而是反理性的、反人类利益的。一个人不断重复自己的行动，他就会变得越来越固执、越来越墨守成规。他是能动的，但不是生产性的"。③这些非理性的能动性既不自由且不理性，却常常导致物质上的成功。但物质上的成功与生产性性格并无天然联系。生产性涉及的是一种态度，在生活过程中对世界和人自身的反应模式和取向模式。

人生产性的运用其力量的能力也是他的一种潜能。人运用理性的力量揭示事物的本质；人运用爱的力量，克服人与人的分离的状态；人运用想

---

① 弗洛姆：《为自己的人》，孙依依译，三联书店1988年版，第91页。

② 同上。

③ 同上书，第93—94页。

象的力量，对未存在的东西规划、具体化进而创造。人的生产性能创造出物质财富、艺术成就和思想体系，但最重要的是创造人自己。因为"人"之精神的诞生需要生产的能动性，赋予人的情感和智力潜能以生机，使人形成真正的自我。

　　弗洛姆认为"生产性"的历史可以追溯到亚里士多德。在亚里士多德的伦理体系中，生产性是一个关键的概念，人了解了人的功能，就能确定人的德行。这种功能就是"一种灵魂的能动性，这种能动性遵循或包含着理性的原则"。① 一个具有能动性的人必然有所行动，且必然是适当的行动。在亚里士多德看来，好人就是在理性的指导下，依靠他的能动性，使人的特有潜能富有生机。斯宾诺莎说："德行与力量，我理解为同一的东西。"② 自由和幸福在于人对自己的理解，在于人努力实现他的潜能并"愈益接近人性模型"。斯宾诺莎认为，德行与运用人的力量相一致，恶则是人不能运用他的力量。歌德和易卜生以诗歌的形式，美好地表达了生产能动性的概念，浮士德是人对生命之意义永恒追求的象征。歌德提出，对人的追求只有一个答案，即生产的能动性，这种生产的能动性是与善相一致的。歌德在"天上序幕"中写道，上帝说阻挠人的原因并不是人的过失，而是无能动性。易卜生在《培尔·金特》中写道：当培尔·金特用全部能力去赚钱，去获取成功时，他相信，这是为他自己而行动。他根据奥丝所提出的一个原则而生活"要使你富有"，而不是根据人的原则"真实地对待自己"生活。当他的生命行将结束时，他发现他的剥削和利己主义阻止了他成为真正的自己；他失败的真正原因——缺乏生产性。弗洛姆解释道："对斯宾诺莎、歌德、黑格尔来说，还有马克思也是一样，只要人有所作为，只要他在自身之外通过表现他自己的、人特有的力量，利用世界而掌握世界，人就还有生命。如果一个人无所作为，如果他处于接受的、被动的状态，那么他就什么也不是，他'死'了。通过这种有所作为的过程，人实现自己的本质，用宗教的语言来说，无非就是回归到上帝。"③ 在《马克思论人》中，弗洛姆对马克思关于人的能动性的表达

---

　　① ［古希腊］亚里士多德：《尼可马可伦理学》，廖申白译，商务出版社2003年版，第20页。

　　② 斯宾诺莎：《伦理学》，贺麟译，商务印书馆1983年版，第205页。

　　③ 弗洛姆编著：《马克思论人》，陕西人民出版社1991年版，第172页。

做了详尽论述。他说，在马克思看来，人的特征就是运动原则。"人类在积极地被扬弃了私有制的前提下，人如何生产着人——他自己和别人……社会性质是整个运动的普遍性质；正像社会本身生产作为人的人一样，社会也由人生产的。"① 如果一个人的有意义生活不是他自己创造的，那么在他的生活之外有一个依赖的根源，他依附于那个根源，意味着他没有主动性，他是"异己"的。而人之所以成为人，是具有主动性的人。

所以一个人只有具备了生产性，并赋予自己的潜能以"能动"的生命力，自我的实现才有可能。

（二）生产性的具体活动

生产性的具体表现在工作、爱与理性。通过行动和理解，人能生产性地与世界相联系。人生产事物，而且在创造的过程中，他对物体施加着他的力量。人通过爱和理性在精神上和情感上理解世界。理性的力量，使人能通过与对象的积极联系而透过事物的表面把握其本质。爱的力量使人能冲破与他人的分离之墙并理解他人。

生产性的具体活动的一种表现：工作。生产性是人所具有的潜能，与在西方文化中人本性是懒惰、必须有压力才会行动的说法是矛盾的，但这种本性的假设是《圣经》中古老的假设而已。在过去的几个世纪里，西方人被工作的观念、需要持续的能动性所困扰。人们不能容忍有任何稍长时间的懒惰。认为这两者是相对的，然而，懒惰与被迫的能动性并不对立，它们是人的全面功能受到干扰的两种症状，都不具有生产性的能动。被迫的能动性并不是懒惰的对立面，而是它的补充，这两者的对立面是生产性。生产性能动的丧失导致懒散或过分活跃。饥饿和压力绝不是生产性能动的条件；相反，自由、经济安全，有组织的社会才是生产性能动的土壤，工作是人的能力之有意义的表达，是有助于表现人之本性趋向于生产性的运用他的力量的具体实践。在马克思的理论中，认为劳动和资本不仅仅是经济学的范畴，更是人类学的范畴。"劳动最先是人与自然之间的过程，在这过程中，人由他自己的活动以引起、以规划和以统制人和自然之间的物质代谢。人以一种自然力的资格，与自然物质相对立。他因为要使自然物质，采取对自己生活上有用的形态，乃推动各种属于人身体的自然力，推动他的肩膀，他的腿，他的头，他的手。但当他以这种，加在自身

① 马克思：《1844 年经济学哲学手稿》，人民出版社 2000 年版，第 82 页。

之外的自然，并变化他时，他同时也变化了自己的本性。他会展开各种睡眠在本身性质内的潜在能力，使这诸种力的活动，受自己的控制。"① 劳动是产生生命的生活，"一个种的整体特性、种的类特性就在于生命活动的性质，而自由的有意识的活动恰恰就是人的类特性"。② 弗洛姆认为在马克思的眼里生产性能动就是劳动，是体现人的本质力量的最完满的实践活动。弗洛姆深受马克思的影响，把工作看成人改变世界和改变自我的最积极的生产性能动之一。

　　生产性的具体活动的另一种表现：生产性的爱。人之存在的矛盾是，他既要寻求与他人的接近，又要寻求独立；既要寻求与他人结为一体，同时又要设法维护他的唯一性和特殊性。人是自然的一部分，但当他从自然中独立出来后，意味着与其他生物的迥异，他是孤独的，他与世界因此而分离，也因此获得了宝贵的自由。人无法忍受这种分离，他被迫寻找与他人的关系，并与他人结为一体，从而来克服孤独感，但他又不愿意放弃个体的自由，总在寻求一体和追求自由的两者中失去平衡。只有生产性才能对这一矛盾做出回答。生产性的爱能使他既与他人结为一体，又保持其为一个唯一的实体而不变。真正的爱根植于生产性中。生产性的爱的特点是关心、责任、尊重和认识。"关心和责任意味着，爱是一种能动性，而不是一种征服人的热情，也不是一种'感动'人的影响力。"③ 在约拿书中，上帝向约拿阐明，爱的真谛是为某些东西"出力"，并使"某些东西成长"，爱和劳动是不可分的。人都爱自己出过力的东西，同时也为他所爱的东西而出力。约拿的故事说明，爱与责任是不可分的。责任并不是一种由外部强加在人身上的义务，而是我需要对我所关心的事情做出反应。"生产性的爱一个人意味着关心这个人，感到对这个人的生命——不仅对他的肉体之存在，而且对他全部人之能力的成长和发展负有责任。"④ 生产性的爱与被动的爱、与那种占有欲的爱是不相容的。生产性的爱意味着对所爱者的成长付出劳动、加以关心、负有责任。同时，对人类的爱与对某个人的爱是不可分割的。"生产性的爱一个人意味着与这个人的精髓、

---

① 马克思：《1844年经济学哲学手稿》，人民出版社2000年版，第127页。

② 同上书，第57页。

③ 弗洛姆：《为自己的人》，孙依依译，三联书店1988年版，第104页。

④ 同上书，第106页。

与作为人类代表的这个人相联系。爱某个人如果和爱人类相分离，那么，这种爱只是表面的、偶然的，并且必然是肤浅的。"① 当然对人类的爱与母爱是不同的，因为孩子是无依无靠的而我们的同伴则并非无依无靠。所有人都需要帮助，都要依赖别人，人类的爱与团结一致是成为一个真正的"人"——类的一员的必要条件，是把人与人真正结为一体的纽带。

生产性活动的具体活动的第三种是生产性思维——理性。智力是人们通常为达到实践目标的工具，其目的是掌握处理事物所必需的各方面的知识，但它并不探究内涵的目的和前提的正确性，也不设法理解现象的本质和特性。理性包含着第三维度——深度，深度达到了事物的本质和过程。它的作用是通过对事物的了解而认识、理解、把握事物，并使自己和事物相联系。理性能透过事物的表面以发现它的本质，发现事物那隐藏着的关系及更深刻的定义，发现事物的"道理"，这是智力不能企及的。因此，它并不是二维的，用尼采的话来说，它是"透视的"，它关注的是事物本质，关注的是必要的、一般的、最通常和最普遍的现象特性，而避免事物表面的、偶然的方面及联系。在生产性思维中，主体与客体之间的关系是一种互动的、相互影响的积极关系。主体对客体抱有强烈的兴趣，主体与客体的关系越密切，他的思想就越有成效，赋予客体主体所具有的情感、灵性和力量，客体不再是死的东西，而是具有主体鲜活的生命力，这种关系又促进他的思想和个体的成长。在生产性思维的过程中，主体为对象的关切所激发；他受对象的影响，并对对象做出反应，他关心并反应着对象；同时生产性思维又是以客观性为特征的，是以主体对客体的尊重、按客体的本来面目去认识和揭示客体，而不是以自己的愿望去认识客体。生产性思维的特征就是这种客观性和主观性的统一。人既是主体也是客体，人也是自身所要认识的一方面，对于人自己，主体同样要从人的客观性和本质来认识人本身。同时认识客体要从整体出发，不是孤立地去分析和反映。韦施梅尔曾对生产性思维中这一最重要的要素给予了强调，他说："生产性的过程往往具有这种性质，希望得到真正的理解、探究和考察。在这一方面的某个领域里，这一点虽变得至关重要，成为中心的关注点，但它并没有孤立。"② 客观性不仅要求要按客体的本来面目认识客体，

---

① 弗洛姆：《为自己的人》，孙依依译，三联书店1988年版，第106页。
② 同上书，第109页。

而且也要求要按人自己的本来面目认识人。所以生产性思维认识客体并不意味着超然，而是意味着尊重，尊重客体本来的面目和生存的环境，不歪曲和篡改事物、他人和自己的体验、判断与能力，积极探究事物深层的本性。

所以生产性的工作、生产性的爱、生产性的思维是生产性性格的具体表现。

当然，在非生产性取向与生产性取向上，弗洛姆认为没有一个人的取向是完全生产性的，也没有一个人的取向是完全不具生产性的，在他所讨论到的非生产性取向中，是假定这些取向在一个人的性格结构中是占统治地位。在每个人的性格结构中，生产性取向和非生产性取向各自的比重不同，改变并决定着非生产性取向的性质。如在生产性高涨时，就可看到理性、系统、井然有序的取向；而当生产性衰落时，代之的是越来越不合理性、迂腐、勉强……

第四节　信仰与良心

一　理性的信仰

弗洛姆与康德等其他哲学家的观点是一致的：在超越事实的领域中，科学思想是没有地位的，那是信仰的地盘。文艺复兴后对人的理性的信仰，表现了人根据自由、平等、博爱原则，建立起一种新社会秩序。而现代人在充盈的物质生活下却丧失了信仰，人的世界变得无意义和使人绝望。怀疑论和理性主义曾是思想发展的推动力量，但最终演变成了一种迷信。对理性的信仰成了对理性的狂热与迷信。弗洛姆由此质问：信仰是否一定是信仰上帝或相信宗教教义？信仰是否与宗教密切相关，以致它们必然具有共同的命运？信仰是否必然与理性思维相对立或相分离？

弗洛姆认为信仰是一种内心的态度，渗透进人的性格之中。如果把信仰看作内心的态度，那么信仰的特定对象就是第二位重要的事了。信仰在《旧约圣经》中意为"坚定"，意指人之体验的确定性、一种性格特征，而不表示相信某些东西。[①]

---

① 参见弗洛姆《为自己的人》，孙依依译，三联书店 1988 年版，第 184 页。

　　为了更好地说明信仰，弗洛姆先拿怀疑做了一番分析，以此来对信仰做出类似的分析。他论述到：怀疑也被看作一种态度，这种态度渗透在人的人格中，因此一个人把怀疑集中在特定对象上就成了第二位重要的事了。非理性的怀疑，并非是对不适当或显然错误的假设的理智反应，而是具有个人生活情感和理智的怀疑色彩，在他的生活中没有什么是确定和可靠的，对他而言什么都值得怀疑。理性的怀疑是建立在信仰理性权威之基础上提出疑问。它是理性思想发展的主要动力之一。现代哲学和科学从理性怀疑中，获得了最丰富的推动力。个人发展也借助于理性怀疑获得独立和成长。

　　怀疑分为非理性怀疑与理性怀疑，那么信仰也可以分为非理性信仰与理性信仰。弗洛姆认为非理性信仰是"对一个人、一种思想或一种象征的信念，并非出于人自己的思想或情感的体验，而是以人对非理性权威的情感屈从为基础的"。① 它使人屈从于某个权威，习惯于把权威的体验当作自己的体验，而全然忽视了自我的体验和内在独立性。现代非理性信仰的最极端现象是对独裁领导的信仰。这种信仰的追随者力图以无数人准备为它而献身的事实来证明这种信仰的真实性。如果信仰仅是根据盲目忠诚于一个人或一种目标来定义，并以有人准备为它献身来衡量；那么在他们眼里，先知们对正义和爱的信仰，与他们对权力的信仰，在本质上是相同的，差别只是信仰的对象不同而已。相反，理性信仰是基于理智和情感在生产性活动中所产生的坚定信念。这种信仰植根于人的主动性和自己的亲身体验，来自人对自己的思考力、观察力及判断力的信赖。所以非理性信仰屈从于非理性权威而把某些事情当作真实的加以接受；理性信仰则植根于对自己的生产性观察和思考的独立。②

　　理性的信仰基于自己独立的思考和判断，同时信任也是理性信仰必不可少的性质。"'信任'某人，首先意味着确信他的基本态度，他的人格核心的可靠性与不变性。"③ 人格的核心就是自我，在我们的整个生命过程中，尽管环境、自我的体验会有所改变，但自我这个核心却始终不变，它是确信我们自身一致性的基础。信任是人类存在的条件之一。如果我们

---

① 弗洛姆：《为自己的人》，孙依依译，三联书店 1988 年版，第 186 页。

② 参见上书，第 189 页。

③ 同上书，第 185—186 页。

缺乏对自我的认同，我们就会依赖他人，被他人认同成为获得同一感的基础，而我们自己完全缺乏了主动性，也就意味着我们很容易地屈从别人和权威。只有信任自己的人，才可能具有主动性和生产性，才能理性地思考和判断，区分理性的权威和非理性的权威，才能获得信任和认同，而这种认同是基于对自我肯定基础之上的认同，获得内外一致的同一感，而非屈从。

信任的另一个含义是，相信自己、相信他人及人类所具有的潜能。信任自己才有能力信任别人，进而信任人类。"对人类的信任是基于这样一种理想，即人类的潜能如果有适当的条件，它们就能建造一个由平等、正义及爱的原则所统治的社会秩序。"① 从人类文明发展史中可证明人类一直在追求这种秩序。虽然人类到现在还没有建立这样一个秩序，但仍然需要有这种信任，"这种信任不是空想，而是以人类过去的成就、个人的内心体验以及个人对理性和爱的自身体验为基础的"。②

非理性信仰根植于对权力的屈从而放弃自己的权利和力量。理性信仰则是以自我的认同和体验为基础。我们具有某种信仰，因为它是我们的观察和理性思考的结果。"我们信任他人、信任我们自己以及人类的潜能，因为我们具有自身潜能生长的体验、具有我们自己成长之现实的体验、具有我们自己的理性和爱之力量的体验。"③ 所以理性信仰的基础是生产性。源于信仰而生活，则意味着生产性地生活，意味着通过生产性来获得唯一可靠、确定的存在感，这种确定的存在感源于我们每个人是这种能动性之主体并支配着这种能动性的体验。显然，信仰权力（在统治的意义上）和运用权力与真正的信仰是背道而驰的。

弗洛姆深刻地揭示了相信权力与信仰之间的对立，他分析道："相信权力的存在就是不信任尚未实现的潜能会生长。它仅仅根据展现出来的现在来推断未来。这是一种严重的错误估计，它忽略了人类的潜能和人类的成长。对权力没有理性信仰。对权力或权力所代表的意愿，只有屈从的存在。尽管许多权力似乎是一切事物中最现实的，但人类历史已证明，它是人类全部成就中最不可靠的东西。由于信仰和权力的互相排斥，因而那些

---

① 弗洛姆：《为自己的人》，孙依依译，三联书店 1988 年版，第 191 页。

② 同上。

③ 同上。

开始建立在理性信仰基础上的宗教和政治制度如果倚仗权力，甚或使自己与权力结成同盟，那么它就腐败了，最终它们就会失却它们原有的力量。"① 弗洛姆进一步论述到：信仰是人消极地等待实现其期望的一种状况，这是非理性信仰的特征。理性信仰植根于人自己的生产性体验，因此它不可能是消极的，它必然是人真正的内在主动性引发的。他引用了一个古老的犹太教中的传说来比喻主动性才是信仰的特征：当摩西把魔杖投入红海后，出现了与预期完全相反的结果，红海并没有为犹太人辟开一条干燥的道路。直到第一个人跃入红海，所允诺的奇迹方始出现，海潮倒退了。

理性的信仰是以我们自己的生产性体验为基础的，没有任何东西能成为超越人类体验之上的信仰的对象。当一个人信任爱、理性及正义的思想，并非出于他自己的体验，而只是因为他被教导说要具有这种信念时，我们不能说，他具有理性信仰；只有他自己主动体验到和接受这些并为之努力时，我们才能说他具有了理性的信仰。②

二　人道主义良心

（一）弗洛姆对良心的定义的理解

良心是伦理学最基本的道德规范，弗洛姆对历史上的一些学者关于良心的定义和解释做了梳理。他认为西塞罗和塞涅卡把良心解释为内心的声音，它可以对我们伦理性质的行为加以褒贬；斯多葛哲学认为，良心是自我保存（自我照顾）；克吕西普斯把良心形容为自我和谐的意识；经院哲学则认为，良心是上帝在人心中所树立的理性法则。良心与良知有所区别，后者是判断的能力，期望正直的习性；前者则是应用于具体行为的一般原则。弗洛姆认为我们现在人所使用的"良心"意指经院哲学所说的良知的含义，即内在的道德原则的意识。直觉主义伦理学家强调这种意识中的情感作用，例如，英国直觉主义伦理学家沙夫慈伯利认为人的身心本身是与宇宙秩序相和谐的，他假定人具有"道德感"，人有一种分辨正确与错误的情感反应。巴特勒（英国）也认为，道德原则是人的内在结构部分，而良心尤其是和人那天生的仁慈行为愿望相一致。亚当·斯密亦认为我们对他人的情感，我们对他人赞成或不赞成的反应是良心的核心。康德

---

① 弗洛姆：《为自己的人》，孙依依译，三联书店1988年版，第192页。
② 参见上书，第192—193页。

则从各种具体内容中抽象出良心，使它与责任感相一致。尼采对宗教的"坏良心"进行了严厉的批评，他看到真正的良心植根于自我肯定，植根于对自己的自我说"是"的魄力。舍勒认为，良心是理性判断的表达，但这种判断是源于情感，而不是出自思维的。[①]

所以一种普遍的共识是：良心是人内在的道德原则的意识，它是人们判断和行动的基础，良心的动力来源于情感。

弗洛姆把良心分为两种：权威主义良心和人道主义良心。

（二）权威主义良心与权威主义

1. 权威主义良心

权威主义良心是一种依靠外在权威形成的道德原则的意识，它可能是良心发展的初级阶段，是一种权威内化了的声音。在它的形成中，父母、教会、国家，舆论等往往有意或无意地被当作伦理和道德的立法者而得到了认可，人们据此而行为，它们就在人的身上内在化了。"外在权威的法律和制裁成了自我的一部分，这个人似乎感到，他不是对身外之物负有责任，而是对身内之事、对他的良心负有责任。良心比对外在权威的惧怕更有效地调节着行动，因为，人能够躲避外在的权威，但他不能逃避自我，因而也无法逃避已经成为自我之一部分的内在权威。"[②] 这些权威最主要的共同点是：权威主义良心并不是依据人自己的价值判断，而只是由权威来决定价值判断。权威所界定的行为规范是善，良心就会引导人的行为从善，如果这些规范是恶的，它们同样也会成为良心的一部分。权威主义良心的源头在于权威的影响力，如果它够强大，就足以威慑众人，在人心里形成内在的声音而服从之；但如果权威的力量削弱和不存在，就会失去其威力，转而形成新的力量。所以"权威主义良心的内容来源于权威的要求和戒律，它的力量植根于对权威的惧怕和羡慕的情感。善良之心是取悦于（外在和内在化的）权威的意识，罪恶之心是令这些权威不高兴的意识。（权威主义的）善良之心产生幸福感和安全感，因为它意味着权威的赞许，与权威的关系更加密切；罪恶之心产生惧怕感和不安全感，因为反对权威意志的行为意味着面临被惩罚的危险，更糟糕的是，它将为权威所抛弃"。[③]

① 参见弗洛姆《为自己的人》，孙依依译，三联书店1988年版，第139页。

② 同上书，第140页。

③ 同上书，第142页。

2. 权威主义

权威主义者的性格是一种共生关系。人在与比他自己更强大、更有力的权威的共生关系中找到了内在的安全。人以牺牲他的完整性为代价，来换取安全感，感到是自己被权威眷顾，人自身的无力和弱小被权威力量所影响，与有力量的权威在一起亦似乎感到自身也是有力量的，在其背后有强大的支撑而摆脱了人孤立无援的境地；"同时权威的爱和赞许给他以最大的满足，甚至惩罚也比拒绝强。惩罚意味着权威仍然和他在一起，如果他有'罪'惩罚至少说明权威依然关心着他。通过他对惩罚的接受，他的罪恶得到了洗刷，恢复了归属于权威的安全感"①。被遗弃和忽视是人最不能忍受的生存境况，在自身无法挖掘出生产性的力量时，在强力的权威面前，共生或许是他最好的选择。

权威主义最重要的特点之一是：服从。在权威主义的统治下，服从是基本的美德，不服从是主要的罪行。"服从意味着承认权威具有超越于人的权力和智慧，有权根据自己的意愿施加命令、给予奖惩。权威要求服从，这不仅要使他人惧怕他的权力，而且要使人格外相信他在道德上的优越性和权力。对权威的尊重伴随着对此不可有所怀疑的禁忌。权威可以把对自己的指令、禁律、奖惩的解释权赐予他人，权威也可以阻止别人具有这种权力，但权威决不会使个人具有怀疑和批评的权力。"②权威是不容置疑的，如有人胆敢提出批评，就可证明这个人因对抗权威而有罪。权威主义的权威不可挑战，如有挑战将被惩罚和扼杀。在权威主义制度下，权威者与民众有着根本的区别：不平等。这种不平等首先表现在权威拥有者有超越一般人的智慧、道德优越性，他的民众是不能企及的；其次权威的拥有者在人格上高于民众，权威者有遵从自己意志的特权，而民众只有遵从权威的意志，权威者是目的，而民众是手段，他是创造者，而不是被创造者。"在权威主义取向中，意志和创造的权力是权威的特权，他的臣民常常是服务于他之目的的手段，是他的财产。"③所以权威面临的最大威胁是被创造者力图要成为一个创造者。

权威主义的另一个重要的特点是：有罪感。"人决不会停止对生产

---

① 弗洛姆：《为自己的人》，孙依依译，三联书店1988年版，第142页。

② 同上书，第143页。

③ 同上书，第144页。

和创造的努力，因为生产性是力量、自由及幸福的源泉。然而，一个人对权力的依赖如超过了他努力的程度，他那真正的生产性，他对自己意志的维护就会使他产生有罪感。"① 弗洛姆列举到：巴比伦人因合力建造通天塔而受到惩罚；普罗米修斯因把火种交给人类而受惩罚；路德和加尔文把人对自身权力和力量的自豪斥责为罪恶的骄傲；政治独裁者则把这一点斥之为可耻的个人主义等。这些生产性的努力被权威施以惩罚，对民众产生的影响和暗示是做生产性的努力是有罪的，要受到惩罚的。人要通过有罪感来约束自己生产性的冲动和行为，服从于权威，而不是听从人生产性的内心需求，弱化了人自身的力量、意志和创造性，附和了权威的意志和创造性的唯一性。弗洛姆在权威主义的良心中发现了善与恶的矛盾性：权威主义视野中恶是人具有力量感、独立感、创造感及自豪感的结果，而善是导源于人的顺从感、依赖感、软弱无力感及罪恶感，这也正好说明了权威主义良心的非科学性和不人道。历史上诸如圣保罗、奥古斯丁、路德、加尔文都强调人是软弱无能的，要藐视自我、要有罪感，这些才是善的标志。

权威的内在化正是通过服从和有罪感把权威的意志转化成民众的内在声音，形成了权威主义良心，成为他们决定行为的道德原则的意识，以此来形成权威社会的秩序。

（三）人道主义良心

弗洛姆认为良心是一种认识，同时也具有情感的性质。它判定我们作为人是否尽了应尽的职责和我们在生活中成功或失败的认识，以及对结果产生一种情感反应。"人道主义良心是我们对整个人格是否完全发挥其功能的反应，是对构成我们人类和个体之存在的整体能力的反应。"② 弗洛姆认为人道主义良心判断的标准是：促进还是阻碍整个人格充分发挥和展现其作用，是有助于产生美好的情感还是忧虑不安。"因此，良心是我们自己对自己的反应，它是真正的我们自己的声音，这声音召唤我们返回自身，返回生产性的生活，返回充分和谐地发展——即成为彻底发展潜能的人。"③ 弗洛姆在这里说的"我们"、"自己"都是说作为一个真正的人，

① 弗洛姆：《为自己的人》，孙依依译，三联书店1988年版，第144页。
② 同上书，第152页。
③ 同上。

自觉意识类本性的人，即具有生产性的人，那么他的良心就是一种成为人自身的声音，就会充分发挥自身的潜能，他不是从个体的利益出发，而是从作为"类"的一员的身份做出取舍和反应。所以善就是促进我们生产性的发掘和表现，是我们人成为真正的人的力量，善良之心用爱和生产性对人的生存难题做出了解答。爱是肯定，是爱者潜能的展现，亦是对被爱者给予尊重、关心、促其成长，激发其生产性的动力，这样的爱是爱者和被爱者的统一，是爱自己和爱他人的统一，自爱并不是狭义地爱一个孤单的个体，而是在类的群体中丰富的联结彼此的爱。所以弗洛姆说，"人道主义良心则能合理地称为自爱、自我关心的声音"。①

"人道主义良心不仅代表着我们所表达的真正的自我，而且也包含着生活中我们之道德体验的本质。人道主义良心中，保存着对人生之目的的认识，保存着实现这种生活目的的原则。"② 人类最终的道德诉求是人之幸福，而实现这个最终诉求的根本原则是：人是唯一的目的，亦是其自身的目的。人道主义良心关注的是人类自身的利益和人的完整性。而权威主义良心的核心是：服从和有罪感，以服从权威为其一切的准则，甚至以"责任"的名义为权威牺牲自我，以适应社会获得认同和同一感。权威主义的良心把人作为手段而不是目的本身，认为人之幸福在实现权威的利益中得到实现。所以抛弃人本身是目的的权威主义良心是对人真正良心的背离，违背人的最终道德诉求，这样的"幸福"架空了人的现实基础，使人性脱离生活本身，幸福成了飘浮云端的异物，伦理道德从现实生活中被抽离出去，这样的"人"是不完整的人、不现实的人。

人道主义良心和人的生产性是相互作用的。一个人之所以有人道主义良心，是因为其具有生产性，能体验到作为一个类的成员———一个真正的人具有的一种道德原则和意识。人道主义良心促进了人的生产性，越具有生产性，那么人道主义的良心也就越强大；相反，越缺乏生产性，人道主义良心就越微弱。人道主义良心的最高目的是人的幸福，服从于人这个唯一的目的，所以它是真正维护人自身的利益，它是自爱和爱他人的统一，只要个体并未完全失去自我，明了了自己的处境和目的，良心就能发挥作用。但矛盾的是：现实中人越需要人道主义良心的时候，却愈缺乏这种良

---

① 弗洛姆：《为自己的人》，孙依依译，三联书店1988年版，第152页。

② 同上。

心。人不停地忙碌，做着自认为有意义的事，为了自己的"幸福"：物质、荣誉、名誉、金钱、权力等，这时候想要有人道主义良心来做取舍是困难的；但这种需要人道主义的良心的呼声并不是不存在，我们在忙碌后和满足后的失意、无意义感，为不曾达到的目的焦虑感、自卑感和有罪感，为获得所谓的幸福的急躁之情，总之对现代社会的疲惫和倦怠感，都隐晦地传达了我们所做的一切或许并不都是人的真实需要，并不是为了人和人类本身，它与我们最终的道德诉求并不都一致。

（四）权威主义良心与人道主义良心的关系

弗洛姆区分了权威主义良心与人道主义良心，两者有自己不同的特质。那么在一个人身上，到底是由哪种良心在发挥作用呢？弗洛姆认为在人身上，人道主义良心和权威主义良心是并存的，并不截然对立，重要的是要区分它们的力量和相互的关系。我们现实生活中的某些伦理道德规范可能是权威主义良心和人道主义良心共同的内涵，比如不偷盗、不杀人等这些最基本的道德规范。在良心的发展中，权威主义良心是其发展的第一阶段。就如同我们是从一个一无所知的幼儿成长为一个有理性有知识的成人，从被规范、被限制、被引导走向独立，在成长中学习运用理性思考和判断，听从自己的理性认识和判断。人的良心最初是由权威控制和引导，在人的成长和良心自身的演进中，人道主义的良心因为其更符合人本身的需要而形成人内在的道德原则和意识，本质上是服从于人对自己的责任。

两种不同良心在并存的状态中是一种"你进我退"的模式。如果权威主义良心以其严厉的、非理性的、不可否定和置疑的态度占上风时，人道主义良心必然受到压制，人就自觉或不自觉地服从权威，个体所需要的认同和安全感无疑只能从权威那里得到，因为权威有强大的力量，而个体的人显得无力和被动，人的责任就是对权威负责，甚至以"责任"的名义为权威牺牲自己，以此得到权威认可的回报和赞赏。这样的权威主义良心是通过外在力量来肯定自我、呈现自我，必然是被动的，必然会因为外在力量的变化而去迎合它，丧失自我，对人的目的本身的迷失。人道主义良心也讲"应该"，但它是要求人服从人自身的目的，而不是权威本身。人道主义良心表现得更为强大时，人为人自身的生存处境和生活中的得失负责，没有什么超越于人的强权需要人为此负责，除了人自己，别无目的，人是主动的、积极的，遵循为着人类自身生存的道德原则，此时的权威主义良心仅在最基本的道德原则上呈现出来，它的取向必然以人的取向为根本，权威主义良心也必然以理性的权威存在为导向，在人的良心初始阶段和最普遍的伦理规范中体现。

　　总之，重生存的生存方式、生产性的性格、理性的信仰和人道主义良心是类伦理主体内在的道德素养，它们是成长为类主体的重要条件。

第五章

弗洛姆类伦理的核心原则

第一节　人的终极目标：快乐与幸福

一　快乐的价值标准的渊源

弗洛姆认为权威主义伦理学的善恶标准是权威的裁决，遵从权威的裁决是人的美德。人道主义伦理学中人是价值的唯一制定者，那么人的快乐或痛苦就是善与恶的评判标准。从人道主义思想的萌芽开始，快乐就成了伦理学中最重要的伦理范畴之一，甚至成了人们行为的价值判断的标准。但弗洛姆认为，不同的哲学家对作为价值标准的"快乐"的理解和定义是不同的：快乐（Pleasure）、满足（satisfaction）、幸福（happiness）及欢乐（joy）它们有着不同的内涵，在伦理史上的很多学者把这些词统称为快乐或幸福，而并不加以区分。在此，弗洛姆对这些快乐的体验在内涵上做了澄清。

"快乐主义认为，无论在事实上还是在行为规范上，快乐都是人类行为的指导原则。"[1] 快乐主义理论的开山之父阿里斯提普斯认为，快乐是即时的享乐，趋乐避苦既是人生的目的，又是美德的标准。这种快乐主义立场充分强调个人的意义和快乐的具体概念，用主观体验的标准去判断，从而使幸福等同于即刻的体验。伊壁鸠鲁第一个力图纠正快乐主义立场，他认为要用客观标准去判别快乐的正确与否。快乐当然是人生的目的，所有快乐本身都是好的，但并非一切快乐都可选择，因为选择了某些快乐后会引起比快乐本身要大得多的烦恼。所以伊壁鸠鲁的观点是，只有正当的快乐才有助于明智、完善、正义的生活。"真正的"快乐在于身体的无疾

---

① 弗洛姆：《为自己的人》，孙依依译，三联书店 1988 年版，第 164 页。

病、灵魂的无纷扰。精神安宁、无所畏惧的境界只有那些深谋远虑者才能达到，因为他能为了获得永久安宁的满足而放弃一时的喜悦。在伊壁鸠鲁的理念中作为人生之目的的"快乐"与节制、勇敢、正义及友谊的美德是一致的。但他的关于快乐的理论的不足在于，虽然"快乐"不能以主观的体验为标准要有客观的标准，但这个客观的标准仍然是以主观的体验为评判依据，所以他要避免主观的判断而寻求客观标准时又绕到了主观的体验上。

柏拉图是把真实与否的标准应用于欲望和快乐的第一人。柏拉图认为快乐具有主观感觉的成分，但更重要的是快乐就像思想一样，具有认识的功能，可能是真的，也可能是假的。快乐来自整个人格，真正的快乐是区分善恶的标准。和柏拉图一样，亚里士多德认为，快乐的主观体验并不能成为行为善良与否的标准，快乐是与理性联系在一起的。快乐是与人的现实生活联系在一起的，非理性的快乐不是真正的快乐，"而只是一种堕落的感受"，客观上名副其实的理性快乐，才是正当的、合理的快乐。亚里士多德认为，有两种快乐是合理的：一种是人通过运用自身能力满足了其需要所产生的快乐；另一种是人在获得人之能力的体验中所产生的快乐。在亚里士多德看来后一种快乐是更高尚的快乐。他认为快乐是人之存在状态中的一种活动，是人积极运用人之能力而产生的，它的特质是自发、自由、无阻碍、当然也意味着欢乐的一种活动，所以是最令人满意和完美的。最持久的幸福来源于人类的理性行为，这是最高尚的快乐，它与人的现实生活联结在一起，充满活力，所以真正的快乐，亚里士多德认为必然是与人的主观体验相一致的。所以，亚里士多德的理论中快乐是客观与主观的完美统一，是围绕人的能力而展现的。

弗洛姆一直对斯宾诺莎的伦理学赞赏有加，在其理论中经常可以看到斯宾诺莎对其影响的因子，在他的研究中，他认为斯宾诺莎的快乐理论在某些方面与柏拉图和亚里士多德的理论相类似，但他的理论远比后二者深入。快乐是正当或道德之生活的结果，并不是罪恶的象征。斯宾诺莎在人类学概念的基础上给快乐以一个更经验性的、具体的定义，推进了快乐理论。他的快乐概念，是与潜能（能力）的概念相联系的。"快乐是一个人从较小的圆满到较大的圆满的过渡。痛苦是一个人从较大的圆满到较小的圆满的过渡。"① 较大或较小的圆满与人所具有的实现其潜能的较大或较小的能力是相同的，快乐不是生活的目的，而是人的生产性行为的必然产物。他写道："幸福不是德行的报酬而是德行自身，并不是因为我们克制情欲，我们才享有幸福，反之，乃是因为我们享有幸福，所以我们能够克制情欲。"② "至福（或幸福）不是美德的报赏，而是美德本身。"斯宾诺莎幸福观的意义在于能力的动力概念。歌德、尼采等这些重要人物，也把他们的伦理理论建立在同样的思想基础上，即快乐不是行为的主要动机，而是生产性行为的伴随物。弗洛姆在对这些前人的理论研究中发现了快乐的动力特质，它是与生产性连在一起的。

弗洛姆在对"快乐"的考察中，认为斯宾塞对快乐研究得最全面、最系统、最富有现实意义。斯宾塞关于快乐—痛苦原则的观点的关键是进化论。他提出，快乐和痛苦具有生物性功能，它激发人（或人类）根据对其个人（或对人类）有益的原则而行动："痛苦与损害有机体的行为相联系，快乐与即促进有机体康乐的行为相联系。"③ "个人或人类通过追求愉快或躲避不愉快而日复一日地生活下去。"④ 他认为快乐既有主观体验的一面，但更有客观性的一面，即人的身心幸福来衡量。斯宾塞承认，在我们今日的文化中，出现了许多"被歪曲的"快乐或痛苦之体验的情况，他把这种现象解释为社会的矛盾和缺陷。如果完全改变人性以适应社会状况，那么这种快乐是即时的快乐，而不是真正的快乐，与促进未来的幸福是相背的，但现实生活中我们可能把这种即刻的快乐认为是快乐和幸福本身，把这些例外的出现当作常规，事实上社会的进化必然会改变这些。他说，"要重新塑造人性以适应社会生活的要求，最终必然使全部必要的活动都具有快乐的性质，而使那些不具快乐性质的活动与这些要求不符合"。⑤ 那么"作为实现一种目的之手段的快乐，本身就成了一种目的"。⑥

弗洛姆在对柏拉图、亚里士多德、斯宾诺莎和斯宾塞的快乐概念做了考察后发现有三个共同点："（1）快乐的主观体验本身不是价值的充分标

---

① 斯宾诺莎：《伦理学》，贺麟译，商务印书馆 1983 年版，第 151 页。

② 同上书，第 266 页。

③ 同上。

④ 同上。

⑤ 同上。

⑥ 同上。

准；（2）幸福是与善相联系的；（3）评价快乐的客观标准是能够找到的。柏拉图把'善者'作为正当之快乐的标准；亚里士多德把'人的作用'作为标准；斯宾诺莎和亚里士多德一样，把运用人的能力以实现人性作为标准，斯宾塞则把人的生物进化和社会进化作为标准。"①

二　快乐的价值标准的心理学分析

以上的快乐理论和它在伦理学中的地位是极其重要的，但事实上也是不完善的，从心理分析学的层面上研究快乐能够更好地把握和理解快乐的本质。

很显然，无论从伦理学还是从心理学上来看，如果快乐仅是一种满足的主观体验，那它本身是靠不住的，它也就不是价值的有效标准了。弗洛姆认为主观体验到的快乐并非就是真实的快乐，因为从心理学的分析角度看，人的快乐也可能是无意识的和受压抑的。这取决于两个因素：一个是个人对自己的非理性行为所具有的内心反抗能力；另一个是社会对这种快乐的认可或反对的程度。压抑快乐有两种不同的意义：一种是广泛而经常的压抑形式，在这种形式里，快乐是有意识的，它涉及的不是非理性行为，而是理性的表现。另一种压抑形式更极端，他对任何快乐均无所意识。比如守财奴和受虐狂。守财奴认为自己的行为出于对家庭的爱与照料，受虐狂则会否认在受虐中的快乐感受。

同样，对于痛苦和不幸福也可能是无意识和压抑的。一个人感到不幸福，他意识到可能是因为他没有获得他所期望的成功，或他的健康受到损害，或由于他生活中的任何外在因素；然而他不幸福的根本原因可能是他缺乏生产性、他生活空虚、他没有爱的能力，或有许多使他不幸福的内在不足而不是外在的失败。他似乎合理地说明了他的不幸福，但他并没有认识到这种不幸福的真正原因。另外，对不幸福的更广泛的压抑引起了对不幸福的全然无意识，他认为自己是完全幸福的，但实际上，他并不满意，也并不幸福。很多人认为人的幸福和不幸福与我们对幸福或不幸福的意识感受相一致，而对快乐或痛苦毫无所知则是与对快乐或痛苦的无所意识相联系的。事实上这种看法是错误的。如果奴隶对他们的悲痛命运毫无意识，那么，怎能以人的幸福之名义来反对奴隶制呢？如果现代人真像他所

---

① 弗洛姆：《为自己的人》，孙依依译，三联书店 1988 年版，第 168 页。

伪装的那样幸福，那不就证明了我们已建立了一个最好的世界吗？但事实显然不是。

弗洛姆认为人的幸福、快乐和痛苦与意识感受并不一致。因为"幸福和不幸福表达了整个生物体的状况，表达了整个人格的状况。幸福和生命力、情感强度、思想及生产性的提高相关联；不幸福则与这些能力和功能的衰退相关联。由于幸福和不幸福都是我们整个人格的一种状况，因此我们的身体对它的反应统统比我们的意识对它的感受更明显"。① 有时我自以为是放松的，但我们的肌体却显现了我们的紧张，我们自以为是幸福的，但我们却从来不曾满足，总充满焦虑和不安定继续去想得到更大的满足，但目标到达之时仍然惆怅和失落。我们的心灵常常在一个外在世界强大的环境下更容易被蒙蔽，而我们身体的种种不健康和亚健康告诉我们自己的真实处境。"我们的精神和情感能力也要受幸福或不幸福的影响；我们的理智及情感的强度也依赖于它。不幸福削弱我们整个心理功能，甚或使它瘫痪；幸福则能提高心理功能。当个人实际上并无幸福时，他那幸福的主观感受只是一种有关情感的思想幻觉，而与真正的幸福则全然无关。"② 这种只存在于人的头脑中的快乐和幸福是虚假的快乐或虚假的幸福。

三 快乐的种类

（一）满足和不合理的快乐

欲望的引发可能是由于两种原因，一种是他的身体需要引起的，另一种是由不合理的心理需要所决定的。

如果一种欲望是身体真正的需要，那么当生物体的要求得到满足，便会消除由生理变化所引起的紧张。这种快乐是满足，是最普遍的快乐，也是最容易在生理上获得。

如果欲望看起来是一种生理需求，但实际上是由于心理需求所引起的，这种快乐被称为不合理的快乐。如喝酒、强烈的性欲也许不是由于生理需要所引起的，而是由心理需要所引起的。一个无安全感的人，有一种强烈的需要，要证明他的价值。如果他的需要得不到满足，便会产生一种

---

① 弗洛姆：《为自己的人》，孙依依译，三联书店 1988 年版，第 170—171 页。
② 同上书，第 171 页。

痛苦的紧张，他以为强烈需要来自他身体的需要，但事实上，这些欲望却是由他的心理需要所决定的。

满足和不合理的快乐都根植于某种不足或贫乏中。前者是在生物体内正常的化学过程中所产生的贫乏；后者则是由心理技能障碍所引起的结果。在这两种状况中，都由贫乏而引起紧张，紧张的解除便是快乐。渴望名誉、统治、顺从、忌妒、羡慕等非合理的心理需要满足产生的快乐是不合理的快乐，它根植于人的心灵和幻想，而非正常的生理需要。

（二）欢乐和幸福

真正的缺乏是满足的基础。不合理的欲望也根植于缺乏，根植于人的不安全感和焦虑感、根植于缺乏基本的生产性。在缺乏的领域外，还有一个充足的领域，它是生产性的领域，是内在能动性的领域。人的存在不仅仅是为了生存，他的一些剩余精力通过活动表现出来，显现了自己的能力和潜能，扩展生存空间和超越生存本身，扩展了外部世界，也使人类获得了进化。人所创造的人类的全部特殊成就，都来源于这一充足领域。它是自由和生产性的一种表现，它所伴随着的快乐，可以称之为欢乐。

欢乐和幸福被普遍地看作与伴随着爱的幸福相同。爱与其他活动一样分为生产性形式和非生产性形式。生产性的爱是两个人之间最亲密的关系形式，同时各自又有人格的完整，它是一种充足的现象，具有这种爱的能力，象征着人的成熟和幸福。幸福是生产性活动的产物。欢乐和幸福并没有质的区别，它们的区别只是在于欢乐所涉及的是单个的行为，幸福则可称作欢乐的连续或完整的体验。幸福是美德的标准，它是生产性实现人的潜能的伴随物。

弗洛姆认为快乐的体验有：满足、不合理的快乐、欢乐和幸福。每个人在不同的时期和处境会体验到不同的快乐。前两者不需要情感的努力，只需要具有排除这种紧张的能力；而欢乐和幸福是以内在的努力、生产性的活动为前提条件的。不合理的快乐缺乏生产性，意味着人未能解决人类存在的问题。欢乐和幸福意味着人对自身的生存问题做出了回答，以整个人格对自己和外在世界做出了生产性取向的反应。幸福和快乐是主要的美德，是人最伟大的成就，也是人的终极目的。

四　关乎幸福的手段与目的

快乐和幸福是人生活的目的。为了获得快乐和幸福，人会用自认为合理的手段去追求。亦认为目的的合理性也会使手段获得合理性，手段与目的是一致的。弗洛姆引用了斯宾塞对手段和目的的一番认证来说明两者的关系。

斯宾塞在他的理论中这样论述到：以快乐为目的，必然会使达到这一目的的手段也具有快乐的性质。为了结果的快乐，无乐趣的事或多或少可以得到缓减，对快乐之目的的期望，甚至完全超过了不愉快之手段的分量。在斯宾塞看来，以快乐为手段，导源于以快乐为目的——享受生活，或尽"责任"。弗洛姆对斯宾塞理论的不足批评到：他没能认清两个问题，一是有意识地理解目的与无意识地看到目的具有某些区别，另一个重要的问题产生于一种假设，即与手段相关的快乐必然来自与目的相联系的快乐。

其实在现代生活中，手段已经被独立于目的，手段篡夺了目的的地位，而本来认可的目的只存在于我们的幻想中了。手段自身独立了，手段演变成快乐的形式，这并不是因为目的的快乐，而是因为与目的的完全分离的其他因素。突出的例子是加尔文主义影响下的工作的意义问题。现代生活突出的一个新特点是，许多为实现目的而采取的手段及活动篡夺了目的的地位，而目的本身却成了模糊的、非真实的存在。人们为了快乐和幸福挣钱，但却被钱所困，专注于此，忘却了我们的目的。当然，过分强调目的会在多方面导致对手段与目的之间和谐平衡关系的曲解。其一是完全强调目的，而不是充分考虑手段的作用，结果是目的成为绝对的、不真实的，它最终除了梦幻就什么也不是。其二是"目的使手段合理化"。运用破坏性手段也有其自身的结果，即实际上改变了目的，尽管目的仍然在观念中存在。

斯宾塞同时也认为，每一有益社会的行为能够成为快乐的源泉，这一观点是正确的。弗洛姆肯定了他的观点，但同时又批评到：在一个不利于其社会成员真正的人之利益的社会中，有损于个人但有利于特定社会功能的行为也可能成为满足的源泉，这个矛盾斯宾塞并未意识到，他对他所处的社会及其未来抱着乐观主义的态度，同时缺乏从心理上的深层分析。社会当然希望其社会成员从事他们所必须从事的工作，以实现他们的社会职责，但在增进社会的利益时如果有损人的利益和成长，这样的行为的快乐和幸福的性质就值得质疑了。人类要厘清人的真正利益与特定社会所强调的利益之间的可能矛盾，才能发现真正的快乐和幸福的含义，并为之去争取，否则我们套着人的快乐、幸福的高帽却与自身的快乐、幸福擦肩而过，我们也不由自主地沦为某个特定社会的机器，也因此我们会在某个时候会深思和困惑：人生存的意义并为此感到焦虑和不安，或甚至根本对此无所意识。

第二节　爱是类伦理的核心原则

一　人类生存的联结方式

弗洛姆认为当人从自然界中分离出来后，人的生存面临的一个重大问题：人用什么样的方式来解决因为独立所带来的孤独无依感？他考察了人类的发展史，认为有三种方式可以使人相互联结，克服孤独感。

弗洛姆认为人类的生存困境可以从《圣经》中得到启示和说明。《圣经》中亚当和夏娃吃了辨别善恶之树的果子后，他们就不再顺从上帝，他俩就脱离了动物界与大自然的原始和谐，从而成为人。人与自然开始分离，他们从一个确定的环境，被推到一个不确定的、完全开放的环境中去。人从自然中独立出来，意味着超越了动物界，与他们分离，永远不可能再与自然合二为一，虽然人仍然是自然的一部分。人的最大不同，在于人拥有理智、有一种意识到自我存在的生命，意识到生不由己，死的必然。独立了意味着要独自面对人生存的环境，人只能依靠自己，不能退回到原始的和谐；面对社会和自然的威力人意识到自己的无能为力，他还不能很好地发挥人的力量，对自己的前途和困境一筹莫展，在这种不能把握世界、事物和人自身的状态下，他陷入了深深的孤独和恐惧之中。

在《圣经》中还写道：当亚当和夏娃作为人诞生后，"这才发现自己是赤身裸体，感到很是羞愧"。弗洛姆的解释是亚当和夏娃之所以羞愧，是因为男女在意识到自己和对方后，也就意识到了他俩之间的区别和距离，他们相互陌生起来；面对陌生的他人、陌生的生存困境、无以依靠和孤立的情境，他们害怕和惶恐，开始埋怨彼此，追究使他们陷入这种生存困境的原因，亚当把责任推卸到夏娃身上，而不是试图为夏娃辩护，因为他们还没有学会去爱对方——在意识到人与人之间的距离，而又没有通过爱去达到新的结合——这才是羞愧的根源，同时也是负罪和恐惧的根源。

不管用什么样的故事和传说来描述，他们都道出了人类最真实、最根本的生存困境：人类作为唯一有意识的存在物的孤独感以及人与人之间的不同而产生的孤独感。所有时代和生活在不同文化之中的人，永远面临同一个问题，即：如何克服这种孤独感，如何超越个体世界，实现人类的大同。

在人类成长的历史中，不外乎有这么几种方式建立起人与自然、人与人的联系来克服这种孤独感。

一是依附。在人类的早期就如同是个体成长的早期一样。每个孩子都与母亲融为一体，只要母亲在他身旁，他就不会有孤独感。一直到孩子发育到产生孤独感和形成独立个性的阶段，母亲的存在不足以消除他的孤独感，欲脱离与母亲的依附关系，重新建立新的联结方法来克服这种孤独感。

人类在早期与大自然的和谐关系如同孩子和母亲的关系一样，人也把动物和植物看成完全是人的世界，人装扮成动物以及崇拜图腾或其他的动物神，集体纵欲的仪式等。这些联结方式中人依然把自己当成自然的一员，与动物类似，但又隐约感觉到人不同于动物，在那些朦胧而又富有宗教意味的仪式中把人的不同于动物的一些特性以图腾的形式神圣化，看似对图腾的崇拜，其实内含着人对自我的肯定和颂扬，但他还不能自觉地体验到这一切。人的成长将使他逐渐意识到从而走向独立。

二是同化。在一个低级社会中，或者一个群体中人数较少，往往是由血缘关系相近或者地缘关系而组成群体。随着社会的发展，群体的人数也随之增长，它变成了一个政治体、国家或一个教派。在群体中最好的办法是求同来获得认可和接纳。他们的一个共同点就是制造个性，以此引起他人对你的赞赏和接纳，这是一种变相的趋同，只不过它反着做。标新立异与与众不同何尝不是获得认同和接纳，其根本目的根本不在于"异"，而在于"同"。如果没有别的更好的方式实现同他人结合，那就只能同化。因为同一群人疏远和隔绝的后果更可怕，让人难以接受。

三是创造性活动：爱。弗洛姆认为人类通过依附达到的统一是暂时的。通过同化达到的统一仅仅是一种假统一。对人类存在问题的真正的和全面的回答是要在爱中实现人与人之间的统一。

成熟的爱，就是在"保存人的完整性和独立性的条件下，人的个性的条件下的融合"。① 爱是一种积极、主动的能力和力量，这种力量可以冲破人与人之间的高墙并使人与人相结合。爱可以使人克服孤寂和与世隔绝感，但同时又使人保持对自己的忠诚，保持自己的完整性和本来的面貌。

爱是一项"积极的活动"，是指为了达到外部的目的而付出努力。这个词的另一个意义是运用人的蕴藏在内部的力量，不管是否达到外部的变化。积极的活动是主动的，而消极的活动是被动的。斯宾诺莎把情绪分成积极的和消极的两种，分成"行动"和"狂热"。如果一个人是在积极的情绪支配下行动，他就是自由的，是情绪的主人。如果他是被一种消极的情绪所支配，那他就是受外力驱使的，他实际上是被动的，即消极的。爱是一种主动的情绪，为了实现人之力量而积极行动。

爱是一种积极的，而不是消极的情绪。即爱首先是给而不是得。能给予他人的人是富有的，是一个有能力帮助别人的人。他可以是物质财富的所有者也可以是非物质财富的所有者，他给予别人财富就是给予别人力量，并能唤起对方潜藏着的爱，并能在爱中体验到快乐和幸福。正如马克思的精彩表述："如果你以人就是人以及人同世界的关系是一种充满人性的关系为先决条件，那么你只能用爱去换爱，用信任换取信任……如果你在爱别人，但却没有唤起他人的爱，也就是你的爱作为一种爱情不能使对方产生爱情，如果作为一个正在爱的人你不能把自己变成一个被人爱的人，那么你的爱情是软弱无力的，是一种不幸。"② 所以爱是一种创造力的表现，是一种主动的给予，也会是一种回馈的力量。恰恰是通过"给"，人才能体验人的力量，自身的"富裕"与"活力"；体验到生命力的升华而倍感愉悦，对方也因此获得了同样的力量体验。

二　爱的联结方式的内涵

弗洛姆认为通过爱达成人与人之间的联结方式，既保持了个体的独立性，又克服了孤独感，与他人结成一体。这种爱是一种主动的情感能力，包含了关心、责任、尊重和认识。

（一）关心：主动关注

爱是对生命以及我们所爱之物生长的积极地关心。在母爱中关心表现

---

① 弗洛姆：《为自己的人》，孙依依译，三联书店 1988 年版，第 246—247 页。
② 马克思：《1844 年经济学哲学手稿》，人民出版社 2000 年版，第 146 页。

得最为突出，母爱的一切出发点是为了孩子的未来和幸福，孩子的一举一动都会牵动母亲的情感与行为，母亲用她的理智和经验积极地对孩子施加影响。如果爱缺乏这种积极的关心，那么这只是一种短暂的情绪，而不是爱本身。爱的本质是创造和培养，爱情和劳动是不可分割的。人们爱自己劳动的成果，人们为所爱之物而劳动，也同样为所爱之人积极主动地付出。真正的爱必然是主动关注所爱之物和所爱之人的需要、成长和未来。

（二）责任：对生存共同体的承诺

爱的第二方面是责任心。人们常常把责任心理解为是义务，是外部强加的东西。其实责任心这个词的本来意义是一种完全自觉的行动，是我在内心生产出来，对另一个生命表达出来或尚未表达出来的愿望的答复。"有责任"意味着有能力并准备对这些愿望给予回答。约拿对尼尼微的居民没有责任心，像该隐一样，他提出这样一个问题"难道我应该是我弟弟的看守吗？"一个具有爱之情感的人的回答是，兄弟的生命不仅与他自己有关，而且也同我有关。我应对其他人负责就像对自己负责一样。人类是相互依存的，在人与人的联结中包含着相互的责任，也需要为共同的生存情境负责。这种责任心在母子关系中主要表现在母亲对孩子的关心如同出自生理上的要求一样自然而然，父母亲在孩子的成长中负有培养和教育的责任，为孩子的身心健康成长担起责任。在成人的交往之间也包含相互交往中的外在责任和关心对方内在的精神需求。同时人作为"类"的一员在爱他人、爱自然中是一体的，为人类的生存的人际环境和外在环境担有责任，表现为对人类的生命共同体的负责。

（三）尊重：接纳个体本来的特质

第三个要素：尊重。尊重别人不是惧怕对方。尊重就是实事求是地正视对方和认识他独有的个性。尊重就是要努力地促使对方能成长和发展自己，而无掠夺和强制之意。我希望一个被我爱的人应该以他自己的方式和为了自己去成长、发展，而不是服务于我。只有当我自己达到独立，在没有外援的情况下独立地走自己的路，即不想去控制和利用别人，只有在这种情况下，尊重对方才成为可能。爱是给予对方以自由和成长的空间。

（四）认识：体验与爱的融合行为

人们只有认识对方，了解对方才能尊重对方。如果不以了解为基础，关心和责任心都会是盲目的，而如果不是从关怀的角度出发去了解对方，这种了解是无益的甚或是歪曲的。真正的认识必然是全面的、客观的。古希腊的名言"认识你自己"表达了我们要全面完整认识人自身的愿望。认识完整的人，包括认识他自身内心深处的隐秘，客观地去认识对方和自己，以便使自己能够看到自己和对方的现实状态。我只有客观地认识一个人，我才能在爱中了解他的真正本质。在爱中，在给予中，在深入对方中，找到了自己，发现了自己，发现了我们彼此，发现了"人"。

关心、责任心、尊重和认识是相互依赖的。在成熟的人身上可以看到这些态度的集中表现。成熟的人就是指能够创造性地发挥自己力量的人，也就是生产性的人。通过积极主动的、创造性的活动——爱，克服人因陌生、不了解而疏离，来实现人与人分离后再次的融合，克服孤独感，对人生存的根本困境做出应答。

三　爱己与爱人的一致

（一）爱己与爱人

弗洛姆认为西方现代社会在道德领域中存在两个问题。第一问题是在道德实践上与社会的道德教义背离。通常人们所接受的教育是：自私是不道德的，爱人才是道德的。但这种教义与现代社会的实践是公然矛盾的。西方社会实践所主张的是，对人来说，最有力最合法的内驱力是自私，运用这不可或缺的内驱力，就可以创造最多的财富，就能使人获得最大的幸福，由此而认为人对共同之善做出了最大的贡献。"自私是最大的恶，爱人是最大的善"的教义仍然是现代社会道德领域中的强大力量。但与现实社会的实践是矛盾的。第二个问题是自私被认为是爱己的同义语，因此人们必须在这两者之间进行取舍：爱人或爱己，爱人是美德，爱己是罪恶。

弗洛姆对爱己等于自私的观点进行了批判。爱己等于自私，这种论断由来已久。弗洛姆分析到，加尔文认为自爱是"一种有害的东西"。如果个体发现了自爱使他找到了自身的享乐，那么，他乐此不疲，这种对自己的溺爱，会使他失去对他人的辨别力并憎恨他人。因此，自爱是最大的邪恶之一，它排除了对他人之爱。在加尔文看来，人一无所有，他属于上帝，为上帝而生，为上帝而死。因为肉体是最具有破坏性的瘟疫，如果人放任自己，他就会遭到毁灭。肉体只是一个不具自我认识、不知自我所求，而全凭上帝指引的救世避难所。人的一切是属于上帝的，连同人的理性、意志，更不要说去满足肉体的需要，那是欲望和罪恶的源头，忘记自己和所有的一切，才能献身上帝，成就最大的善，爱己就是罪恶。马丁·

路德对于自爱与加尔文持相同的观点，都强调个体的一无所有和邪恶，爱己等于自私、等于邪恶，这种观点对现代西方社会的发展产生了巨大的影响。他们确定了一种基本的态度，即人自身的幸福并不是他自己生活的目的，他所有的一切和努力是为了救赎，金钱、名誉、地位和各种成功是获得救赎的可能条件，人是卑微的，深信人的精神充满苦难和贫乏，才能对上帝的旨意始终如一。所以自爱是不能容忍的。

即使是启蒙时期最有影响的伦理思想家之一的康德，对爱己也持否定的态度。他明确做出了"人应该是自己的目的，而绝不仅仅是手段"的伟大论断，但他同样谴责自爱。康德对利己主义，自爱、自大、自我享乐做了区分。爱自己，追求自身的幸福绝不是一种美德，因为它削弱了提供道德动机的基础，并破坏了道德动机的崇高性。人不可能放弃对幸福的需求：在一定的环境下，它甚至是一种责任。康德认为人应该在实现他的责任中找到最大的幸福，道德原则的实现意味着个人幸福的实现，它只有在团体、民族、国家中才有可能。有两种东西值得人所敬仰：我们头顶的星空和心中的道德律。所以，即使是"合理的自爱"，也必须受到伦理原则的限制，自我享乐必须加以摧毁，个人必须谦卑，并使自己符合神圣的道德律。

在自私的价值问题上，尼采虽然采取了与加尔文和康德截然相反的立场：他认为利他主义和爱是人类堕落的象征，爱他人是一种软弱、自我牺牲；而利己主义，自私及自利却是美德。寻求被爱是典型的奴隶现象，他力图通过爱来获得他所需要的东西，放弃自我奋斗。尼采认为在爱人和爱自己之间，存在着一种矛盾，两者必居其一。他所说的"爱"并不根植于人自己的力量中，而是植根于人的软弱中。一个人之所以帮助邻居，是因为他自己有所企求，或为了避免失去自己。这种爱是无能和无力的表现，它就是一种罪恶。所以，为了自己的利益而奋斗的人是强人，依靠自己的力量获取自己的所需是一种美德。"超人"就是其典型的形象，只有超人才具有不同的爱，具有真正仁慈、高贵、伟大的灵魂，这种灵魂不为获取而给予，也不需要通过仁慈而胜于他人，它以人的富有为前提。"超人"才会有这种充满力量的爱，他的意思是："超人"的爱是一种丰富的现象，它的前提是"超人"能够给予爱的力量，这种爱是肯定和生产性，唯有发自人内在的力量，爱他人才是一种美德。尼采批判的是现实生活中一般人无力的"爱"，为获取而爱；"超人"的爱才是道德的和有力的，是一种给予。尼采实质上是在批判过去人在神权下的无力，上帝死了，人才可能成为真正的有力量的人——"超人"。所以尼采说，个人具有"一种至关重大的意义"。尼采在自爱和爱他人之间的关系上，认为无力的爱是罪恶，所以爱他人是恶；"超人"的爱是美德，为了追求自我利益的人而奋斗的主动者是美德，所以自利是美德。抛弃所谓爱他人的无力的爱，做一个"自利"的"超人"才是正确的。所以尼采肯定了爱己，但排斥了爱他人。

自私是首要的罪恶。宗教教义和传统的世俗教育都强调"不要自私"，然而，在现代社会中也盛行着相反的观点，即记住你自己的利益，根据对你最有利的原则行事；如果你这么做了，那么你也就是为了他人的最佳利益而行事了。意识中要认可爱己与"自私"是一回事，而在社会实践中自利等于利他？自私是与自爱相一致，还是由缺乏真正的自爱所引起？这个矛盾在弗洛姆看来是对"自私"与"自爱"概念的混淆。当然过去的混淆也许是故意的，抑或是无意的错误。

弗洛姆强调，"爱人与爱己决不相容的概念是一种逻辑谬误。如果把我的邻居当作人来爱是一种美德，那么爱己就必然是一种美德而不是一种罪恶，因为我也是一个人。没有一种人的概念是不包括我自己在内的"。①弗洛姆在这里所说的人就是指作为"类"的一员的人，他人是"类"的一员，我也是，我们都有"类"的本质，爱他人就是爱"人类"，自然也就爱属于"类"一员的自己。就如《圣经》所表述的"爱你的邻居如爱自己"的思想意味着尊重人本身的完整性和独特性：爱自己、认识自己与尊重他人是一致的；爱他人，认识他人是不可分离的。"这意味着：爱人与爱己并非二者必居其一，相反，在所有有能力爱人者身上，我们都可看到，他们也爱自己。就'对象'与人本身的关系而言，爱在原则上是不可分割的。真正的爱是生产性的表现，它包含着关心、尊重、责任和认识。它并不是一种为他人所影响之意义上的'感情'，而是一种努力使被爱者得以成长和幸福的行动，这种行动来源于他自身的爱的能力"。②爱并不是单方面的给予和索取，而是爱者的主动性，在关心、认识、尊重对方的基础上承担责任，使被爱者得以成长，激发出其生产性，用生产性去

---

① 弗洛姆：《为自己的人》，孙依依译，三联书店 1988 年版，第 128 页。
② 同上书，第 129 页。

发掘生产性，使爱者和被爱者共同进步，这种爱是对"人类"的尊重，使人结为一体，变得不可分离。爱他人也就意味着爱己，爱使人不可分离，成为人与人之间维系的纽带，又再次促进类的意识的进一步加强。

弗洛姆认为"爱是一个人有力量去爱的表现，爱某个人是人的这种力量的实现和集中……如果对某个人的爱导致了对他人之爱的转移，那么，这也不是真正的爱。只能为一个人所体验的爱表明了这样一个事实，即它不是真正的爱，而是一种共生联系"。① 弗洛姆认为爱有广义和狭义之分，广义的爱包含母爱、性爱、爱陌生人等爱所有的人，即"人类"，这种爱与人类本质特性直接相关。而性爱则是对某一个特定的人的爱，假如因此而忽视对别人的爱，这种爱并不是真正的爱的内涵，而是一种共生关系，没有生产性可言的，爱一个人而排斥了对其他人的爱，显然不是一个生产性的个体的爱，爱者丧失了生产性的表达，也意味着被爱者也未能从其身上获取使其成长的力量——在被爱中挖掘出自己的生产性。"因此，爱一个人就意味着爱人类。正如詹姆士所说，只爱家人而对'陌生人'毫无感情的这种'分工'，是根本无能力去爱的象征。"② 仅爱某个人是无能力的爱，爱人类的人才真正具有爱的能力，人正是在对人的本质的认识上才萌生出真正的爱，才可能对某个具体的对象形成真正的爱：关心、认识、尊重和责任。"由此可见，原则上说，我自己必然是我之爱的一个对象，就像其他人是我之爱的对象一样。对人自己的生命，幸福、成长、自由的肯定，植根于人的爱之能力，即关心、尊重、责任和认识。如果一个人有生产性爱的能力，那么，他也就会爱他自己；如果他只能爱他人，那么他并没有真正爱的能力。"③

（二）自私与自爱

那么自私与自爱是一致的吗？显然不是！弗洛姆认为一个自私者只关心自己，只有在获取中才是快乐的，他所争取的一切都是为了得到，即使有给予也是为了换取自己所要的，在这样的给予中他毫无快乐。他评判外部世界的标准以自己能从中获取什么，对他人的需要他全无兴趣，也不会尊重他人的尊严与完整。这似乎就证明了关心他人与关心自己势必择一不

---

① 弗洛姆：《为自己的人》，孙依依译，三联书店 1988 年版，第 128 页。
② 同上。
③ 同上。

可吗？如果自私与自爱是一回事，那么爱己与爱人的确是二择一。"而实际上，自私与自爱是对立而非一致的。自私者并不十分爱己，或很少爱己，事实上，他憎恨自己；他缺乏对自己的喜爱和关心。他之所以焦虑地从生活中攫取他物满足，因为他不能从自身的力量中获得满足和幸福，这种缺乏只是他缺乏生产性的一种表现。他似乎极其关心自己，但实际上，这种关心只是一种不成功的努力，以掩盖和补偿他未能关心真正的自我……自私者没有能力爱他人，也没有真正能力爱自己。"[①] 弗洛姆的一席话极有见地，自私者并不自爱，他缺乏真正的自爱，他不能从自身的活动中获得满足，而是期望从外界的获取中来弥补，一个不能自足的主体是不懂得自爱的，归根结底是他缺乏生产性。

在现代道德教义中，无私是值得人钦佩和学习的品性。"无私"者通常表达出自己一无所求，他"只为他人而活着"。弗洛姆认为无私者并不幸福，他与那些最亲密者的关系并不令人满意；他对生活充满敌意，在爱和享乐上无能为力；在那无私的外观背后，巧妙地隐藏着强烈的自我中心，这也是一种生产性的缺乏。无私的本质在影响他人时表现得尤为明显，在我们人类的文化中，最通常的是"无私的"母亲对孩子的影响。她认为，由于她的无私，孩子将体会到被爱的意义，进而学会如何去爱。然而，她的无私之影响和付出与她所期望的并不完全相符合。孩子并没有表现出被爱者的幸福；他们焦虑、紧张，害怕母亲对他们不满意，并急于不辜负她的期望。母亲的无私阻碍了孩子对她的批评。他们负有不使她失望的义务；在美德的伪装下，他们所接受的影响是压力甚至厌恶生活。而一个真正自爱的母亲会让孩子看到爱、快乐、幸福在生活中的体验，这种示范是最好的教育。

与自私、自爱、无私相联系的就是自身利益这个词了。斯宾诺莎认为自身利益或寻求自身利益是与美德一致的。人的利益是为了维护他的存在，这种存在与实现他的内在潜力相一致。很显然，这里的"人"是一个真正的人。弗洛姆认为自身利益的概念是客观的，他不是根据人对利益的主观情感来表达，而是根据客观的人性加以描述的，人"只有一种真正的利益，即充分发展他的潜能，充分发展作为人类一员的他自己。正如一个人为了爱他人而必须了解那个人和他的真正需要一样，人必须了解他自

---

① 弗洛姆：《为自己的人》，孙依依译，三联书店 1988 年版，第 130 页。

己，以便理解自己的利益是什么，并认识怎样才能符合自己的利益。一个人如果忽略了自己，忽略了自己的真正需要，那么他就会对自己的真正利益蒙混不清"①，就会对自私、自爱和无私产生误解，把它们等同或对立。

西方社会的道德和现实交错地启示：我们"自身利益已等同于自私，等同于获得物质利益，获得权力和成功；自身利益已不是美德的同义词，战胜自身利益已成为一种伦理戒律"。② 这种伦理的戒律是一种退化，根本是对自身利益的错误理解所引发的。当我们要批判自身利益时，就赞同人应该以自己为唯一的目的，而不是服务于任何超越于人的意图的工具；而在我们现实的生活中却被加尔文和路德的主张所鼓舞。加尔文和路德教导人们，人必须压抑他的自身利益，必须把自己仅仅当作服务于上帝意图的工具。人努力工作并积攒金钱，不是为了快乐地消费金钱和享受生活，而是为了节省、为了投资、为了成功、为了工业的进步，人最终摒弃了加尔文的宗教本义，并没有使自己成为上帝意志的工具，而是成了经济机器或国家的工具。就像马克斯·韦伯所指出的那样，僧侣式的禁欲主义已为一种内在的尘世禁欲主义所替代，在这种禁欲主义里，人的幸福和快乐已不再是生活的真正目的。这种态度逐渐脱离了宗教的意味，而与自身利益结合起来，主张人有权利——也有义务——把追求自身利益当作他生活的最高规范和目的。现代人根据自身利益的原则而思考，他以为他的行动是为了他的利益，而实际上他最关切的是金钱和成功，而不是他作为人的根本目的，他在寻求被认为最佳利益时失去了自己。

在市场的影响下，自我的概念被所有格代替。我不再是"我是我所思"，而是"我是我所有"、"我占有什么"。这种自我利益的概念弥漫于整个现代社会，引起了各种权威主义思想对民主的攻击。他们声称，资本主义犯有道德上的错误，因为它为自私原则所统治，而他们自己的制度具有道德上的优越性，其原则是——使个人无私地服从"更高的"目标——国家、"民族"。他们的这种论断影响了不少人，追寻自身利益并没有幸福，为人类的更大团结和共同责任而奋斗更值得鼓舞。每一个公民应该无私地献身于公共利益，但国家作为一个整体去追求它自身的利益而无所顾忌其他民族的利益，那么这是集体的失德。他是一个伦理的实体，却是一

---

① 弗洛姆：《为自己的人》，孙依依译，三联书店 1988 年版，第 132 页。
② 同上书，第 133 页。

个不道德的个体。因此"现代文化的失败并不在于他的个人主义原则，也不在于他的道德观念与追求自身利益一致，而在于自身利益之含义的退化；它的失败不在于这样一个事实，即人们过分地关心他们的自身利益，而是在于他们并没有充分地关心他们真正的自身利益；并不在于他们太自私，而在于他们不爱自己"。①

第三节　母权论与爱

一　爱的两种基调

弗洛姆认为爱有两种基调：父爱和母爱。社会或者是按照男子为中心（父权制），是父爱的体现；或者是按照女子为中心（母权制）的原则组织起来，强调母爱。

父爱是有条件的。是否赢得父爱要看孩子是不是能干和表现如何。父亲总是挑选他认为最合适的儿子当继承人，也就是与他最相像，因而也是最得他欢心的那个儿子。父亲的原则是："我爱你，因为你符合我的要求，因为你履行你的职责，因为你同我相像。"一个人可以失去父爱，但通过忏悔和再次屈服又可以重新获得父爱。父爱意即法和赏罚，它不体现任何一种自然渊源。

母爱的原则就是无条件的爱。母亲之所以爱她的孩子，是自然渊源的体现。母爱的积极的方面是一种弥漫于母权制社会中对生命、自由和平等的肯定。因为人是自然之子，母亲之子，所有人都是平等的，有同样的权利和要求，衡量其价值的唯一标准就是生命，换句话说，母亲爱孩子并非因为他比别人好，并非因为他比别人更多地实现了她的期望，只是这是她的孩子，每个孩子都有同样的权利获得她的爱和关怀。

当然母爱也有消极的一面：由于与自然、血缘与土地的紧密联系，使人的个体与理性的发展受到了阻碍。父爱则表现得不同：父亲由于不能生育孩子，没有哺育、照顾他们的任务，男人更加远离自然、更少地根植于自然，他被迫发展自己的理性，建造一个由概念原则组成的人造世界以及各种人造事物，作为生存与安全的基础以代替自然。父亲代表人类生存的

---

① 弗洛姆：《为自己的人》，孙依依译，三联书店1988年版，第136页。

另一个极端：即代表思想的世界，人所创造的法律、秩序和纪律等事物的世界。

与孩子的关系中，在母权制社会，母亲在孩子早年的生活中体现的是包容一切、保护一切、关怀一切。在父权制社会中，儿子与父亲的关系一方面是服从，另一方面是对抗。这两种关系本身就包含着永不能调和的因素。对父亲的服从不同于对母亲的固恋。后者是自然纽带的延续，是对自然的固恋，前者是人工的、人造的，以权利和法律为基础，因而对父亲的服从从未像对母亲的依恋那样不可抗拒。母亲代表自然的、无条件的爱，父亲则代表抽象观念、良知、责任、法律和等级制度。在和母亲的关系中，孩子能够调解和控制的事情很少。母爱就像一种恩赐，如果它存在，就是一种福祉——如果它不存在，它也不能被创造。而与父亲的关系是可以控制的，父亲希望孩子成熟、负责任、能思考、能创造，并且也能服从父亲、侍奉父亲、喜欢父亲。不管父亲的期望是更多地看待孩子的发展还是服从，孩子都有机会博得父亲的爱，通过做父亲期望的事来激发父亲的爱心。母亲抚育孩子，给予孩子一种生活上的安全感；而父亲是教育孩子，向孩子指出通往世界之路的人：指导孩子正视他将来会遇到的种种困难。

所以母权制代表平等、自由、宽容与爱，以及束缚个性的发展和缺乏理性；父权制的代表是理性、纪律、良知和个人主义以及等级、压制、不平等和服从。

二　母权制的爱

以女子为中心原则的核心是一位慈爱的母亲形象。母爱的原则就是无条件的爱。母亲之所以爱她的孩子，不是因为孩子给她带来了快乐，而是因为这是她（或另一位妇女）的孩子。

母爱就其本质来说是无条件的。母亲热爱新生儿，并不是因为孩子满足了她的什么特殊的愿望，符合她的想象，而是因为这是她生的孩子。无条件的母爱不仅是孩子，也是我们每个人最深的渴求。母爱是一种祝福，是和平，不需要去赢得它，也不用为此付出努力。但无条件的母爱有其缺陷的一面。母爱的体验是一种消极的体验。我什么也不做就可以赢得母亲的爱，因为母亲是无条件的，我只要是母亲的孩子。

母爱是对儿童的生活和需求做出的毫无保留的肯定。对幼儿生命的肯定应该包括两个方面：一方面是必须关心幼儿并对其成长负有责任，以维护和发展弱小生命。另一方面则超出了维护生命的范围，那就是要使孩子热爱生活和热爱生命。母爱的这两个方面在《圣经》的《创世记》里表现得很明显。上帝创造了世界和人，这符合对生命的关心和肯定。但上帝所做的还不仅仅于此。在上帝创造人和世界以后的每一天里上帝都要了解情况，要知道一切是否都好。同样母爱的第二个方面也是要给孩子一种"诞生在这个世界是多么好"的感受。母亲要赋予孩子对生活的爱，而不仅仅是活下来的愿望。乳汁象征母爱的第一个方面：对生命的关心和肯定，蜂蜜则象征生活的甘美，对生活的爱和活在世上的幸福。事实上我们确实可以在孩子身上，也可以在成人身上看到，哪些人只得到"乳汁"，而哪些人既得到"乳汁"，又得到"蜂蜜"。

孩子必须长大，必须脱离母体和母亲的乳房，必须成为一个完整的、独立的生命。他要学会给予和爱，主动用爱的方式与他人相联系，成长为一个成熟的个体。这也意味着他与母亲的分离是必须的，而母亲应该欣喜地接受孩子的成长和独立，这才是真正的爱，关心、认识和尊重个体的发展。

人类的成长与个体的成长一样，从大地母亲和自然中分离出来走向独立，我们都是大地之子，承受着大地给予的一切而生长。人类在成长的过程中以母亲为中心建立起来的制度，是关爱、包容、和平的原则。

三　母权论在今天的意义

弗洛姆从人类的发展史去分析母权制原则从中心到边缘化直至消失，伴随而起的是父权制的强大。在人类的早期，人把树和动物当作崇拜的偶像，他崇拜自然的特例，崇拜自然的强大力量，通过此将自己与自然联系起来，个人找到了认同感与归属感，成为自然的一部分，他是自然之子、大地之子，建立起一种母权式的关系。但随着人类本身的发展，人类对自然的了解和可把握的程度提高以及理性的发展，使父权文化得到发展。比如在犹太传统，它的基础是《旧约全书》，其中建构了一个相当纯粹的父权文化形态，家庭中的父亲，社会中的教师和国王，以及天堂中的父亲式的上帝都是权力的基础。在《旧约全书》的家庭结构中，我们总是能看到受宠的儿子的身影，他们与父亲最为相像，成为父亲的继承人和财产继承者。与母亲眼中对所有孩子的一视同仁显然不同。如果说犹太－基督教传统强调的是道德方面的话，那么希腊思想则使父权精神在知识方面找到了最具创造性的表达方式。原始的根基、唯一性和理性精神，发展出了一套国家、城邦的管理制度和社会制度，代表着父权制的发展。基督教在立场上最为重大的转变就是其重点从纯粹的父权向母权与父权因素相混合而转变。《旧约圣经》中犹太教的上帝曾经是一个父权神；但在天主教的发展中，关爱一切与宽容一切的母爱被再次引进。天主教会中圣母马利亚代表了宽容与爱的母性精神；而作为父亲的上帝则代表了权威原则。但在后来的宗教改革中，清教主义和加尔文主义又重新回到了《旧约圣经》中纯粹的父权精神，消除了宗教观念中的母性因素。人脱离了教会和圣母的母爱的怀抱，他是孤独的，面对一个严厉和严格的上帝，他只有通过完全的屈从才能够得到他的恩赐。君主和国家成为全能的，并且得到了上帝的认可。从封建束缚中解脱出来却导致了孤独感和无力感的增加，但与此同时，父权原则的积极方面在文艺复兴的理性思想和人文主义中被确立起来，个人主义的发展欲使人意识到人性的力量和尊严，以改变人无可依靠的境地，上帝死了，人活了，主体的力量前所未有地被激发出来了，以此来消除人的孤独感和无力感。

"从 16 世纪开始，尤其在清教国家，父权精神的复兴表现出父权主义的积极和消极的两个方面。其消极方面表现在一种对国家、世俗权力的重要性不断增加的人造法律和世俗的等级制度的屈从。积极的方面表现在不断增加的理性和客观精神，以及个人和社会意识的增长方面。今天科技带来的巨大成就是人类理性思维最伟大的杰作，他是父权精神发展的重要标志。但是母权情结，不论其积极方面还是消极方面，包括人类平等的观念、生命的神圣性、所有人兼具有分享自然果实的权利，这些都反映在自然法的观念、人本主义、启蒙哲学以及民主社会主义的奋斗目标中。在所有这些中最为普遍的观念是：所有人都是大地母亲的孩子，都有被她养育的权利，享受幸福的权利。"① 四海之内皆兄弟，这说明他们都是同一个母亲的儿子，具有爱与幸福的不可剥夺的权利。但随着母权情结的积极方面的发展，在欧洲的发展中出现了对它消极方面的支持甚至倒退的现象：对血缘和土地的依恋。人从中世纪社会组织的传统束缚中解脱出来，获得新的自由，但害怕把他转变为一个孤独的原子，于是就逃回到对血缘和土

---

① 弗洛姆：《健全的社会》，蒋重跃等译，国际文化出版公司 2003 年版，第 48 页。

地的新的偶像崇拜中，国家主义和种族主义是这一新崇拜的两种最为明显的表达方式。法西斯主义和纳粹主义是对国家与氏族崇拜混合物最为集中的表现。同样现代社会的某些"爱国主义"也是国家主义的崇拜形式。①我们这里说的"爱国主义"意味着把自己的民族置于整个人类以及真理和正义的原则之上；这并不是出于对自身民族利益的爱护，出于对本民族精神和物质繁荣的关心。因为没有一民族的权力可以凌驾于其他民族之上。正如对一个人的爱如果排斥了对他人的爱就不再是爱一样，与对全人类的爱相割裂的爱也不会是真正的爱，而是偶像崇拜。这是母权原则的歪曲发展，是母权原则的倒退，并不是母权制的精神。

以机器、法律、军队、武器与战争为标志的现代社会是典型的父权制的文明形态，它缺乏母权制的文明形态，是一个病态的社会，是与人类自身的发展相背离的。"只有当人成功地比以前更进一步地发展他的理性，同时发展他的爱的能力的时候；只有当他能够在人类团结和正义的基础上建立起一个新世界的时候；只有当他在普遍的兄弟情谊中扎下根来的时候，他才能够发现一种新的人类根源性的形式，才能把世界变成一个真正的人类家园。"② 正如 L. H. 摩尔根所断言的，母权制的自由、平等和博爱的原则将在更高形式上复活。

父母亲形象与孩子道德准则的形成有紧密联系。在我们的内心有两种声音。父亲告诉我们"这是你应该做的"、"那是你不该做的"，如果我们做错了事，他会责备，如果我们做了正确的事，他会表扬。而母亲她好像在说"你父亲的责备是对的，但不要把它看得太重；不管你做了什么，你都是我的孩子，我爱你，也就宽恕你，你所做的任何事都不能干涉生命和幸福的权利"。父亲和母亲的声音是用不同的语言表达的，实际上，表达的是责任的原则和爱的原则的矛盾。父亲式的良知和母亲式的良知的矛盾是人类存在中固有的矛盾，人们必须接受矛盾的两个方面。仅仅听从责任命令的良知，如同仅仅听从爱的命令的良知一样被歪曲的。我们内心的父亲和母亲的声音说的不仅是人对待自身的态度，也指出了人对待同类的态度。我们可以用父亲式的良知评价周围的人，但同时也必须倾听来自内心母亲的声音，她告诉我们要爱所有的同类、所有的生物，原谅所有的

---

① 参见弗洛姆《健全的社会》，蒋重跃等译，国际文化出版公司 2003 年版，第 48 页。

② 同上书，第 51 页。

罪人。

一个成熟的人同样也是一个生产性的个体，必然有母性的爱和父性的理性，个体既有爱的能力，又有理智和判断力。"如果一个人只发展父亲的良知，那他会变得严厉和没有人性；如果他只有母亲的良知，那他就有失去自我判断力的危险，就会阻碍自己和他人的发展。"①

① 弗洛姆：《为自己的人》，孙依依译，三联书店 1988 年版，第 265 页。

第六章

弗洛姆类伦理目标之实现路径

第一节　个体至善与社会至善

　　德行与幸福，是千百年来人类道德历史所追求的理想。具备一定道德认识、道德情感和道德意志的主体通过道德选择活动，形成良好的品格和行为习惯，进而形成自身的德行。另一方面，个体在道德实践的过程中，开发了潜能，看到了自己为自身的需要、他人的需要和社会的需要所付出的努力被认同和赞赏，获得了精神上的自我满足和愉悦，具有幸福感。德行与幸福作为道德选择的两个基本目标，本质上是辩证统一的。德福一致是人们进行道德选择的基本动因。但在人类的道德发展史中，德福一致是伦理学家要致力克服的难题之一，之所以德福并非总是一致，因为人既是个体，也是社会群体的一员，道德理想的实现还要依赖社会现实和制度建设。正如弗洛姆所说，一个社会的制度安排越与人性的真正幸福一致，那么人与制度的冲突就越少，他在社会中获得的幸福感也越强，越能达到德福的一致；相反，一个社会越压抑人性，那么人与社会的冲突就越多，越不能达到德福的一致。所以对个体来说，道德修养的目标——个体至善，它是人类道德历史追求的一个目标；同时，个体虽是独立的个体，但其本质是一个社会人，社会作为群体的组织形式，也是重要的道德主体，其道德活动的目标是社会至善。

　　从理论上来说个体至善与社会至善应该是统一的。个体至善是社会至善的基础，而社会至善则是个体至善的目的和归宿。两种至善所探求的路径是不同的，一种是指向内部，一种是指向外部。向内探求是对个体至善、心性修养的要求，向外追索是对社会至善的要求，二者的结合才能产生人格与人伦的至善。然而个体与整体、个体至善与社会至善的矛盾，一直是中西方伦理史上最基本的矛盾，忽视个体至善会导致极端的利己主义，忽视社会至善会导致专制主义。

在中国的传统文化中，道德诉求的主流指向内部，更多的是期待从个体至善达到社会的善治，儒释道三家都强调个体至善，而忽视社会至善。道家强调出世，远离尘世纷争，关注自身的静养与修身，通过避世来消弭社会矛盾，主张无为而治，虽不认同社会秩序但不求以己来改变社会秩序。佛家对社会秩序的认同则更是鲜明，要人们放弃欲望，欲望是一切痛苦的源头，通过清空自己的欲望来消解体现在个体身上的社会矛盾，以期达到自度和度人，维护现有的社会制度。儒家是三教合流的主导者，其内涵更丰富和有更广泛的影响，它注重人的德行修养，提倡"明明德——亲民——止于至善"的大学之道，认为尽己之性则可以尽人之性；尽人之性则可以尽物之性；最后便可以赞天地化育，达到齐家、治国、平天下，就是说只要每个人成为善人，那整个社会就至善了，"人人皆可以为尧舜"。这种价值取向忽视追求社会及社会规范的公正合理，而是以个体对社会规范的自觉遵循即个体至善为条件。于是，在政治生活中就导致这样的现象：社会秩序是当然的社会至善，个体越服从于社会，说明其越具修养、越至善，政治上也自然就表现为越专制，社会也越不合理，这是中国传统伦理发展中的内在矛盾。"这种注重向内探求的伦理精神是一种由自身本性出发而最后再向人性复归的模式，它奠定了中国伦理精神注重心性修养的特点。然而这种片面性的向内探求的精神，导致了向外追索精神的缺乏，以及对社会秩序合理以及个体权利追求的缺乏。这种圣人的精神与君子人格对维护社会稳定是有作用的，而对社会的合理性与社会的发展却造成一定的障碍。"①

善与正义（正义亦是一种善）是伦理学中最基本的范畴之一。西方社会的美德伦理和规范伦理的争议，也凸显了个体至善与社会至善在西方社会现实中的矛盾和冲突。

苏格拉底认为"美德即知识"，包括节制、勇敢、智慧等，这一切具体的善最终都依赖于知识，即合理地取得幸福，人要依据智慧、理性来行动，完善自我；道德将反思和伦理结合，来区分善恶，伦理是朴素的，与反思结合的伦理才是道德的。所以，从苏格拉底始，善与理性就在西方伦理学史中不可分离了。柏拉图的善是理念，具有最高的完美性和秩序性，

---

① 樊浩：《中国伦理精神的历史的建构》，江苏人民出版社1992年版，第417页。

而人的美德是一种相，是分有善。这里的善更多是一种理性的分析和抽象的善。在亚里士多德的伦理学理论中，善是一种合乎德行的活动，善自身包含着德行。善不能离开具体的事物，就如德行不能离开善，善是合乎德行的实践活动，要获得善就必须按照德行生活。最高的善是至善是幸福，幸福本身是目的，是自足的。善是一种存在，一种内在的根据，任何事物都有趋向善的目标，也是人行为的根据，善是自在自为的，也是自足的。对"善"的本性探讨最系统的是日本的西田几多郎，他认为"善就是我们的内在要求即理想的实现，换句话说，就是意志发展的完成"。① 个体的善是一切善的基础。但美国学者霍尔德·尼布尔的警世之作《道德的人与不道德的个体》在 1932 年出版，彻底击碎了西田几多郎关于个体至善的梦想，个体至善并不必然导向社会至善，反而可能呈现对立的状态，社会至善在某些情境下比个体至善更为重要。

社会至善在伦理学中更多地描述为正义。柏拉图认为正义是一种善，是一种心灵的德行，不仅合目的还要有好的结果，在他看来城邦的正义也同时是内部和谐和分工有序的。亚里士多德把正义分为"平均正义"和"分配正义"，休谟认为公共福利是正义的唯一源泉。穆勒断定正义是关于人类基本福利的一些道德规则等。

在社会发展迅速、矛盾突出和社会大幅度变革的时代，正义依然是人们争论的焦点，正义成为社会重要的价值评判标准。西方社会发展的现实预示着作为社会公正和社会正义的善更为重要，其中罗尔斯的正义论最为著名。1971 年罗尔斯的《正义论》问世，扬弃了追求个体至善理想中的抽象性和虚幻性，转而更关注对社会至善的追求。他从"无知之幕"导出正义的两个原则：第一，平等原则，人人享有基本的权利和福利，不管其背后种种境况；第二，差别原则，差别的原则能够有利于境况差的人，有利于最少受惠者。对社会和经济不平等的安排，应能使这种不平等既符合地位最不利的人的最大利益，又按照公平的机会均等的条件，使之向所有人开放，这样的制度安排充分显现了社会的善。

在西方伦理学发展史中，在理性和民主精神的大旗下，当个体与整体、个人与社会发生矛盾时，其价值取向往往是对个体权利、个体欲望的肯定，并由此导致对社会至善的追求。这种向外追索的方式看起来是对社

---

① 西田几多郎：《善的研究》，何倩译，商务印书馆 1965 年版，第 111 页。

会稳定的一种否定性因素，但内在地肯定了人的价值和权利，给予同一地域中不同处境的人最大程度的善和利益，形成了内在的共识和凝聚力，在貌似不同和相互分离的声音中推动社会的发展，使人获得更多的尊重和权利，也赢得人们对制度和权力的信任和尊重，促进民主和制度的深层发展，并自然地导向和规范个体的善，推进个体至善的发展。这种否定的背后实则是肯定。所以，在西方，社会至善是个体至善的前提，通过社会至善的追求寻找伦理道德问题的根源、冲突和解决的途径。在中国，个体至善是社会至善的条件，从内在人格的完善开始，建立起社会伦理依托的根基，形成伦理性格的自我的封闭模式，导致缺乏民主精神与自我开放的机制，制度的不完善让不完善的个体可能走向个体至善的反面，形成专制和独裁，社会至善因此成为空中楼阁。

中西方伦理发展中，都一直试图去克服个人至善与社会至善在现实社会中的权重及矛盾与冲突，伦理学家的倾向和努力是一致的，只有个体至善与社会至善的相携发展才能推进社会的善和人的幸福。站在一己民族的社会之内面临着，个体至善与社会至善的不均衡发展和矛盾；站在人类社会的立场更是看到了这种冲突与矛盾，正如《道德的人与不道德的个体》所表述的那样，一个民族在民族范围是道德的，是个伦理实体，但在人类的立场是一个不道德的个体，一个民族国家作为人类社会的一个个体，可以屠杀、掠夺、压迫另一个民族，而且以"正义"的名义实施不道德的行为，这种在人类社会中的社会至善成了当代世界的突出问题。这正是弗洛姆所期待解答的一个难题和美好的梦想。只有人类社会的至善才有人类的幸福，一个民族国家的至善的目标不仅要着眼于民族社会的至善，也要着眼于人类的至善。

第二节　弗洛姆类伦理目标之内在进化路径

弗洛姆认为达到个体至善和社会至善要通过内在的觉醒和外在的改革才能达成。个体内在的觉醒在东西方文化中有不同的路径，他认为西方文化中的精神分析和东方的禅宗都是富有理性的一种自觉方式，是实现至善与人类幸福的通途。

对理性和物的狂热追求造成现代西方文明危机的根源，全面的异化和丧失人生存意义的内在危机，和外在现实社会的生存困境需要寻找解决的出路。弗洛姆认为西方现代社会理性至上，但在信仰中，东方的宗教思想比西方的宗教思想更合乎西方的理性思想。在西方人意识中，人是有罪的不完满的，永远也不可能成为完人，要借助人之外的力量引导人；但在东方人的意识中要成为一个完人和圣人，有先德的典范，用人来引导人、开悟人。"道教和佛教在合乎理性与现实主义方面，优越于西方宗教。他们能够如实地、客观地看待他人，因为没有别的人或神，只有'觉者'才能做人的导师；而人们之所以能被引导，乃在于人人内心里皆有觉醒与开悟的能力。"① 在弗洛姆看来精神分析是西方现代理性的典范，它与东方的宗教如禅宗一样既充满理性的色彩又深入现实生活本身，是西方文明解除危机的重要途径之一。

一　精神分析与无意识

在弗洛姆看来，精神分析及其无意识是拯救西方文化的一种途径，它帮助人们发掘无意识、认识到被压抑的人性，唤醒自我意识，认识到伦理实体与不道德的个体的冲突。

（一）无意识

精神分析中最具特色的是致力于使无意识成为意识，或者说所谓的使本我转变为自我。

"无意识指的并不是没有任何冲动、感受、愿望、恐惧等，而指的是没有觉察到这些冲动。"② 意识和无意识都是人格的一部分，都具有特定的内容。在弗洛伊德看来，无意识基本上是非理性的渊薮；而在荣格的思想中，无意识则是智慧的最深渊源，而意识是人格的知性部分。"意识和无意识是受社会制约的。那些不能通过（受社会制约）语言、逻辑和禁忌（社会性格）三种过滤器的经验，将永远留在知觉的外面，也就是说，它们将始终是无意识。"③ 个人的社会过滤器的通过程度与家庭的环境和教育有关。因为我们不仅要压抑那些同社会思维模式不相容的欲望；而且，要压抑同一个人的整个生命结构和生长原则以及"人道主义良心"

---

① 弗洛姆：《精神分析与禅宗》（弗洛姆文集），冯川等译，改革出版社1997年版，第440页。

② 同上书，第455页。

③ 同上书，第464页。

（即我们内心以人的充分发展名义说话的声音）不相容的欲望。人作为一种动物，最害怕的是死亡；但人就是人而言，他最害怕的是彻底孤独。害怕孤独有效地阻止了一个人意识到种种禁忌的情感和思想。任何一个社会为了自身的生存，都必须以某种方式塑造其成员的性格，从而使他们能够自觉自愿地去做他们不得不做的事情；他们的社会职能必须内化、转变为渴望去做某些事情而不是非得做某些事情不可。如果偏离了这一模式，这种社会性格丧失了它的凝聚力和稳定性，许多个人的所作所为就不再符合社会的希望，而社会在一定形式中的生存就会受到威胁。同时，人们压抑欲望的程度与社会的人性标准相关。如果人丧失了与自己生活于其中的社会群体的接触，他会害怕陷入完全孤独的境地，所以大多数人与社会保持一致。所以如果整个社会采取非人性的准则，则非人性并不如遭到社会的流放那么可怕，压抑也就越深沉而不能主动意识到，当然一个人由于其智力与精神的发展越是感觉到自己与人性的不可分离，他就越能够忍受社会的流放。反之，一个社会越接近人性的生活准则，与社会隔绝和与人性隔绝之间的冲突就越小，对人性的压抑也就越少。①

　　作为人的特殊性，害怕孤独，一个社会人不允许自己意识到那些与他的文化模式不相容的思想感情，他必须压抑这些思想感情，与他人与社会保持一致，获得认同和同一感。所以，从形式上讲，除了个人受家庭决定的因素和人道主义良心的影响外，什么是意识，什么是无意识，完全取决于社会的结构及其思维模式和情感模式。至于无意识的内容，却不能一概而论，但它总是包含着代表整个个人的全部潜能——他首先是动物，可能是偶像崇拜者；同时他又具有理性的能力、爱的能力和正义的能力。这是人对其生存问题的种种不同的答案。所以，无意识的内容既不善也不恶，既非理性也非非理性，两者兼而有之，具备了人所具有的一切。无意识是整个人减去其符合于社会的部分。意识代表着社会性的人，代表着个人被偶然抛入其中的历史境遇给他设置的种种限制。无意识则代表着具有普遍性的人，代表着根植于整个宇宙的全人（the whole man）；在他身上既有动物的纯粹性，也有高尚的精神性；既能看到原初"人"的意义，又能看到人的全部未来直到人充分发展为人，那时，自然界将要人化，而人也

---

　　①　参见弗洛姆《精神分析与禅宗》（弗洛姆文集），冯川等译，改革出版社 1997 年版，第465 页。

将"自然化",一切按其本然状态生存。①

（二）无意识成为意识的意义

使无意识成为意识,消除压抑,这一切究竟意味着什么？

弗洛伊德的理论中,由于他认为无意识与文明生活不相容,主要由受压抑的本能欲望所构成。所以转变无意识为意识意味着消除压抑……弗洛姆在此理论上更进一步,他认为"使无意识成为意识,乃是把人的普遍性这一纯粹理念,转变为对这种普遍性的活生生的体验,这正是人道主义在经验中的实现"。② 唤醒伦理实体中成员的自我意识,对当代社会现实产生新的领悟,并以自身社会现实为参照,建立起"人"的普遍意识,并践行之。

在西方现代社会中大多数人的意识基本上是由各种虚构和幻相组成的"虚假意识",而那些他未能觉察到的东西却恰恰是真实的。在一个物化、机器和高度分工的社会中,一切都异化了,压抑状态导致的事实是:"作为偶然的、社会的人的我,被分隔在作为整个人性的人的我之外。我对我自己来说是一个陌生人,在同样的程度上,每个人对于我也都是陌生人。我被割裂在人性经验的广阔领域之外,自始至终是人的一块碎片,是一个畸形人,仅仅体验到于己于人来说都是真实的东西的极小一部分。"③

实际上,并没有"意识"这种东西,也没有"无意识"这种东西,有的只是不同程度的无意识无觉知。扩大意识领域意味着醒悟,意味着揭开面罩,意味着走出洞穴,意味着把光明输入黑暗。这种体验,就如禅宗所谓的"开悟"。斯宾诺莎曾说:知性知识只有在它同时也是情感知识的时候才能造成变化。知性知识本身并不能造成任何变化,也许只有在这样一种意义上才能造成变化,即一个人从知性上认识到自己的无意识欲望,也许能更好地控制这些欲望。弗洛姆认为,控制欲望这是传统伦理学的目的,而不是精神分析的目的,它的目的是消融无意识,消融不合理的欲望。发现自己的无意识,这绝不是一种知性行为,而是一种情感体验。这种情感体验难于言说。这并不意味着思考和推测不可能先于发现的行为,

---

① 参见弗洛姆:《精神分析与禅宗》(弗洛姆文集),冯川等译,改革出版社1997年版,第465—466页。

② 同上书,第466页。

③ 同上书,第468页。

但发现的行为本身是一种整体经验，说它是整体的，指的是整体的人体验到了它；而这种经验则是以自发性和突然性为其特征的，这种情感的体验亦是以理性为基础的，是主客观统一的。它在事实上超越了以知性主体去观察作为对象的自己这样一种知识和觉察，因此它超越了西方理性主义的认知观念（在西方传统中也有某些接触到体验性知识的例外情形，这可以从斯宾诺莎的最高认知形式——直觉，从费希特的知性直观，从柏格森的创造性意识之中找到）、超越了主客分裂的知识。①

从精神分析的视角来看，要认识另一个人，就必须在他之中成为他。精神分析医生只有自己首先成为"病人"，在自己心中体验到他的病人所体验到的一切；否则他就只是对病人的知性认识，而不可能真正知道病人的种种体验，也不可能向病人传达出他分有和理解了病人的体验。同时精神分析医生又必须仍然是他自己，通过体验真正理解病人，又去分析病人意识后面的无意识，真正地理解病人的病因。他必须忘记他是医生，同时他又仍然意识到自己是医生。只有当他接受了这一悖论，他才能够去做出"解释"，而这种解释，由于根源他自己的体验，便具有权威性。精神分析就是通过这种自我分析，发现无意识，发现真正的自我，所以持续不断地自我分析的开端，即不断觉悟的开端。②

二　禅宗与开悟

弗洛姆认为文艺复兴后西方社会的宗教和理性发生了很大的变化，神性被打破，走向世俗化，理性力量强大到了非理性的程度，在理性高度主宰的情境中真正的"人"被异化了，被分裂了，人只是个单子，人的完整性和真实意义丧失了，人如何恢复人自己，依赖的仍然是人的觉悟和理性，而这理性不同于现实生活中的非理性的理性。精神分析就是西方理性的最后一块高地，在这种分析模式中发现人真实的自我，解读现代人意识背后的神秘力量——无意识，无意识的发觉和呈现才能真正理解现代人的种种困境，从而解除人的困境。这种无意识既是理性本身的结果，因为无意识领域的发现依靠的是理性；同时它更是一种体验，是一个完整的人所

① 参见弗洛姆《精神分析与禅宗》（弗洛姆文集），冯川等译，改革出版社 1997 年版，第470 页。

② 参见上书，第473 页。

有的体验，是主客观统一、完美协调的体现。而在东方的宗教中，禅宗的开悟与精神分析有着异曲同工之妙，其看似非理性的行为实则是充满理性，是人重新为人的重要方法。

（一）开悟

禅的核心是开悟，凡没有体验的人，不可能对禅有充分的了解。"禅本质上是洞察人生命本性的艺术，它指出从奴役到自由的道路……可以说，禅把积蓄于我们每个人身上的所有能量完全而自然地释放出来，这些能量在通常环境中受到压抑和扭曲，以致找不到适当的渠道……因此，禅的目标乃是使我们免于疯狂和畸形。这就是我所说的自由，即把所有蕴藏在我们心中的创造性与仁慈的冲动都自由发挥出来。我们具有使我们快乐和互爱的能力，但通常对此视而不见。"① 禅最终的目标是开悟体验，自然地释放人身上的所有的创造可能性和潜能，但这始终是一个绝对完美的状态，人的目标是无限地靠近这个目标。

人们常常对"悟"有着不科学的认识，认为悟是心灵的变态，一种泯灭现实的恍惚状态，它是某些宗教现象中的自恋心态；甚至被认为是一种意识分裂，实际沉睡却自以为清醒的恍惚状态。事实上，"他无非是完全正常的心灵状态……"就如赵洲所说，"禅即平常心"，"无论门朝里开还是向外开，都得靠门枢"。一个开悟的人，整个心灵都将以一种不同的格调活动，它使你更满足、和平和充满快乐；在禅中有着使生命更新的东西，春花更美，山溪更为清澈。②

弗洛姆认为开悟是幸福安宁的真正实现。开悟，是一种觉醒和开放，是达到主体与客体统一的途径，以一种"是其所是"的现实态度认识事物和人。

（二）禅的意义

禅之体验的一个基本要素，是对真实的不扭曲、不抽象化。对事物和世界的体验经历这样的三层境界：见山是山，见水是水；见山不是山，见水不是水；见山只是山，见水只是水。他经历的是肯定—否定—否定的否定（肯定）三个阶段。

---

① 转引自弗洛姆《精神分析与禅宗》（弗洛姆文集），冯川等译，改革出版社1997年版，第475页。

② 参见上书。

禅旨在真实认识世界和人自己的本性。通过内在的体验去认识事物，不囿于外在的强权和威力，"禅的基本思想是达到与人生命内在活动的交融，并以尽可能直接的方法达到这一交融，而不是依赖任何外在的或附加的东西"。① 这种内心的体验是要达到如事物本然的状态去认识世界和人自身。两千年来，西方人都相信，对存在问题的最终回答可以用思想给出。但禅宗的态度是：生命的终极答案不能用思想来提供。对存在问题的知性判断会阻碍了经验的完整性和鲜活性，限制了体验的自发性。禅的教育目的，不是像西方那样逻辑思考日益精密，禅师传递给他的弟子唯一的信息是他的存在。要么逼入绝境通过心灵的领会达到开悟，要么放任不管取消任何的权威来使弟子获得自由而开悟。

禅伦理上的目的要达到"完全的安全感和无所畏惧"，是要摆脱奴役走向自由。对禅目标所做的描绘，与精神分析所期望的目标是一致的：对人自己本性的洞察，达到自由、幸福与爱，释放体内的能量，从疯狂或畸形中解脱出来。所以禅与精神分析一样关心的是性格，而不是知性，人的真正觉悟、洞察是与人的性格转变密不可分的，在禅悟和精神分析的过程中，性格转变乃是觉悟的一个重要条件。西方现代社会中大多数人并未真正认识到自身存在的危机，但隐约感觉到生存的困惑，他们通过补偿机制来取得平衡，比如与群体保持一致，对权力、特权和金钱的追求，对偶像的依赖，自恋式的自我膨胀，甚至自我牺牲式的苦行生活等来逃避直面真正的人性，认为理性让他做出如此的选择，或者他的选择是理性的。但事实并非如此。

三　两大体系形式上的相似性

（一）两大体系都是人之本性的理论体系，也是实现人之幸福的实践

禅与精神分析有着相同的伦理指向。虽然精神分析和禅在根本上都不是伦理体系，但禅和精神分析的觉悟和无意识的领会达到了对事物真实的认识，从而在性格上发生转变，这种转变也必定引起伦理上的转变，它们通过开悟和无意识的觉醒发现工业社会中人的非合理的需要和欲望，通过觉悟来化解不合理的欲望，达到伦理的转变。

---

① 转引自弗洛姆《精神分析与禅宗》（弗洛姆文集），冯川等译，改革出版社1997年版，第479页。

禅宗与精神分析实质上都是关于人之本性的理论体系，也是实现人之幸福的实践。禅属于东方文化，是印度理性与抽象性同中国的具体性、现实主义相融合的产物。精神分析完全是西方的产物，是西方人道主义与理性主义的产物，也可以说它的精神之父是希腊智慧和希伯来伦理。精神分析是一种科学，完全是非宗教性的；禅则是一种达到开悟的理论与方法，在西方人看来可以说是一种宗教性或神秘性的体验。精神分析是对精神疾病的一种治疗方法，禅则是一条精神拯救之路。[①] 但两者殊途同归，最终的目的是为人解除压抑和困惑，获得幸福。

禅宗之所以与精神分析都是达到幸福的途径的共性是它们具有现实的理性，倡导达到与人的本真一致的存在状态。

（二）幸福安宁是与人的本性相一致的存在状态

弗洛姆受到存在主义思想的影响，认为人的存在蕴含着被动性：他不由自主地被抛入这个世界，又不由自主地被带离这个世界。动物天生就禀赋着适应环境的机制，它完全生活于自然之中；与动物相比，人缺乏这种本能机制。但人的生命却蕴含着主动性和创造性，使他不得不主动去生活，而不是被生活所左右。所以他虽身处自然之中，却又超越了自然；他能意识到自己，但意识到自己是个与自然分离的存在物，不同于其他的物种，感受到无法忍受的孤独、失落与无能为力。生命所蕴含的这个难题到底如何来解决呢？"基本上有两种答案：一种是以退化到知觉尚未产生的合一状态，即人诞生前的状态来克服隔离。另一种答案则是完全的诞生，是发展人的认知、理性及爱的能力。达到一种超越自我中心的境地，从而与世界达成新的和谐、新的统一。"[②]

弗洛姆认为一个不具生产性的人，并不是人如其本然那样生活，他在各种自以为满足和幸福的追求满足后仍然感到不满意、焦虑，这样的生活并不是符合人本真的生活。"幸福安宁是理性达到充分发展的状态——这里的理性并不仅限于知性判断上的意义，而是以'让事物如其本然'的方法掌握真理。只有当人克服自恋，达到开放，富于回应、敏锐、清醒、空灵（用禅宗的说法）上达到一定的程度，他才能在同样的程度上获得

---

① 参见弗洛姆《精神分析与禅宗》（弗洛姆文集），冯川等译，改革出版社1997年版，第437页。

② 同上书，第446页。

幸福安宁。幸福安宁意味着在情感上与人和自然完全交融，克服分裂感和异化感，达到万物一体的体验，与此同时又体验到我自己是一个独立自在的实体，是一个不可分离的个体。幸福安宁意味着完全的诞生，意味着使人的潜能得以充分发展；它意味着充分的欢乐和悲哀，换言之，从常人所处的半昏睡状态中觉醒，达到充分的醒悟。"① 禅和精神分析就是达到人开悟的途径。用"如其本然"的方法认识世界、认识自我，创造世界、创造自我；在生命活动中去确立自己、体验自己。在这样的体验中获得的快乐就是幸福，它是与人的本性相一致的生存状态。幸福安宁的性质是人的精神进化。

达到幸福安宁的状态与人的存在问题一样，似乎是矛盾的。越执着幸福的外在形式，我们与他越远，而舍弃让我们看起来幸福的外在物时，我们倒能最终获得真正的幸福了。

（三）两大体系都坚持理性的权威

两大体系的另一相同点，坚持理性的权威。禅师对于学生是一种合理性的权威，禅师只是助产士和登山向导，学生在禅师的引导下开悟，寻求自我发现、自我觉醒、自我改变的途径，促成自我的成长，清空内在世界和外在世界的欲望的干扰，以本然的态度对待人与世界，达到幸福和安宁的状态。精神分析也是如此，它坚持"中立"的原则去分析和呈现对方内在的精神世界，从而发现真实的自我，自觉地意识到要改变自我及其改变的力量。分析师的权威亦是一种理性的权威。

在分析的态度上，禅宗和精神分析的教育方法似乎是要把学生逼入死角。禅宗使学生无法在知性中找到庇护，而是用禅师的范例来让其自己体悟，如同在他面前设置了一道屏障，让其自己在开悟中揭开屏障，直至顿悟。精神分析也是通过分析师的分析，把病人自以为是的有意识的缘由一个个让其认识和排除，直至意识到问题背后的无意识，找到问题的症结，病人这时豁然开朗，如同开悟。

四 禅宗与精神分析的主旨"殊途同归"

（一）精神分析的主旨：克服压抑，把无意识转变为意识

弗洛姆认为如果能够把语言、逻辑和社会禁忌这些过滤器撤除，就不

---

① 参见弗洛姆《精神分析与禅宗》（弗洛姆文集），冯川等译，改革出版社1997年版，第450页。

再有与意识相对的无意识；有的只是直接的体验。在没有意识压抑的状态中，人对他人和世界的体验，以整个自我、按其本来面目来体验；他与世界、与他人是和谐合一的，人与人是以爱和理性联结在一起的。处于压抑状态的人，他并没有看到存在物的真相，他体验到自己与事物不过是以思维作用去体验，他自以为与世界相通，其实他不过是在与语言和自己的思维接触。

"'使无意识变为意识'，意味着克服压抑和自我疏离，因此也克服了同陌生人的疏离。他意味着觉醒、摆脱幻相、假象与谎言，如实地观照事物。"① 自我觉醒的人是解除束缚的人，他的自由不再被别人和自己所限制。认识无意识、把无意识变为意识的过程，是人的一次内在革命，这是自我意识的觉醒。正是这真正的觉醒，使人认识到人性中最本质、最根源的东西，真正以人的名义观照自己、他人和外在世界，以真实的态度、尊重的态度对世界做出回应，建立起人与自我、人与自然、他人、社会的和谐关系。

无意识变为意识，其根源不在于本能，而在于整个人的完整体验，作为一个类成员的自我意识的觉醒，它克服了异化，克服了主客分裂和知性的屏障，意味着消除压抑，意味着消除自我中"类"的人与特定社会人的分裂，意味着意识与无意识两极对立的消失，意味着对世界敞开与回应，他不占有任何东西，他本身就是一切，人以"如其本然"的态度与世界交互。

（二）禅的主旨（悟）

无意识的转变是对世界的直接而完全把握，这也是禅的目的。同样，禅的方法是直接进入对象本身去观照事物。禅的目的在于开悟；消除人与世界的沟通障碍，以开放的心灵面对世界，并做出积极的回应，因此它对世界的把握是真实的、直接的而非思虑性，没有烦恼和知性化作用。

虽然禅宗超越了伦理，却包含着佛教根本的伦理目的，意味着要克服一切形式的贪婪。如果与世界的联系被一种创造性的联系主导，那么人的同一感源于"人"，以"人"的名义行动和生活，以"人"为目的，他是自足的和充实的，不再被外物所限制，达到自由的境界，禅宗就希望通过

① 弗洛姆：《精神分析与禅宗》（弗洛姆文集），冯川等译，改革出版社1997年版，第490页。

"悟"摆脱俗物的困扰，思索人本身的问题，悟出本性和生存的真谛，达到开悟，获得自由和幸福。

简而言之，精神分析的方法和禅固然只是一个方法、一种准备，正因为它是一种方法，遂无法保证其达到目的。使这一目的得以达成的因素深植于个体人格之内。它源于人所共有的人性，"假如不是'人人都有佛性'这一事实，假如人与存在不是普遍的范畴，假如对真实的直接把握、觉醒与开悟不是普遍的体验，这样一种了解又如何可能呢?"①

第三节　弗洛姆类伦理目标实现之外在进化路径

弗洛姆认为一个真正的人，是富有创造力而未被异化的人；他与世界建立友爱的联系，他用自己的理性去客观地把握现实；他觉得自己是独一无二的单一的个体，同时又感到自己和他人是同一的；他不屈从于非权威理性的摆布，而愿意接受良心和理性的权威；只要他活着，他就会不断地再生，他把生命的赋予看作所得到的最宝贵的机会。"只要一个人生来不是精神上或者道德上的低能儿，那么他生来就具有一种为精神健康、为幸福、为和谐、为爱情及创造进行努力的能力。"②

在一个健全的社会中，人是目的而不是手段，人是社会的中心，而所有的政治经济活动都服从于人的发展这一目的。弗洛姆认为造成现代西方"人"最大的问题的成因是经济的，或精神的，或心理的，那么只有当工业和政治的体制、精神和哲学的倾向、性格结构以及文化活动同时发生变化，社会才能回复到正常的轨道，人才能回复到"人"自身。所以要改变人类的生存状态，使人成为真正的一个人需要在意识上的自我觉醒，亦要在社会中进行改良，包括社会的经济、政治、文化的改革，这些外在化的途径是与内在化途径相结合才能改变西方社会人生存的外在环境、内在觉醒和修养，从而改变社会与人自身。

一　经济的改革

弗洛姆认为造成西方社会人的问题最大的根源是预设了一种和谐：物

---

① 弗洛姆：《精神分析与禅宗》（弗洛姆文集），冯川等译，改革出版社1997年版，第501页。

② 弗洛姆：《健全的社会》，蒋重跃等译，国际文化出版公司2003年版，第231页。

质财富的增长与人的幸福成正比。西方工业社会中人成了实现经济目标的工具，人与他人和自然的关系被疏远了，人失去了同他人和自然的具体联系，人不再过着有意义的生活，人也丧失了自己。所以要改变西方人的困境，除了人的自我觉醒外，社会也定要改变其经济发展的根本目标，西方社会的经济改革的重点要以人的发展和幸福作为经济活动的根本目的。

（一）弗洛姆眼中的社会主义

弗洛姆批判西方社会的经济制度，也同样批判社会主义中的集权主义。集权主义的解决办法，显然也只能导致更严重的精神不健全和失去人性；超资本主义的解决办法，只是恶化了资本主义固有的症状，它加剧了人的异化和机械化，而最终使人成为崇拜生产的奴隶；社会主义解决的办法，是要创立一种社会秩序，使人的团结、理性和创造性得到进一步的促进和不受阻碍。

在弗洛姆的理解中，社会主义社会是建立在两个前提之上的：生产资料和分配的社会化，中央集权的计划经济。然而社会化和计划经济在苏联的实现，并不意味着他的社会制度就是马克思和恩格斯所理解的社会主义的实现。马克思主义的社会主义的一些其他的要求在俄国未完全实现。马克思并不主张收入的完全平等，然而要尽量减少在资本主义中所存在的不平等。俄国的收入不平等比美国和英国更严重。马克思主义的另一个观点是，社会主义将导致国家消亡和社会阶级的逐渐消失。事实上，俄国的国家权力和社会阶级之间的差异比任何资本主义国家都要大。最后，马克思的社会主义思想的核心，就是主张人及其情感和理智的力量是文化所教育的对象，物（即资本）必须服务于生命（劳动），而生命绝不能服从于死的东西。再有，漠视个人及个人的品质，在俄国要比任何资本主义国家严重得多。所以弗洛姆眼中的苏联的社会主义模式并不是马克思所指的真正意义上的社会主义，虽然有两个提前为基础。

弗洛姆认为如果我们认为社会主义者的任务就是促使人类物质命运的逐步改进和人类自由领域的逐步扩大，那么我们是极为愚蠢的。他所理解的社会主义指的是一种新的生活形式，一种人与人团结和信任的社会，在这样的社会中个人能找到个人的所在，摆脱了在资本主义制度中所固有的异化。它是真正人道和道德的社会。他们具有以下的特点：

一是公有社会主义的原则。

弗洛姆认为马克思强调生产资料的社会化，希望建立一个工业体制，每一个劳动者都是积极而认真负责的参与者，资本不再役使劳动，而是劳动役使资本。弗洛姆引用了科尔在《工业自由的意义》中的一席话：人不仅仅是一个自由国家中的公民，而且也是一个工业民主的伙伴。官僚主义的改良者完全强调社会的物质方面，所以认为社会是吃得好、住得好、穿得好，机器般的人组成的，这些人为一个大的机器，也就是为国家而工作；个人主义者给予人们的选择，是在行动自由掩饰之下的饥饿和奴役。真正的自由是新社会主义的，它将能保证行动的自由，免除经济的压迫，它把人当作人。通过劳动这种形式争取直接管理，他们必须能安排生产，分配和交换；他们必须争得工业自治，有权选举自己的高级官员；他们必须搞懂并且控制工业和贸易的全部复杂的机制；他们必须成为经济领域共同体的委任代理人。这样的社会主义才能一方面强调公有，一方面建立起和谐平等的人际关系。

二是社会主义社会的心理目标。

现代工业劳动就其高度分工的本质而言，是机械的、乏味的和异化的。它最基本的特点是最大程度的劳动分工，这样的劳动方式绝不可能激起整个人的兴趣和注意力，它是一种完全无意义的日常工作，就像一个人刷牙一样，完全自动化的劳动，造就的也是机械化的人。劳动过程本身是不能让人称心的，相反是让人厌烦的。同时资方把金钱看作工作的主要诱因而不断地刺激人们多挣钱，金钱成了工作最重要的刺激之一，除了金钱之外，声望、地位和金钱相统一的权力，也被看作工作的最重要的诱因。渴望声望和权力，构成了今天中等和上等阶级的最强有力的工作诱因。金钱、声望和权力超越了工作本身取代了需要满足的欲望，如果这些欲望得到满足，就会为实现更大的欲望而去努力工作，工作的意义离得更远了；一旦这些要求无法满足，那么对工作的热情就锐减，不满、敷衍了事和无意义就充斥了人对工作的情绪。

然而创造经济独立的生活所产生的满意心理、技术性工作的完成，都不能与金钱和权力相比，这恰恰是现代工业劳动所缺乏的。在高度分工的劳动中雇员得不到任何特殊才能的展示和接触成就的机会，有的只是机械化的操作，丧失的是工作的意义，唯一能激起的工作欲望是金钱和及其类似的刺激，但如果工作本身是很有意思的话，虽然金钱的报酬少，人们却愿意去做。对于人们来讲，即使得不到金钱或其他任何形式的报酬，他还是急于将自己的精力用在某一富有意义的方面，因为他忍受不了自己的不活动而引起的无聊和无成就感。机械化的工作，本质上是不可能富有意义的；它不可能使人产生快乐和满足感，除非我们想放弃我们的技术成就，甘于无意义的生活和困境。

改变不满、淡漠、无聊、缺少快乐和幸福、无用感和模糊的生活无意义感，都是现代工业劳动所面临的重要问题。所以社会主义社会的心理目标试图改变这些状况，使人重新获得工作中的满足感和成就感。

三是社会主义要激发人的兴趣和参与的动机。

在劳动中，劳动在技术性和社会性两方面可以使人满足。部分人在技术性中确证自己的能力，看到人自身的力量，他会从中获得满足，而淡化金钱本身对工作的刺激作用，这样的工作是有意义的。但并不是每个人都可以从技术中获得满足，不能获得技术性的满足的原因是多方面，但如果在社会性方面令人满意的话，各种类型的工作都还是富有吸引力的；工作的技术方面没有趣味的，那么他需要人有兴趣、付出精力和很大的努力甚至天赋等才能获得满足，所以即使一些个体缺乏必要的条件时也能够使社会性富有意味和吸引力。

将劳动的技术方面和社会方面区别开来是重要的。虽然劳动技术方面可能是有限的，而劳动境遇可能给人许多满足。弗洛姆借用了 C. H. 比肖普《一切公有》的论点，他说在一个工作场景中每个工人可以随便地、客观地批评另一个工人，他们与雇主之间也是完全的言论自由，人与人之间产生了一种愉快的信任感、平等，通过批评找到一个共同的道德观，形成共识获得认同和同一感。同时，他们生活在一个公有的社会中，每个人通过自己的劳动来分配资本。劳动公社的目标就是使人在力所能及的工作中得到充分的发展，在自由、平等和博爱的氛围中，人的才能得到充分发展和实现。一个人通过在团体中进行共同的努力，使自己与世界积极地联系起来，激发了其兴趣和参与的动机。

四是人的自由与和谐的人际关系。

当然要改变人的生存境遇，激发对工作的热情和参与、获得工作的意义必须得有真正的自由。一个人只有在三种情况下才是真正自由的：经济上的自由；智力上的自由；道德上的自由。经济上的自由指对于他的劳动成果，他必须具有绝对的权利，除了自愿之外，不应该使他和他的劳动成果相分离。人就是靠"劳动"给社会带来一切有价值的东西。智力上的自由意味着一个人只有能够选择，那他才是自由的。而他只有具备了足够的知识，并能够进行比较，他才能够选择。道德上的自由是指一个人不为自己的情感所奴役，有自己的理想和哲学态度，这种哲学态度使他能始终如一地投入生活之中。道德上的自由并不是指行为上的放肆，而是指在严格地遵守共同的社会准则情况下获得的自由。同时，他不可以为了加速他的经济上和智力上的解放，而采取与公社道德标准相对立的手段。

社会主义社会中人与人之间的关系应该是平等、团结和博爱。也许每个人在价值上是不平等的，但权利上是平等的，能让人们有尽全力去实现自己的愿望的可能性。在社会中，人与人通过团结结合在一起，它是我们社会主义社会人与人关系的目标，也是一种心理满足和安全的最好保证。博爱是产生团结的必要纽带，因为一个人的真正利益不可能与社会的利益相脱离，他只能促进社会的发展，才能促进自身的发展。博爱导致人们彼此的容忍，进而产生决不分离的决心，他发现与他人生活在一起有着更大的快乐，这就使所有的人以共同的基准一致地接受所有的决定。

（二）切实可行的建议

在弗洛姆看来所有制并不是最重要，为了实现社会主义的目标，他的建议是要创造一种合适的工作境遇。在这种境遇中，人们将自己毕生的经历投入到对他来说有意义的工作上，在这种境遇中，他知道自己在做什么，他知道他所做的工作的意义，他感到与工友团结在一起而不能分开。具体的方法是：

一是找到调和集权与分权的方法，这些方法使每个人都能积极参与管理并负起责任，同时形成一种必需的领导。让工人积极参与管理的第一个条件是：工人不仅要充分了解自己的工作的全过程，而且要熟悉整个企业的工作。其二是将集权和分权协调起来，通过划分管理责任，制订出共同管理和工人参与管理的方案。所以这里最重要的不是生产资料的所有权，而是对管理和决策的参与。

工人参与管理的最基本的要求就是不要把眼光局限在自己所在的企业。因为团体内部的凝聚力和排外力相结合，并不是社会性的感情，而是扩展了的利己主义。正如怀亚特和其他社会心理学家所说的那样，公司的一种狭隘的爱国主义的发展，只能是加强工人自私的和利己的态度，这种态度正是异化的实质所在。我们不能忽略的一个事实是，社会存在着一种真正的倾向，就是人类团结一致的倾向性，这是作为"人"类的共性使然。

二是如果我们的目的是将异化的消费变为人的消费，那么我们必须将那些造成异化消费的经济过程加以改变。生产首先要指向现在需要未得到满足的领域，而不是指向认为制造出需要的领域。通过信用贷款、某些企业的社会化、改善广告业法律等限制来实现。因为社会的唯一目标是人的发展，在这样的社会中物质需要服从于精神的需要，通过法律和经济手段来保证我们所需要的变革的实现。其次工业化的社会要帮助世界上较不发达的区域，以及使工人保证有尊严生活的收入和社会保障制度，使收入的数量上的差异转变为生活经历的性质上的差异。真正减少人与人的差别，实现平等，因为我们都是"类"的一员。

二　政治的改革

弗洛姆认为在异化的社会中没有真正的民主，同时建立民主的方式更促进了异化的严重程度。如果民主意味着是个人表示自己的信念和表明自己的愿望，那么前提就是他得有信念，有愿望。但异化的人有偏见、爱憎心，但无愿望，他的观点和偏见、爱憎，同他的爱好一样，都是被强大的宣传机器来操纵的。作为选民来说，第一，选民的消息并不灵通，他们所接触到的是数字和抽象化的概念，与真实的具体的事实相去甚远。第二，多数人统治取代了少数人的统治，但并不意味着多数人的观点是正确的。多数人的决定就被认作它是正确性的理由，这显然是错误的。事实上，从历史的角度看，和哲学、宗教或科学上的观点一样，所有"正确"的观点最早都是少数人的观点。第三，选民在两名候选人中做选择只表示了他们的偏爱，他让渡了他的政治意愿，他的政治意愿几乎是无法参与政策的决定的。第四，普选权不可能真正产生决策。弗洛姆认为不超过五百人的小团体才可能真正产生决策，因为在小团体中问题才能得到充分的讨论；公民才能充分地了解事实，才能做出合理的决策；同是在这样的小的面对面的团体中，他所做的决定会对行政机构有直接的影响。

弗洛姆对此的建议是把集权化的民主和高度分权结合起来，可以考虑把市民议会引进现代工业化社会。将所有人按居住区域或工作地点组成小的团体，形成下议院，与普选产生的众议院一起与普选产生的总统分权，自上而下和自下而上共同制定决策，这些决策包含着作为个体的公民的积极而富有责任的思考，也包含着更专业的理性思考和分析，使民众真正参与到政治生活中。

三　文化的转型

弗洛姆认为社会主义社会的思想应该给予人的心灵一种新的精神，达到友爱、公正和个性的目标。自从人类从自然界中独立出来，一直在寻找一个人与人之间有良心、友爱和团结的新的家园，对人类的统一和人类将得到充分发展的期许一直没有改变。在每个文化的中心，他们彼此虽没有什么大影响，然而可以发现同样的期望和理想。

弗洛姆认为犹太－基督教传统的理想是不可能在实利主义的文明中实现的，因为这种文明的结构是以生产、消费和市场的兴旺为中心的。因而教育在此担当了重要的任务，促进文化的转型。"教育的任务，首先是让人们牢记我们的文明指导我们前进的理想和准则。"① 弗洛姆认为令人遗憾的是，西方的教育制度远远不够。它教育的目的，将人的性格培养成社会所需要的模式：野心、竞争、有限制的合作；尊重权威，而又具有"合乎需要的独立性"。塑造成一个市场化的人格，是为社会大机器服务的，而不是人自己的发展。这样的教育目的偏离教育的理想和准则。学校教育传播知识或培养人的性格，但它仅仅是教育的一部分。教育的另一方面要将人的内在的东西"引出和启迪"。人为了在世界上生活得自在，就不仅用他的大脑、知识、理性，而且用他的全部的感觉、他的眼睛和他的全部的身体去把握世界，进而创造艺术、仪式，包括歌曲、舞蹈、戏剧、绘画、雕刻等。比如集体艺术就是用整个的身心把握世界的一种方式，哥特式教堂、天主教仪式、印第安人的祈雨舞、日本人的插花艺术、民间舞蹈和合唱等。"集体艺术"，利用我们的种种感觉以一种有意义的技巧、创造性的积极而共享的方式对世界做出反应，使一个人感到与其他人联系起来。它不是附加于生活的个人的、"闲暇"的消遣，而是生活的组成部分。它与人的基本需要相适应，如果这种需要未得到满足，这个人就会不安和着急；就好像需要一种对世界富有意义的思想图景，而这种需要未得到实现。人为摆脱接受倾向，而养成创造倾向，他必须在艺术上将自己和世界联系起来，而不仅仅在哲学或科学上将自己和世界联系起来。"如果我们对整个人的存在没有一种共同的表达方式，没有共同的艺术和仪式，

① 弗洛姆：《健全的社会》，蒋重跃等译，国际文化出版公司2003年版，第294页。

那么消灭了文盲，高等教育达到了前所未有的普及，又会有什么意义呢？"① 文化是社会不可或缺的一部分，也是人的精神世界和完整的人不可或缺的一部分。

在为人的现状寻求出路时，外在的各项改革是相辅相成的。我们不能将工业和政治制度的改革和教育及文化生活结构的改革相分离。它们需要同时进行，也包括社会的精神改革——宗教。各种宗教都强调人道主义的宗旨，强调人的"创造性倾向"，他们要实现人内在的目标；人的尊严、友爱、理智、精神价值对物质价值的超越，这需要我们去实践爱、真理和正义的精神。然而在工业社会中国家和权利被奉为神明，威胁着人的精神。无论我们需要建立一种新的宗教还是犹太教－基督教的传统，只要我们关心的是实质而不是外表，是人而不是制度，是经验而不是口号，我们就能找到共同的信念、谦让和友爱。

弗洛姆认为未来有神论的观念注定要消失，但有神论的观念消失并不代表宗教的消失，因为在弗洛姆的理解中宗教是信仰，是人的定向献身框架。未来新的宗教最重要的特点是它的普遍性，它包容了东方和西方所有重要宗教所共有的人道主义学说；它的教义不是与今天的人类理性洞察相矛盾，它所强调的是生活实践，而不是教条的信仰。这样的宗教有它新的仪式和艺术表现形式，有助于人崇敬生命的精神形成和人的团结。

简而概之，弗洛姆认为类伦理实现需要实现个体至善和社会至善，在东西方的文化传统中对它们的关注程度是不同的，一个社会必须实现两者的至善才能造就人类的幸福。达到至善的途径需要实现内在的自我道德意识的觉醒，和外在的社会改革的推进来改良人类生存的环境。内在化的路径通过理性的自觉来达成，西方文明中弗洛姆首推精神分析，东方文明中他认为禅宗，这两种理性自觉的方式具有异曲同工之妙，达到自觉为善、自觉成"人"的道德修养。外在化的路径是通过经济、政治、文化等改革为人类创造一个适合"人"成长的外在环境。

---

① 弗洛姆：《健全的社会》，蒋重跃等译，国际文化出版公司 2003 年版，第 298 页。

第七章

弗洛姆类伦理思想的贡献与局限

第一节 弗洛姆类伦理思想的研究特色

一 弗洛姆类伦理思想研究的问题阈

弗洛姆是一个涉猎颇广的学者，在他的研究生涯中，他不断地汲取各个学术流派中对他有益的学术资源，以一种包容的心态，理性和公正地看待不同流派和不同文化背景的学者的理论贡献，这是一个当代真正的伦理学家具有的胸怀和态度，也是之所以能在他的学术研究中掺杂进众多的理论元素的原因。正是这样的一种研究风格，被冠之以没有自己的风格，没有自己的学术基调，这样的批论也似乎是对的；但反过来说这样的"无"中恰恰包含着"有"，一种无风格的风格是目前来讲最大的风格，没有独断专论的基调却接纳不同文化的关于人的学说，因为我们都是"人类"且能心意相通，我们都生活于同一个地球，这是类伦理思想的事实基础。弗洛姆穷尽一生的力量研究的问题，用他自己的话说，"为人的生存做出解答"。围绕着这个问题，弗洛姆从当时资本主义社会出发批判"非人"的生存状态，他在现实生活中呈现的是全面的异化，正是"非人"的异化状态使人产生了一种特殊的应对机制，以占有的生存方式和逃避自由去适应并不健全的社会，这种歪曲和抹杀人真正生存意义的反馈机制使人类陷入发展的困境和危机，要改变这一切需要坚持"人永远是目的"这一至高的法则，社会的发展必须以"人类"的生存、发展和幸福为最根本目的，而这依赖于人的改变，人所创造的社会的根本改变，归根结底要促使人成为生产性的人，自觉成长为"类"人，并着手社会变革，使社会至善与个体至善互助共进。总之"人的问题"是其理论的研究主线，而成为有意识的"类"的一员是实现其类伦理学的主体基础。

二　弗洛姆类伦理思想研究的特色

(一)　弗洛姆伦理学研究的理论学科：心理学

康德以来，人们已经普遍认同的观点是：只有关于事实而不是关于价值的描述，才是客观正确的；科学的一个尺度就是排除价值陈述。弗洛姆认为客观的伦理规范和价值判断也是存在的，它建立在理性的基础上。他为自己的伦理学寻找到了这样的事实基础——心理学。伦理学是以人性的知识为基础的一门应用科学，它所主张的伦理规范是以心理分析所发掘出来的"人性"的事实和法则为根据的。伦理学的基本概念是"善"与"恶"，要识别何为善、何为恶，就必须懂得人性。通过心理分析的方法，揭示真实的人性，为伦理学建立"事实"的基础，使其具有客观性和普遍性。

在对伦理学与心理学的相互关系上，弗洛姆把心理学当成伦理学的分析工具，伦理学是应用（动词）心理学。"人道主义伦理学是以理论性的'人的科学'为基础的'生活艺术'的应用科学。"[1] "理论性的人的科学"是指心理分析理论，它是以"发掘事实、发现原则"为任务的，而"应用科学"则首先关心的是可以实践应用的规范。"这些规范是应当执行的，而这种'应用'是来自理论科学发现的事实和原则。"[2]

"心理学为了使自己成为一门自然科学，心理分析学错误地把心理学与哲学和伦理学问题相区分。弗洛姆认为，假如我们不从整体上观察人（包括他寻求生存意义的答案之需要，以及发现他应该按此生活的伦理规范之需要），就不能理解人格。不理解价值的本质和道德的冲突，就不可能理解人和人在情感及精神上的困惑。"[3] 心理学的进步标志不是把称之为"自然"的领域和称之为"精神"的领域相区分，并把自己的研究重点仅放在精神领域，而是要"恢复人道主义伦理学的伟大传统，这种传统是从人的物质－精神之整体上把握人的，它相信人的目的就是造就人自己"。[4] 伦理学与心理学的目的是一致的，就是使人成为真正的"人"。所

---

① 弗洛姆：《为自己的人》，孙依依译，三联书店 1988 年版，第 37 页。

② 同上。

③ 同上。

④ 同上。

以现代心理分析学就"应该是人道主义伦理学发展的最强大的推动力之一"。①

但是，心理分析学尽管使我们对人的认识有了极大的提高，却不能给我们解答人应该怎样生活？人应当如何行为？它的主要作用是"暴露"和用事实说明：价值判断和伦理规范是非理性的，而且常常是无意识的——欲望和恐惧的合理化表达。心理分析的这种暴露本身虽然具有非常的价值，祛除欲望和恐惧所造成的"认同"或"自主"的假象。如果心理分析仅局限于这样的批评而不能与伦理学相结合，获得两者共同的进步与发展，也就逐渐会失去了发现它的可贵价值。

弗洛姆把人道主义伦理的价值判断和伦理规范建立在心理分析的基础上。所以，心理分析的主要任务是暴露事实，它所暴露的是非理性领域的无意识，然后用非理性的无意识作为基础去建立理性的价值判断和伦理规范。意即用理性去揭示人的非理性，用非理性的无意识去建立理性的价值判断和伦理规范，这似乎是一个相互矛盾的逻辑。但仔细推敲我们可以发现其合理性。正是人具有理性（人并不缺乏理性，这一点在伦理学的漫长历史中被证明了的），我们才可以认识到人的无意识领域，去发现无意识领域中人的最真实的被隐藏和压抑的人性，把人还原为一个完整的"人"，从而去发现在人性中所包含的伦理规范与价值判断的依据。

弗洛姆的伦理学被称为心理分析的伦理学，他自己也"得意"于自己的这种理论结合的成功，认为"无论在哲学还是在心理学方面，都很少有这样的努力，即把心理分析学的发现应用到伦理学理论的发展上，这是一个令人非常惊讶的事实"。② 心理分析理论有很多贡献，其中对伦理学最重要的贡献也许就是："心理分析理论是第一个主题不局限于人的孤立方面，而是他的整个人格"③，这种现代心理学体系为伦理学理论提供了事实基础，为普遍伦理学的建立提供了可能。

弗洛姆因此指出："伦理思想的发展是以这样一个事实为特征的，即有关于人之行为的价值判断是由行为背后的动机所组成，而不是由行动本

① 弗洛姆：《为自己的人》，孙依依译，三联书店1988年版，第37页。
② 同上书，第48页。
③ 同上书，第50页。

身所组成的。"① 这种动机可能就是无意识，它为伦理学开辟了一个新领域。正如弗洛伊德所指出的那样："不仅最低劣的自我，而且最高尚的自我，都可能是无意识的。"弗洛伊德的理论中，认为"本我"与"超我"大都属于无意识领域。弗洛伊德和弗洛伊德学派的心理分析为价值的科学研究提供了这种极大的可能性，但并没有把他们的方法积极地运用于伦理学问题的研究。弗洛伊德甚至认为，心理学能帮助我们理解价值判断的动机，但不能帮助我们确立价值判断本身的正当性。而弗洛姆认为无意识理论不仅能帮助我们理解价值判断的动机，更重要的是能帮助我们确立伦理行为的规范。"相信伦理行为的规范应当在人的本性中发现；道德规范是以人的内在品质为基础的。"② 所以伦理学的研究不能忽视这一切。

（二）弗洛姆类伦理思想的综合特色

弗洛姆在对人的分析中继承和发展了法兰克福的批判方法、存在主义的思想、精神分析的方法和社会分析与发展理论来展开研究。在他的研究中批判与建构、现实的生存与超越、个体的微观分析和社会的宏观研究相结合、充满真挚关爱的感性与理性相结合，以及素朴的语言、远大的志向和对人类的悲悯之情等是他学术研究的重要特色。

批判与建构。法兰克福学派的学术亮点主要集中在对社会现实的批判，他们从资本主义社会中人生存环境的恶化开始，对资本主义的发展模式、对人性的压制和束缚、社会的文化和媒体娱乐等进行了激烈的批判，在理论界引起了强大的共鸣。早期的代表人物诸如霍克海默、阿多诺、弗洛姆、马尔库赛、本雅明等，是创立和发展批判理论的阶段，形成了对资本主义社会和意识形态的全面批判；"二战"后是"否定辩证法"的发展阶段，突出代表是阿多诺的《否定辩证法》，"否定性"是工业社会的标志，科学和技术成了现代工业社会中的意识形态和统治，奴役自然，从而奴役人类，人类美好的希望在工业社会被彻底抹杀了，其理论中充满了悲观主义的色彩。到了 20 世纪 70 年代后，法兰克福学派开始进入衰退和解体，以哈贝马斯为代表的"交往理论"与传统的批判理论出现了分歧。总的来说，法兰克福学派的出发点是"社会批判"，核心是针对"非人"的世界，宗旨是寻求人类生存的美好环境、自由、解放和幸福。弗洛姆作

---

① 弗洛姆：《为自己的人》，孙依依译，三联书店 1988 年版，第 50 页。
② 同上书，第 28 页。

为法兰克福学派早期和中期的重要代表人物，始终坚持社会批判，即使在别的成员放弃对资本主义社会的批判转向调和时，仍能坚持举起批判的大旗，是难能可贵的。他的批判不仅涉及政治、经济、文化、教育各个领域，也对资本主义的非理性权威的意识形态和社会主义中的极权主义进行了批判，尤其是对工业社会中人的全面异化做了深刻而激烈的批判，其中对消费异化的批判在法兰克福学派的批判理论中独树一帜，也在学界赢得了赞同。弗洛姆的批判理论站在现实的基础上，站在人类的立场上，同时为着人类的美好未来的建设做出了否定性的批判，在否定现实的基础上积极构建其类的伦理思想。他探讨类伦理思想形成的现实缘由，分析了类伦理学构建的人性基础、基本原则以及实现的途径。在"破"的同时，"立"其类伦理学，对人类未来的发展寄予美好希望，并在现实社会中参与一系列社会活动，在行为中推进类伦理思想的意识和发展。

存在与超越。1919年弗洛姆进入海德堡大学学习哲学，第一位哲学老师就是著名的存在主义哲学家雅斯贝尔斯，他的存在主义哲学思想给了弗洛姆持续影响。雅斯贝尔斯把他的哲学称为"生存哲学"，他认为在科学和技术领域找不到人生存的意义，哲学关注的就是人的生存状态。他从抽象的非存在的存在来探讨他的生存哲学，认为人的存在是精神的存在，超越存在才是人的本质存在，超越自我的前提是自由。在弗洛姆的类伦理思想中，经常可以看到存在主义思想的影响痕迹，他在谈到人的"生存两歧"时，就借用了存在主义的词"抛"，人被抛到这个世界，开始了人的生存之旅，面对人的生存矛盾他给出的答案是超越自我。他在探讨人的生存状态时，对人的不自由状态进行了深刻的批判，认为自由是人存在的本质，《逃避自由》一书专门论述了现代人的自由状况，向往自由而又逃避自由的心理机制。弗洛姆的类伦理思想中，人的生存意义始终是其理论的一个重要基点，他的社会批判理论指向的矛头就是人的生存意义的丧失，但弗洛姆对于人的存在不是陷入无能为力的悲观中，而是积极地寻求改变之路，从内到外的拯救之路也是弗洛姆所探求的重要内容，他提出了一系列的社会改革和人的道德意识的自我觉醒，就是希望通过这样的途径来解决人的生存问题，实现人生存的意义，还给人类最真实的存在意境。所以在弗洛姆的伦理思想中有着对存在主义哲学思想的深刻领悟，又超越了存在主义的积极一面。

对个体的微观分析与宏观分析的结合。弗洛姆的理论学说中，弗洛伊德和马克思对他影响最大。他继承和发展了弗洛伊德思想中精神分析的方法对个体行为、性格与道德的分析。弗洛伊德的理论中，人的性格具有矛盾性，生的本能与死的本能的冲突，人类要获得发展，是以牺牲自由为代价，人不能既幸福且进步，人的发展是悲剧性的，同时推动人的发展的是力比多的存在。而弗洛姆认为人性有自然的一面，亦有社会的一面，性格与社会有着密切的关系，不同的社会会造就不同的社会性格。从生命的内在性来说人具有能动性，但这种能动性是个体趋向善发展的动力——生产性，而不是力比多，它能超越人生存的矛盾。在理性和非理性上，弗洛伊德对弗洛姆产生很大的影响，弗洛姆对无意识的认同和运用把弗洛伊德的关于无意识的理论发展到了精妙的状态。无意识本是非理性，但只有达到了一定的理性状态才能认识到自己的无意识，人借助于无意识发觉人的真正需要和行为的动机，从而指导人进行理性的活动。这种无意识对批判社会现实和揭密人的存在状态，既独到又深刻。在无意识理论中非理性也是重要的，弗洛姆并没有因为非理性在无意识中的重要性而忽视理性本身，恰恰相反，在其伦理学中，非常重视理性，并把它作为类伦理的一个重要的伦理原则，人类的共同生存和未来没有人类的理性做支撑是永远也达不到理想的状态。弗洛姆继承了精神分析的方法和理论，同时突破了弗洛伊德理论中的生物性，从社会性的角度创造性地发展和运用了精神分析的理论，为精神分析打开了另一扇窗。

在对个体的社会性的宏观面分析，马克思伦理思想对弗洛姆的影响巨大。弗洛姆深受弗洛伊德和马克思两位大师的影响，但他认为两位大师并非旗鼓相当，他说道："马克思是一位具有世界历史意义的人物，就这点而言，弗洛伊德是不能与马克思相提并论的。"弗洛姆被称为"弗洛伊德的马克思主义"者，深受马克思思想的影响，对马克思思想的继承主要在五方面：一是人性中的社会性的强调；二是人的本质的动力性的特点；三是对异化的批判；四是人的存在和生存的意义与现实生活紧密联系，而不是飘浮在云端；五是关于人类的解放。马克思关于人学的思想是弗洛姆类伦理思想的重要来源，在很多地方虽未见"马克思"这三字，但其伦理中处处有马克思的影子，这种理论的影响已经深入弗洛姆精神深处，其类伦理的精神指向就是在于马克思所强调的人类的解放，弗洛姆通过对现实的批判，希望进行一系列的社会变革和人的道德自我意识来实现人的自由，人与自身、人与社会、人与自然的全面和谐，实现全人类的幸福。弗洛姆认为马克思对社会关注有余，但对个体的微观关注不够，所以他通过精神分析的手段来解剖个体的微观心理，分析个体性格中的社会性因素，理解个体道德和不道德行为背后的个体的因素和社会的因素，对道德主体进行全面地分析，来补充马克思对个体研究的不足。同时，弗洛姆在马克思对异化批判的基础上，进一步对工业社会中的人的状况进行全面的批判，批判的视阈更为宽广，为其类伦理学的建立奠定了否定性的基础。

感性与理性的结合。弗洛姆对无意识与社会无意识的理论、爱的原则理论、对禅宗的推崇，可见感性在其伦理学中的分量，但弗洛姆并未忽视理性，反而认为理性是实现类伦理的一大重要的原则。人要认识到自己的无意识，需要理性到达一定的高度，进而能分析、理解社会无意识；权威、爱与信仰等都需要理性的支撑，弗洛姆分析了理性的权威与非理性权威，理性的信仰与非理性的信仰等，论证了理性在建立类伦理的过程中的重要性。同时弗洛姆对人的生存状态的感性描写与理性批判相映成趣，特别是他对消费异化的批判鞭辟入里，深得学者和大众的认同。在对弗洛姆的研究中让人感受最深的不是学理的深邃、语言的艰深和晦涩来赢得学者的关注，而是从其理论著作中自然流淌出来的对人类生存的关切之情，他对人的深切关爱充满了感性的色彩，这种爱推及他人，又不失理性的成分，提出了爱人与爱己的一致，理性地诠释了爱的含义。加上他朴素的语言和通俗易懂的学理、平易近人的风格赢得了大众的赞誉，正如他的《爱的艺术》和《逃避自由》成了风靡一时的读本，这样的成功不是一般的哲学家能获得的殊荣。弗洛姆心怀对人类的悲悯之情、站在人类现实的处境中展开他的伦理研究，不是为学术而学术，而是为了改变人类处境和创建人类美好生活而进行研究，这比纠结于高深的纯理论更具现实意义，这正是伦理学最重要的价值意义。

第二节　普遍伦理学与人类中心主义

一　普遍伦理学与社会内在伦理学

弗洛姆认为他的伦理学是一种普遍的伦理学，与社会内在伦理学有着本质的区别。他从四个方面论证了他的伦理学是普遍伦理学。

（一）异质性的伦理：传统与批判

弗洛姆一生的学术旨趣在于"人"：人的解放、人的自由、人的成长。在伦理学领域，他的目标是建立"人道主义的伦理学"，这种"人道主义的伦理学"是"普遍伦理学"，它与弗洛姆生存的现存社会的伦理学有着质的差别，即批判性。他认为伦理学应该与社会批判结合起来。由此，弗洛姆在伦理学领域中提出了他的"普遍伦理学"与"社会内在伦理学"的区别，在他看来"社会内在伦理学"就相当于伦理学领域中的"传统理论"，而"普遍伦理学"则相当于伦理学领域中的"批判理论"。

这种批判理论的特征是法兰克福学派的基本特征。霍克海默是这批判理论的奠基者，他在《传统理论与批判理论》一文中，阐述了"批判理论"与"传统理论"的差异性。"传统理论"对现存社会是持一种肯定的态度，而"批判理论"对现存社会秉持的是否定的态度，"传统理论"把现存社会秩序当成固定不变的既定事实接受下来，而"批判理论"力图站在现存社会秩序之外，拒绝承认现存社会秩序的合法性，揭示其社会的基本矛盾。弗洛姆深处资本主义社会中，强烈地感觉到现存社会的弊端和矛盾性，运用批判性的理论揭示现存社会违背人本性的伦理模式，试图构建真正以人的解放、人的自由、人的发展为根本目标的普遍伦理学。

弗洛姆作为法兰克福学派重要成员之一，在别的成员放弃和弱化了批判性的功能时，他仍然在伦理学领域坚持这种批判性，使其伦理学有了哲学的视野和历史的深度。

（二）道德标准的迥异

弗洛姆认为"普遍伦理学"与"社会内在伦理学"所采用的道德标准是根本不同的。他"用'普遍的'伦理来意指以人的成长和发展为目标的行为规范；用'社会的'伦理意指某特定社会及生活在该社会之人为发挥作用和得以生存所必需的规范"。① 也就是说"普遍伦理学"所采用的道德标准是"人的成长和发展"，而"社会内在伦理学"所采用的道德标准是"社会"的需要。在这里我们需要澄清的是弗洛姆所说的"社会"是指特定民族国家，而在民族之上"类的社会"他称之为健全的社会。（在引用弗洛姆的文献中所涉及的"社会"大多指特定民族国家。）

"社会内在伦理学"的规范中所包含的禁律和要求只是某特定社会（民族国家）为发挥作用和维持生存所必需的。当然社会内在伦理也符合个人的利益，因为个人的利益总是与社会的利益结成一体；但与此同时，

---

① 弗洛姆：《为自己的人》，孙依依译，三联书店1988年版，第217页。

那些对社会生存所必需的规范与那些对其长远的最全面发展必需的普遍规范是冲突的，尤其在以纳粹德国和欧美的资本主义国家及特权集团统治的国家。社会成员的"服从"是实现这些准则的前提。也许是被动，也许是自愿，但这种自愿是他们在当时现存的环境下应当做的。所以从根本上说，它是一种"服从"的社会伦理学。

弗洛姆认为道德的标准"不应该根据一个人是否适应于他的社会来决定，而是相反，必须根据社会是否适应了人的需要来决定，必须根据社会起的作用是促进还是阻碍精神健全的发展来决定"。① 他强调"人并非仅仅是一个社会的成员，而且还是人类的一个成员"。② 因此，"人不能仅仅只站在'社会'的立场上来审度自己的行为是否符合'社会'设定的'标准'，而必须首先超越于'社会'的善恶标准之外，站在更高的'人类'的立场上来审度自己所处的'社会'本身是否'道德'"③，即"站在普遍的人类价值的立场上批判地估价自己的社会"④。因此弗洛姆的普遍伦理学的道德标准是：人的成长与发展，一个人道德高低的标准不是与社会（特定民族国家）一致而要与整个人类价值相一致。这些关于道德标准的论断超越了现存社会狭隘的民族"情结"，突破了伦理道德相对性的困境，从"类"的高度做出了解答。

弗洛姆之所以提出这样的道德标准，它的理论指向两种存在：一是现实存在，即现存社会的不道德，它不能由此成为个人的道德法官；二是可能的存在，即存在着某种超社会、超历史的全人类的共同的、普遍的价值标准：人性和人道。"人性"和"人道"才是全人类共同具有的，具有普遍性和客观性。它可以成为全人类共同的、普遍的客观价值尺度，是普遍伦理学的基本特点之一，否则就陷入了伦理相对主义。

（三）社会内在伦理学与普遍伦理学冲突的根源

社会内在伦理从来都不认为民族国家的特殊性会成为其伦理模式的弊端，也不去思考一个民族国家本身行为的道德性。它把自己当成"普遍的

---

① 弗洛姆：《健全的社会》，蒋重跃等译，国际文化出版公司2003年版，第71页。

② 弗洛姆：《在幻想锁链的彼岸——我所理解的马克思和弗洛伊德》，张燕译，湖南人民出版社1986年版，第120页。

③ 弗洛姆：《为自己的人》，孙依依译，三联书店1988年版，译者序第7页。

④ 弗洛姆：《在幻想锁链的彼岸——我所理解的马克思和弗洛伊德》，张燕译，湖南人民出版社1986年版，第124页。

伦理学"，把一己的民主和利益伪装成人类的民主与正义，即使在自己的民族国家内所谓的大多数人的利益也可能是异化的结果。所以从弗洛姆批判理论所立足的基点来看，以往的社会中"那些对社会生存所必需的规范与那些对社会成员的最全面发展所必需的普遍规范是相冲突的"。① 它们都不同程度地压抑了真正的人性，以致"人"迄今为止一直还没有成为"真正的人"。因为在弗洛姆眼中，每一个人本来都是"普遍的人"，"完整的人"，每一个人都代表着全人类，"在他身上具有着人的全部潜能，人类的使命就是去实现这些潜能"。②

人之所以没有成为真正的"人"，由于以往社会都用自己的"社会过滤器"（社会禁忌、语言和逻辑）过滤了个人的大量思想和情感，使这些思想和情感只埋在个人的"无意识"深处而不能被个人"意识"到，从而发挥出来，所以"普遍的人"、"完整的人"始终只存在于"无意识"的领域中，"无意识代表着普遍的人、完整的人"；而"意识代表社会的人，亦即代表个人被抛入的那个历史境遇所设定的多种偶然的局限性"。③ 按照弗洛伊德的"无意识"理论，"无意识"遵循的原则可能是快乐的原则，也可能是道德的原则，而意识遵循的是现实的原则。在意识的层面上，个人总是带有社会所造成的种种局限性，唯有在"无意识"的层次上，个人才抛开了社会所强加给个人的种种限制，它是自然生命与超自然生命相结合的领域，所以"无意识是完整的人"。

弗洛姆在弗洛伊德的"无意识"理论和荣格的"集体无意识"中开创了"社会无意识"，把它运用到伦理学中。他的"人道主义伦理学的最高理想和最终目的，就是要使'社会内在的伦理学'全面地体现出'普遍伦理学的'原则；使'社会的人'能最大限度地实现和发展'普遍的人'的全部潜力；使个人和社会的'意识'最充分地开掘出'个人无意识'和'社会无意识'的内容。而这个过程，也就是人的解放、人的自由、人的全面发展的过程"。④

由此可见，社会内在伦理与普遍伦理的冲突根源在于"人"的差别：

---

① 弗洛姆：《为自己的人》，孙依依译，三联书店 1988 年版，第 219 页。

② 同上书，第 220 页。

③ 弗洛姆：《在幻想锁链的彼岸——我所理解的马克思和弗洛伊德》，张燕译，湖南人民出版社 1986 年版，第 121 页。

④ 弗洛姆：《为自己的人》，孙依依译，三联书店 1988 年版，译者序第 13 页。

社会内在伦理体系中的人是压抑的人，是受社会意识主导的人，是被掩藏了个人无意识和社会无意识的人。而普遍伦理学体系中的人是普遍的人、是"类"人，是发掘了个人无意识与社会无意识的人。所以两者始终存在着冲突，"除非一个人能超越他的社会，以观察社会是促进还是阻碍了人的潜能的发展，否则他就不可能充分认识到自己的人性"。① 因而这种普遍伦理学必定是批判的伦理学。

（四）两种不同的典型模式

权威主义伦理学是社会内在伦理学的典型代表。弗洛姆所批判的社会内在伦理学立足于纳粹德国和欧美资本主义社会，认为他们奉行的社会内在伦理学是"权威主义伦理学"，前者是公开的权威，后者是匿名的权威，后者比前者更可怕。在"权威主义伦理学"那里，"'有道德'，就意味着否定自我和服从，意味着压抑个性而不是最大限度地实现个性"。② 权威的利益是最根本的利益，服从权威是最大的善，不服从是最大的恶。在权威主义伦理学中，不可宽恕的罪行就是"反抗"。"权威主义伦理学否认人有识别善恶的能力；价值规范的制定者总是一个凌驾于人之上的权威"，③ 权威的判断是判断善恶的标准。伦理行为的本质是与权威相关联的。

在谈到权威的时候，弗洛姆是审慎的和客观的。他认为他所反对的权威是非理性的权威，非理性的权威的本质是不平等，是以畏惧为基础的，决不允许被批评。理性的权威是与类伦理相一致的，是建立在权威与服从权威者双方平等的基础上的，两者仅仅是在某种具体领域里有知识与技术程度上的不同而已，就如师生关系中师者的权威。它允许有服从权威者的监督和批评。

弗洛姆的类伦理是一种普遍的伦理学，主张"善就是肯定生命，展现人的力量；美德就是人对自身的存在负责任。恶就是削弱人的力量，罪孽就是人对自己不负责任"。④ 认为价值判断就植根于人存在的独特性，"只有人自己（而不是凌驾于人之上的权威）才能规定善恶的标准"⑤；

---

① 弗洛姆：《在幻想锁链的彼岸——我所理解的马克思和弗洛伊德》，张燕译，湖南人民出版社 1986 年版，第 124 页。

② 弗洛姆：《为自己的人》，孙依依译，三联书店 1988 年版，第 33 页。

③ 同上书，第 31 页。

④ 同上书，第 39 页。

⑤ 同上书，第 33 页。

"没有任何事物比人的存在更高，没有任何事情比人的存在更具尊严"。①
它主张："对人有好处的谓之善，对人有坏处的谓之恶；伦理价值的唯一
标准，就是人的幸福。"② 很显然，这里的"好处"和"坏处"是指"促
进"还是"阻碍"了人的发展。

　　弗洛姆为了与功利主义和相对主义原则做出区别，特别解释了"对人
有好处的就是善"这一原则。它并不意味着人的本性就是利己主义，也不
意味着认为人能够独自一人完成实现自我。而是主张人性的特征在于促成
一个人的成长就是促进类的成长，人本身就是整体的人，具有类的生命，
实现成为一个整体的人和类的生命是在与他者的关系中成就的。"人只有
和他的同胞休戚相关，团结一致，才能求得满足与幸福。然而，爱汝邻人
并不是一种超越于人之上的现象，而是某种内在于人之中并且从人心中迸
发出来的东西。爱既不是一种飘落在人身上的较大力量，也不是一种强加
于人身上的责任；它是人自己的力量，凭借着这种力量，人使自己和世界
联系在一起，并使世界真正成为他的世界。"③

　　与权威主义伦理学相对应的是非生产性性格，而与类伦理学相对应的
是生产性的性格。它们分别是不同性质的伦理规范在人心中的内在化。

　　弗洛姆反对伦理相对主义，也从来不是一个绝对主义者，而是一个理
性的批判者。他批判权威主义伦理，肯定理性的权威，否定非理性的权
威。他批判社会内在伦理与非生产性性格，但认为它们并不等同于恶。只
要"普遍伦理"与"生产性性格"能在社会和个人中占主导地位，那么
"社会内在伦理"和"非生产性性格"就可以转化为"积极的因素"，促
进社会稳定成长。关键的问题是不能让"社会内在伦理"压倒"普遍伦
理"，不能让"非生产性性格"成为个人及社会的主导性格。而这一切有
赖于历史和社会的变革：当普遍的伦理和生产性性格成为社会的主导因素
时，他借用马克思的话来总结，那意味着"人类史前史的结束"。

二　人类中心主义

　　弗洛姆的类伦理思想从根本上说还是一种人类中心主义，他站在"人

---

①　弗洛姆：《为自己的人》，孙依依译，三联书店 1988 年版，第 33 页。

②　同上。

③　同上书，第 34 页。

类"的角度认为人的存在最具价值和尊严，人的利益高于一切，把人视为"类的存在物"意在揭示现代"人"对自身的实践造就了"非人"的状态，这个"非人"的状态包括人作为个体与他的本质相分离，即人自身的异化；另一方面造成了"原子"式的个体，人与他人的对立，即人与人之间关系的异化。要破除和走出生存的困境，根本的出发点在于改变对"人"的认识，并在实践中以"类意识"来指导人自身的行为，能批判性地看待自身所处的社会，站在"人类社会"的立场来评价和行动。弗洛姆虽然关注人与自然的关系的恶化，但其出发点是恶化了人本身生存的环境危及人的生存而萌发的对自然的重视，而其根本的对立也是人与人的对立，与自然内在价值无涉。显示了其传统的人类中心主义的倾向。

对人类中心主义和非人类中心主义的探讨曾热极一时，即使现在它仍颇受重视，对人类中心主义和非人类中心主义观点的肯定和批判也步入了理性和成熟的状态。对人类中心主义的历史发展，一般认为在最初的状态，认为自然是"为我"存在的，自然物质的富饶和涌流是上帝或上天的赐予，美国著名学者墨迪认为这是"前达尔文式的人类中心主义"，在弗洛姆理论中曾对"弥赛亚"的梦想的描述就有人与自然的这种和谐状态。在本体论和知识论的时代，理性和知识爆发出无穷的力量，释放了人的本质力量，显现了人与其他物种不同的超越性的特点，使人成为自然界的主宰者、最高者，人的价值尺度成为衡量一切的价值尺度，世界的意义是人造就的，人为着自身的发展而努力奋斗，使物种获得最大的成长和最好的繁衍，按墨迪的说法，这是"达尔文式的人类中心主义"和"现代人类中心主义的特点"。"达尔文式的人类中心主义，物种存在以其自身为目的。它们不会仅仅为了什么别的物种的福利而存在……现代的人类中心主义观，所谓人类中心就是说人类被人评价得比自然界其他事物有更高的价值。"① 批判人类中心主义的观点多半认为正是这样的一种人类的意向造成了环境的恶化、能源和资源的困顿以及战争和民族、国家等利益的冲突，人类自身的发展造成了自身生存的困境。

"人类中心主义"的观点，在很多学者看来是一个价值判断，"'人类中心主义'演变至今，它的意向性含义，在其合理形式上，已不是一个关

---

① ［美］W. H. 默迪：《一种现代的人类中心主义》，《哲学译丛》1999 年第 2 期，第 12—18 页。

于世界存在的'实然的'事实判断，而是一个关于人类行为'应然的'价值判断，亦或说，它并不意味着'人是世界存在的中心'，而是意味着'人是人类全部活动和思考的中心'，是人对其与自然界关系及其现实的人类实践活动的一种价值定位"。① 弗洛姆认为人的存在高于一切，生命的目的是展示人的爱与理性，人类的其他行为必须服从于这一目的。我们做的一切是否以人的充分发展为中心，是否以人的利益和幸福为最高目标，因为除此之外"没有更高的权力；人类特有个性的成长与实现是唯一的目的，绝不可拿其他假定更具尊敬的目的，来取代人本身这一目的"②。弗洛姆在他的伦理学中，沿承法兰克福的批判手法，批判了现代人的生存困境及其根源，但他批判的出发点和归宿点是"人本身"，人的价值，就如诺顿的"强化的人类中心主义"。诺顿认为"人类中心主义"有两种状态："强化的人类中心主义"和"弱化的人类中心主义"。"强化的人类中心主义"认为人是宇宙的中心，人是一切事物的尺度；以人类价值和经验解释或认识世界，从感性出发满足人眼前的利益和需求；"弱化的人类中心主义"从感性和理性评价出发，认为自然有人类需要的价值，而且自然具有转换价值。③

而驳斥"人类中心主义"的"非人类中心主义"则强调价值判断也理应涉及动物和其他的自然存在物，他们也有其自身的"内在价值"。叶平在《"人类中心主义"的生态伦理》中表达了这样的观点，认为自然有其存在的"内在价值"的原因是："人类的生存要求一定范围的生态条件；人类社会要持续发展，有赖于自然资源的保护……人类精神生活不能没有原野，保护原野具有不可替代的人类价值。原野也有其丰富的内在价值：人类游乐价值；人类审美价值；性格塑造价值；科学研究价值；医疗价值。"④ 史怀泽明确指出，他所敬畏的生命绝不仅仅是人的生命。只有当一个人把植物和动物的生命看得与他的生命同样神圣的时候，他才是有道德的。史怀泽把伦理学的范围扩展到了所有的存在物。⑤ "非人类中心

---

① 任皑：《"人类中心主义"辨正》，《哲学动态》2001 年第 1 期，第 30—33 页。

② 弗洛姆：《逃避自由》，北方文艺出版社 1987 年版，第 140 页。

③ 参见叶平《"人类中心主义"的生态伦理》，《哲学研究》1995 年第 1 期，第 68—73 页。

④ 叶平：《"人类中心主义"的生态伦理》，《哲学研究》1995 年第 1 期，第 68—73 页。

⑤ 参见曹明德《从人类中心主义到生态中心主义伦理观的转变——兼论道德共同体范围的扩展》，《中国人民大学学报》2002 年第 3 期，第 41—46 页。

主义"主张以"生态圈为中心",人并非是生态圈的中心,自然并不仅仅是人类存在的根源,也是其他一切物种的资源。

弗洛姆的类伦理以"人类"的价值和利益为最高的标准,强调人类生存和发展的重要性,而并不涉及人之外的自然的价值,即使谈到人与自然的和谐也是从自然"为我"的角度去思考的,因而根本上还是人类中心主义的倾向。

第三节　类伦理的图景与现实

在《为自己的人》一书中弗洛姆开篇就提出伦理学的问题就是"人的问题",是探究"什么是人、人应当怎样生活、怎样才能创造性地释放和运用人所具有的巨大能量"。[①] 伦理学是以人性的知识为基础的,"伦理规范的源泉应当在人的本性中得到发现;道德规范是以人的内在品质为基础的"。[②] "人道主义伦理学的最高价值不是舍己,不是自私,而是自爱;不是否定个体,而是肯定真正的人自身。人的本性是否有向善和生产性的能力。"[③] 在弗洛姆那里,每一个人本来都是"普遍的人"、"完整的人",因为每一个人都代表着全人类,"在他身上具有着人的全部潜能,人类的使命就是去实现这些潜能"。[④]

在伦理学史中,一般人包括弗洛姆自己也认为他的伦理思想是归置于人道主义伦理学,甚至会被人误解为主观主义的伦理学,甚至是乌托邦的理想,因为它的客观依据是人性,而人性被认为呈现出更多的是主观的东西。为此他区分了主观主义伦理学与客观主义伦理学,认为自己的伦理学不是伦理相对主义也不是绝对主义,是客观的、一种普遍伦理学,是一种类伦理。

两千多年来的人类精神史可以说是人类对普遍性追寻的历史,又试图超越这种普遍性的历史。从对原始宗教的多元性精神依恋,走进以追问世界的本源(始基)开始,人类就开始了对普遍性的不倦追求。在古希腊,由苏格拉底、柏拉图,以及亚里士多德所倡导的理性主义对普遍必然的追寻为始

① 弗洛姆:《为自己的人》,孙依依译,三联书店1988年版,第25页。

② 同上书,第28页。

③ 同上。

④ 同上书,第220页。

端；之后，理性、终极意义、普遍必然、形而上、逻各斯成了西方思想的千年主题。基督教伦理的"千年理想世界"、近代空想社会主义者们设想的"道德乌托邦"，都包含着一种普遍伦理的热望。人类追求普遍性，是以寻求美好生活或者说寻求什么样的生活值得一过为起点的，是关涉人的生活意义，也是为人类创建一个合理的社会为宗旨的。在近代，西方的启蒙运动开始关注人自身，强调主体的理性，追求自由、平等与科学，倡导主体创造着客观意义、构造着具有普遍必然性的因果世界。启蒙信念是用理性之人代替上帝，弘扬人的主体性或理性威力。启蒙心态诱使道德分裂为各种不可通约的互竞互争的主张，而且每一种道德主张都宣称具有不可置疑的普遍性，瓦解了人类的统一性。① 西方启蒙现代性寻求道德合理性证明的努力与人类的理想背道而驰。麦金太尔曾就此问题一针见血地指出："启蒙运动"以来的"现代性道德谋划"已经被证明是彻底失败的。其败因所在，首先是由于它在理论上固执于以所谓的"普遍理性主义"为基本假设或前提的规范学立场，试图把一种"个人主义的自由主义"道德法则扩展为普遍适用的伦理原则（规范），而现代社会的道德生活事实是由历史情景和文化传统的多样性所致，更重要的是由个人主义道德意识对现代人所产生的深刻影响所致，现代人类道德的可公度性已不可能。

虽然现代性的普遍伦理不可避免地失败了，但我们恰恰可以从对人类精神的阅览中，窥见人们对普遍价值的不懈追求。现代性之后的诸种道德努力仍然是对"普遍伦理"追求的再现。从个人主义的立场出发寻求普遍的道德原则的理论基础正如麦金太尔所说是靠不住的，但并不意味着别无它途，普遍伦理的立论基础必然是突破个人主义的自由主义，是以"人类"的立场和其共同生存的空间为伦理的立论基础，在诸民族的开放、对话和交流中形成某些领域的普遍伦理。这种普遍伦理是从乌托邦梦想发展中沉淀出来的伦理诉求。

一　类伦理与乌托邦历史的渊源

（一）乌托邦思想的历史

1. 古希腊时期的乌托邦梦想

乌托邦（Utopia）的原词来自两个希腊语的词根，"ou"是"没有"

---

① 参见田海平《人的概念与普遍伦理》，《南京社会科学》2002年第10期，第9—14页。

的意思（一说是"好"的意思），"topos"是"地方"的意思，合在一起是"乌有之乡"。托马斯·莫尔在1515—1516年间写成《乌托邦》，他创造性地运用了"乌托邦"一词。"乌托邦"一般指设计的是现实中尚未到来的美好图景，由于往往与现实反差太大，被认为是一种幻想和空想。人类对于自身未来的想象和设计从人类文明的早期就已经呈现出来了，譬如古希腊和中国的轴心时代。

在古希腊的文明中，神话孕育着乌托邦梦想的雏形。《荷马史诗》中的"福地"物产丰富，环境怡人，是人间仙境，但那是遥不可及的"乌托邦"世界，常人是到达不了的，只有神才能把人送达。对"福地"的向往充斥了《奥德赛》。赫西俄德的"黄金时代"中人们也被想象成生活在和平、安宁、富足、无忧无虑的"幸福岛"，没有战争和纷争、贫穷和烦恼。希腊古典时代末期与希腊化初期（公元前323—前30年）一批哲学家描绘了梦想中的乌托邦。犬儒派的克拉底描写的"Pera"岛是一派安宁和谐的田园美景，寄予着人们的社会理想。昔列尼学派的优赫莫鲁斯描写的并不存在的"圣岛"，物产丰富，社会阶层层次分明有序。另一犬儒派创始人第欧根尼在他的著作《共和国》中设计了未来的理想社会，他所设计的"共和国"指向的是全人类，至少是全希腊人在内的和希腊人已知的世界。这样的预见是极富远见的。提倡取消或淡化私有财产，取消等级之分，各社会成员以及男女平等，妇女共用，儿童集体抚养。克拉底的学生芝诺也提出了理想中的"共和国"，相对于第欧根尼的共和国，芝诺的共和国范围缩小了，但共和国内部更为自然化、单纯化。后来的斯多亚学派在此基础上提出了"世界城邦"（Cosmopolis）的理想。在这样的国度内，大家都是一国的公民，都是同一父亲（宙斯、理性）的儿子，相互平等、相互友爱、相互宽容，不论奴隶，还是外邦人，人人皆兄弟。总之，生活在一个为理性所统治的大同世界之内。[①]

当然，在古希腊，最有名的当属柏拉图的《理想国》，它是最早的真正意义上的乌托邦。柏拉图的理想国是在他对社会现实非常失望之下成形的。伯罗奔尼撒战争中雅典失败，社会进入异常动乱状态，城邦衰落，民主政治颓废；同时苏格拉底被判死刑，三十僭主政治的弊端日益暴露，这

---

① 参见杨巨平《古希腊乌托邦思想的起源与演变》，http://tieba.baidu.com/f?kz=237015684，2007/07/28

些现实深深刺激了柏拉图。他开始构建他理想中的国度，以传说中的海洋王国亚特兰蒂斯（Atlantis）为摹本，写出了《理想国》。在柏拉图的著作中曾两次提到亚特兰蒂斯的原型，在《提迈尤斯》讲述到：在砥柱海峡对面，有一大块海洋包围着的陆地，那就是亚特兰蒂斯王国。在《克里特雅斯》中描述到，在地中海西面遥远的大洋上，有一片高度文明的陆地。那里的宫殿，金碧辉煌，黄金做墙基、白银做墙壁。文明高度发达，既有设备完善的港埠及船只，也有能够载人飞翔的物体。它的版图超出了欧洲，延伸到非洲大陆。但后来遭遇了一次大地震，摧毁了亚特兰蒂斯，它从此沉落海底，消失无踪。在《理想国》中探讨了哲学、政治、伦理道德、教育、文艺等各方面的问题，以理念论为基础，建立了一个系统的理想国家（Republica）方案。

在"理想国"中，没有剥削，没有压迫，没有私有财产，乃至没有家庭。为了保持种族优良，男女婚姻由统治者统一决定，取消家庭生活，吃公共食堂，住公共房子。小孩一生下来便脱离父母的怀抱，交由国育幼院抚养。经过由低到高的教育培训和淘汰，理想国的居民分为三个等级：第一等级是治国的贤哲，他们必须通晓治国的原则和方略；第二等级是卫国的武士或军人；第三等级是手工业者、农民和商人。柏拉图从人的自然本性出发，认为人的灵魂由理性、意志和情欲三个部分组成，与此相对应的就有智慧、勇敢和节制三种品德。为了证明社会等级划分的重要性，柏拉图精心虚构出"神创论"的观点，认为第一等级的人是神用金子创造的，因而先天具有统治的智慧，第二等级的人是神用银子创造的，因而天生具有勇敢的美德，第三等级的人是神用铜铁创造的，因而以节制情欲为美德。第一等级的职责是管理国家，第二等级的职责是抗敌御国，第三等级的职责是生产社会所需的物质财富。他们各安其分，各司其职，"和谐一致"，这样的国家就是一个合乎正义的理想国家。

柏拉图的《理想国》在人类思想史上第一次提出了一个完整系统的理想国家方案，构成了以后各种作为社会政治理想而提出的乌托邦方案的开端。柏拉图对于自己的《理想国》的设想也深知与现实之间的差距，理想本来就不是现实，"我认为大地上没有哪个地方会有那种城邦，如果有，那也许在天上"。但是"如果没有画家根据神圣的范式为城邦勾画出蓝图，城邦就永远不可能幸福"。在古典哲学看来，没有范式，就没有现实，也无法想象德行、幸福和教化的可能性。

2. 中国轴心时代的乌托邦思想

与古希腊几乎同时代的中国轴心时代，也孕育着丰富的乌托邦思想。

孔子与柏拉图一样也生活在动荡不安的社会中，"礼崩乐坏"，诸侯争霸，极度渴望一个和平、安宁、有序的社会，所以后来在孔子的治国方略中非常重视"礼"，"礼"是社会秩序的根本。在《礼记·礼运》中记载了孔子的"大同世界"："大道之行也，天下为公，选贤与能，讲信修睦。故人不独亲其亲，不独子其子，使老有所终，壮有所用，幼有所长，鳏寡孤独废疾者，皆有所养。男有分，女有归。货恶其弃于地也，不必藏于己；力恶其不出于身也，不必为己。是故谋闭而不兴，盗窃乱贼而不作，故外户而不闭，是谓大同。"天下归一，天下大同是孔子的理想。古时的"天下"多指中国范围内的全部土地，以两河流域为中心，辐射出去，涵盖了所有的陆地，甚至扩充到全世界。"大同"是中国古代对理想社会的一种称谓，相当于西方的"乌托邦"。这种思想源远流长，在古代农耕时代，农家的"并耕而食"理想表达了农民对理想社会的向往：在那样的社会里人人劳动，连君主也和人民"并耕而食"，没有剥削，交换按等价原则进行，没有商业欺诈。当然严格意义上来说，这不能是"大同世界"式的乌托邦，而是农民从自身角度对理想社会的一种描绘和向往。

以儒家的"大同世界"为代表的乌托邦思想后来一直在中国社会不同时期可以找到它的缩影。除了儒家外，道家、墨家等也表达了对理想社会的乌托邦的设计。

道家以老子为代表的是表达了"小国寡民"的乌托邦思想。小而美的思想不仅在西方也在道家对理想国度中不约而同地表达出来。老子向往人类回归一种自然的生存状态，人类分成许多互相隔绝的"小国"，每一个小国的人民都从事着最原始的农业生产，满足自身最低的生存需要，废弃文字，尽量不使用工具，过一种纯粹和自然的生活，各个小国与外部世界断绝一切联系，即使是"鸡犬相闻"，也"老死不相往来"。小国内也是无为而治。道家的另一个代表是庄子著作中体现的乌托邦模式。庄子认为文明进化恰恰使得圣盗并起，社会治安混乱无序，《胠箧篇》中这样写道："向之所谓知者，不乃为大盗积者也"，不如"绝圣弃知，大盗乃止"。庄子认为社会的"为"造成社会的问题，要实现无为而治，求自然，自然才是最精妙的法则。庄子对"至德之世"的赞誉，表达了其理想中的社会像自然法则浑然天成，无故意做作和刻意为之，顺应一切事物的本然是促使发展的最好通途。所以庄子对诸如"以大瓠浮乎江湖"、"庖丁解牛"、"散木托梦"等的生动描述，表明的是把握事物自然法则之后的自由与和谐。梦想人能把握一切事物的自然法则巧妙运用外物，人与自然和谐共生的美好期望。但这里似乎又遇到一个难题，要达到人与自然的完美和谐，没有理性和知识是无法获得自然法则的奥妙，而这些对知识和理性的追求过程中却造就了混乱和无序，而人类最终也应在大知大悟后彻底弃知，回归自然，尊重事物的自然本性，这里就包含了理想和现实之间的冲突，而这也是庄子隐而未语的。所以它是超越了知识与理性、要达到人与自然天人合一的境界，具有永恒意义的人类理想。

墨家"兼相爱，交相利"的伦理理想亦是一种伦理的梦想。墨子是一个手工业出生的知识分子，生活在社会的底层，他对社会现状的认识是深刻的和独到的，他看到了私有制的流弊，他认为当时社会的一切动乱、遭难、祸害、罪恶都是因为不"兼爱"而产生的，所以主张"兼相爱，交相利"。"兼爱"是处理人与人的关系、个人与社会、社会与社会、国家与国家关系最基本的道德原则，主要是"爱"和"利"。"兼爱"是无差等的爱，既要爱君王、大夫，也要爱庶民百姓，既要我爱别人，也要别人爱我。"视人之国，若视其国；视人之家，若视其家；视人之身，若视其身。"墨子重利，但不是私利，是公利，是"利人"，他把"利人"作为言行的道德标准，"利人乎即为，不利人乎即止"。墨子是一个极端的、具有宗教意味的"利他主义者"，为了天下的利可以牺牲一切，包括生命。"爱人者，人必从而爱之；利人者，人必从而利之。""吾必先从事乎爱利人之亲，然后人以报我以爱利之吾亲也。"这样才能达到互爱互利。兼相爱交相利是顺天之意，违之必遭天谴。墨家对这样的社会充满期待，并在实际中践行。这种宗教式的平等和博爱充满了乌托邦色彩，在那时的社会中注定只是一抹出现在天空的彩虹，遥不可及又快速消退。这种超阶级性超时空性的伦理梦想在今天却有了特殊的意义。

3. 希伯来文明中的乌托邦梦想

在乌托邦思想的早期发展阶段中，希伯来文明也是一大重要的源头。在纪元前11至4世纪的以色列历史中，出现了几位"希伯来先知者"，摩西作为以色列的领袖和犹太教的创始人是最伟大的先知。先知们无不对当时的政治腐败、社会无序、道德败坏痛心疾首，义无反顾地予以尖锐的批评并指明出路，期待弥赛亚的来临。①

在《旧约》中弥赛亚做黄金时代的王时，正义与和平要胜过一切，本是永久为仇在那时也化敌为友了；耶和华的子孙凝聚着他的智慧和聪明；行审判和断是非不凭眼见和耳闻，却能公正、正直、平等，正义与诚信以身相随，有非凡的神奇力量对付恶人和使外族臣服。人与自然、动物等也充满和谐：豺狼必与绵羊羔同居，豹子与山羊羔同卧；少壮狮子与牛犊，并肥畜同群；小孩子要牵引他们。牛必与熊同食；牛犊必与小熊同卧；狮子必吃草与牛一样，吃奶的孩子必玩耍在虺蛇的洞口，断奶的婴儿必按手在毒蛇的穴上……总之奇迹的出现在弥赛亚到来时都是可能和自然的。犹太教的思想对信奉他的子民有着深刻的影响，有着犹太教渊源的哲学家在其社会理想中都不可避免地受到弥赛亚梦想的影响和激励，去寻求和践行人类的"大同理想"。

希伯来先知和希腊文明中的先哲，中国的孔子、老子等伟大的思想家，共同开创了人类思想的"轴心时代"，也开创了乌托邦梦想的早期时代。

4. 近现代的乌托邦思想

乌托邦之所以引起空前的反响是托马斯·莫尔的不朽名著《乌托邦》一书的问世。这部书是1515—1516年他出使欧洲时期，用拉丁文写成的。书中描绘一个航海家到达了一个叫"乌托邦"的国度，看到了不同于当时现实社会的理想国度，那是一个完全理性而美好的共和国。生产资料归全民所有，产品按劳分配，婚姻自由、尊重妇女、宗教选择自由，人人从事生产劳动，也有充足的时间从事科学研究和娱乐。莫尔创造了"乌托邦"一词，开创了空想社会主义学说，其思想也成为现代社会主义思潮的来源之一。

莫尔的乌托邦和以往一样从地理环境上设计了一个理想的国度，随着航海事业的发展，乌托邦的梦想开始跨越时光，转向对未来国度的美好设计。如培根（Bacon）的《新大西洋大陆》（*New Atlantis*，1627）、康帕内拉（Campanella）的《太阳之都》（*City of the Sun*，1637）、贝拉密（Edward Bellamy）的《回顾》（*Looking Backward*，1888）、威尔斯的《现代乌托邦》

---

① 参见傅有德《希伯来先知与儒家圣人比较研究》，http://www.douban.com/group/topic/9219260/，2009/12/27

（*Modern Utopia*，1905）、史德普顿（Olaf Stapledon）在《人之始末》（*Last & First Men*，1930）等，其中贝拉密的乌托邦和威尔斯的乌托邦最具体和丰实，并力图按照蓝图在现实社会中进行改造。

莫尔的《乌托邦》对空想社会主义来说，影响非凡。空想社会主义产生于 16 世纪，终结于 19 世纪 30—40 年代，经历了三个发展阶段：16 世纪至 17 世纪、18 世纪和 19 世纪初，共历时 300 多年。空想社会主义者对社会主义都提出和规划了美好的图景，企图建立"人人平等，个个幸福"的新社会。

在近代中国，延续着传统的乌托邦思想，出现了太平天国的《天朝田亩制度》和章太炎的《五无论》，分别是农家类型和道家类型的典型代表，但最具影响力的仍是儒家的大同理想，它成了资产阶级表达自己社会理想的途径，最为著名的是康有为和孙中山的两种大同理想。康有为的《大同书》，设想未来的大同社会是一种以生产资料公有制为基础、没有剥削的社会。孙中山的大同理想主要内容是：土地国有，大企业国营，但生产资料私有制仍然存在，资本家和雇佣劳动者两个阶级继续存在；生产力高度发展，人们生活普遍改善；国家举办教育、文化、医疗保健等公共福利事业，供公民享用。康有为的现实主张是通过自上而下地改革逐步走上资本主义发展道路；孙中山则要求把他的大同理想在资产阶级民主革命阶段就付诸实施，要求"举政治革命、社会革命毕其功于一役"。

从莫尔开始的"乌托邦"运动在兴起的同时也遭遇了反乌托邦的攻击，最典型的代表是赫胥黎（Aldous Huxley）的《美丽新世界》（*Brave New World*，1932）、欧威尔（George Orwell）的《一九八四》（*Nineteen Eighty-Four*，1949）以及俄国扎米亚京的《我们》。这股潮流被称为"反乌托邦"，它对乌托邦希望进行了猛烈地批评和逆转。他们描写了和乌托邦完全不同的物质至上、大工业化的世界和极权主义社会。希特勒的法西斯主义和斯大林的极权主义是现实对乌托邦否定的最好反例。印证了哈耶克、波普尔、阿伦特、雷蒙·阿隆、伯林等思想家对"苏式乌托邦"的预言：极权主义、斯大林主义是一条通往奴役之路，一条走向失败之路。

反乌托邦是否阻止了乌托邦梦想的延续？不是，正如范昀在《雅各比的陷阱》一文中说道：反乌托邦也是一种乌托邦，反乌托邦主义者才是真正的理想主义者。他们告诉我们，需要以人性的代价换取的理想，绝非是真正的理想。这种代价，毁灭的是人性，湮没的是理想。他们反乌托邦的初衷，恰恰是为个体、想象与自由留出更多的空间，为乌托邦的新生创造条件，细致的规划和安排的蓝图式的乌托邦或许是反乌托邦主义的初衷，对未来的美好寄予更多的想象和自由的空间的憧憬更符合社会现实的发展。

（二）关于乌托邦哲学

对乌托邦思想在哲学形而上学的独到分析，当属布洛赫。他的乌托邦哲学以两本书为代表，第一本是《乌托邦精神》（*Geist der Utopie*，1918），第二本是《希望的法则》（*Das Prinzip Hoffnung*，1948）"乌托邦"在主体方面表现为"对美好未来的希望"，在客体方面表现为"朝向至善发展的动力"。《希望的法则》，最初定名为"关于更美好生活的梦想"。布洛赫认为人们活（leben）在现在，却无法直接经验（er-leben）现在。在当下呈现的总是"过去"，我们的"现在"总是居于黑暗（Dunkel）之中，是看不透的，比喻无法经验、无法意识、无法认知。布洛赫把这种不可认识的黑暗比作"哥特式密室"，从外面很难看见里面的光亮。这种黑暗是灵魂的一种恒常状态，它居于我们的内心深处，就像"哥特式密室"一样难以看透。梦想的核心乃是希望（Hoffnung），希望是人身上"最无声的"、"最深沉"的欲求，一种叫作希望的东西深深地、无言地埋藏在我们的心底，它在发酵，像一个待解的谜；这就是我们尚未意识到的本质。"希望不在别处，就在'当下的'黑暗之中"，这句话表明，布洛赫试图用关于黑暗瞬间的形而上学来解释希望（也即白日梦中真实的成分），来唤醒人内心沉睡的希望。康德所谈论的"促进至善（将上帝之国带至我们中间）这个以'道德'法则为基础的道德愿望"，和布洛赫所要唤醒的内心的信仰和道德力量在方向上是一致的，布洛赫对此深有认同，明确表示康德哲学具有一种"乌托邦"精神。可以说，康德对"应该"和"至善"的强调，以及为信仰留出地盘的做法，为关注灵魂和信仰问题的布洛赫留出了理论空间。布洛赫完全赞同克尔凯郭尔对黑格尔的批评和控诉：与其用理性算计来理解上帝，不如对耶稣发脾气。布洛赫写作《乌托邦精神》的目的，就是唤醒人们的内心力量（道德的或信仰的），"将上帝之国带至我们中间"。①

①　参见陈岸瑛《布洛赫的〈乌托邦精神〉与乌托邦哲学的诞生》，http：//www.frchina.net/data/detail.php？id=1418，2003/12/09

　　布洛赫的这种希望法则是返观内心，是"与自己相遇"，在内心寻找真我。布洛赫深受犹太教的影响，在黑暗中寻找光明是与弥赛亚的力量联系在一起的。在早期乌托邦哲学中，这种光明最终是由弥赛亚、上帝来保证的，"源始的弥赛亚精神存在于我们的最深处"，在我们内心的黑暗之中。遭遇自我也就是遭遇弥赛亚。因此，弥赛亚不是从云端来，而是从我们最深的内心深处来，它一直在人心中，只是我们没意识到，就如弗洛伊德的无意识并未觉醒一样。在我们尚未意识到的"黑暗的生活瞬间"中总有希望跃出的一瞬，这是人内心坚定的信仰，而它同时也是不确定的，因为我们无法经验现在，信仰也不是如实物般确定，但必然有冲破黑暗的一跃，这是致命的一跃。这是布洛赫对于"乌托邦"、希望及信仰的最精妙的解释。

　　布洛赫的遭遇弥赛亚充满了矛盾、宗教和神秘主义的色彩。寻找尚未到来的弥赛亚，这种想法本身就是一个悖论。既然弥赛亚尚未存在，你如何去寻找，如何去经验和识别。那么在弥赛亚到来之前，我们的形而上学从何处、根据什么可以得知他到来的消息和细节呢？奥古斯丁早就表达过这一疑问：但我想认识你时，到哪里去找你呢？因为在我认识你之前，你尚未到我记忆之中。那么要认识你，该到哪里找你？布洛赫的思想中呈现了"乌托邦"的形而上学。他对现实社会的失望转而为乌托邦式的期待和憧憬，他把弥赛亚和马克思的科学社会主义并列在一起，本意是解决时代的问题、社会的问题，但哲学化了、宗教化了。①

　　拉塞尔·雅各比对乌托邦的分析和解释也值得重视。雅各比出版了《不完美的图像：反乌托邦时代的乌托邦思想》一书。他把乌托邦分为两类，一类是蓝图派乌托邦主义，另一类是反偶像崇拜的乌托邦主义。蓝图派乌托邦主义精确地规划人类的未来社会，规定人们如何行动，如何思想，"蓝图派"有一种"权力主义的倾向"，人的行为受到"偶像"的统一支配，丧失了对自由的愿望和生活的多样化。反偶像崇拜的乌托邦主义同样梦想着一个更高级的社会，但它反偶像崇拜，"在理智上不墨守成规，拒绝将未来具体化"，竭力避免描绘蓝图，他们既不讲述关于明天的故事，也不提供有关明天的图画。哈耶克、波普尔、阿伦特、雷蒙·阿

---

　　① 参见陈岸瑛：《布洛赫的〈乌托邦精神〉与乌托邦哲学的诞生》，http://www.frchina.net/data/detail.php? id=1418, 2003/12/09

隆、伯林等思想家对"苏式乌托邦"的批判事实上更多地表现出对蓝图派乌托邦的批判，把乌托邦贴上了暴力和极权主义的标签。雅各比放弃蓝图乌托邦，推崇反偶像乌托邦。反偶像崇拜的乌托邦思想的本质性要素在于：它对此时此地的关注。它憧憬未来并珍视现在。

"乌托邦是宏大叙事，作为宗教后启蒙时代的产物，具有普世性的倾向，后现代主义不相信乌托邦，也不相信希望与未来。"① 雅各比希望重建新世纪人类对乌托邦的信心，希望从历史角度找到 20 世纪人类悲剧的真凶，洗清"乌有之乡"莫须有的罪名。同时，他试图把人类对自身未来的想象力从对现实的功利主义和对乌托邦的绝望中拯救出来。雅各比也认识到乌托邦思想中的非现实性，正是这份非现实的空间才让我们去幻想、前进和改变，或许，"完美的社会只是一种虚构的理想，人类的完美境界是永远也不能达到的；唯一可能的只是努力向前而已"。② 雅各比提出的警告是值得重视的："一个丧失了乌托邦渴望的世界是绝望的。无论对个体还是对社会而言，没有乌托邦理想就像航行中没有指南针。"③

在乌托邦思想的发展历史中，可以看到不少犹太背景的作家在他们的思想背后都隐藏着强大的犹太精神的潜流。本雅明、阿伦特，还是德里达等最终把乌托邦和宗教混到一起了。乌托邦和宗教的最大区别在于，乌托邦建立在人性和理性的基础上，为人自由意志和人格发展留下了发展和创造的空间，而宗教明显缺乏这样的人文主义情怀，它否定现世的幸福，仰仗神性的力量来改变一切，人的自由意志和能动归根结底受制于神性。④

这些有着犹太教渊源的作家表达的是乌托邦梦想的信仰，试图把人类对自身未来的想象力从对现实的功利主义和对乌托邦的绝望中拯救出来。乌托邦想象本身作为一种社会理想，仍是人类摆脱虚无和绝望、对前途乐观积极的一种希望。特别是反偶像崇拜的乌托邦并不具体展现乌托邦的图景，但他们的批判告诉我们未来不该是什么，这样的否定是肯定，因为人类社会发展的道路不可能是完全确定和可预设的，也不可能是完美的。霍

---

① 范昀：《雅各比的陷阱》，http：//book. douban. com/review/1209717/，2007/09/18

② ［美］乔·奥·赫茨勒：《乌托邦思想》，史张兆麟等译，商务印书馆 1990 年版，第124 页。

③ ［美］雅各比：《不完美的图像——反乌托邦时代的乌托邦思想》，姚建彬等译，新星出版社 2007 年版，前言。

④ 参见范昀《雅各比的陷阱》，http：//book. douban. com/review/1209717/，2007/09/18

布斯鲍姆的话再好不过地概括了乌托邦的新前景："找寻完美社会的目的，不是要让历史停止进行，而是要为所有的男男女女打开其未知和不可知的种种可能性。在这个意义上，对人类而言幸运的是，通往乌托邦之路是畅通无阻的。"①

（三）从乌托邦思想到类伦理思想

从乌托邦的思想中可以看到一种超越民族的大同理想中孕育着国际性的、人类性的体制模式与合作的理想设计。康德在《永久和平》中论述到，国家是一个独立的"实体"，具有独立的人格，没有一个国家可以通过任何方式来取得其他国家的主权。作为一个实体民族亦是"个体"，要解决民族之间的利益平衡和矛盾需要一个公共联盟，"类似公民体制的体制"，以此来确保每一个民族的自己权利，这一体制康德称它为"各个民族国家的联盟"。这样的联盟体制和它的运行规则是联盟体内的民族国家的公共准则，其伦理规则必然超越民族，而站立于人类的立场之上。

罗素面对世界性的冲突和问题也曾提出了这样的设想：设立一个国际机构，让所有的国家将主权让渡给国际性机构处理。以此来解决国际争端，维护人类的共同利益，在全世界实现公平和正义。

马克思、恩格斯长期致力于人的解放事业，认为要实现人类的真正平等与和平，必须是全世界无产者联合起来，消灭剥削和压迫，实现人的解放，使人获得高度自由和全面的发展才能在全世界实现这一理想目标。马克思、恩格斯也受乌托邦思想的启发和影响，在《共产党宣言》中，对人类未来社会做了设想。其一，未来社会将是一个人的本质得到自由全面发展的社会。人类的真正自由不是享受已经到手的并且已经终结了的现成的自由，而且处在永远的实践和追求自由的过程之中。未来的共产主义社会将为人类的自由发展、自由实践、自由追求、自由实现提供更加广阔得多也自由得多的自由空间。其二，个人自由发展与一切人自由发展的矛盾关系得到了和解。其三，"未来自由人的联合体"也是一个不断变动、发展而日臻完善的社会。

从弗洛姆的学术渊源上来说，犹太教对他的影响很深，在儿童时期受家庭因素的影响，父母是虔诚的犹太教信徒，周围的长者也多有拉比，所

---

① ［英］霍布斯鲍姆：《帝国的年代》，http：//lz.book118.com/quanwen-90517-87740.aspx.

以对弗洛姆来说，犹太教中关于社会与个人的关系，对未来社会的憧憬在其幼年时期就已经生根发芽，在其少年时期又深受马丁·布伯等犹太教著名人士的影响，也曾经受雅斯贝尔斯等影响，熟读斯宾诺莎等的著作，有着乌托邦色彩的伦理思想开始萌芽。但同时，我们也看到了在弗洛姆身上另外两种强大的力量，一是来自对精神分析的热衷，弗洛姆在少年时期亲眼目睹了一件离奇的事件引发他希冀从心理上去解答个体的行为，并立志把心理学科作为伦理学的应用学科，为伦理学服务，弗洛伊德的精神分析是他进行研究的一个重要的武器。二是弗洛姆受马克思人学的影响，并对马克思对未来社会的设计做出了自己的合理解释。人的发展和自由将是人类社会的最终目标，其根本也是实现人的幸福。弗洛姆的伦理学隐藏着犹太教和乌托邦思想的色彩，但他处处回避其非现实性的东西，他运用精神分析和马克思的社会理论为他的伦理学撑腰，也是为了克服乌托邦的空想和宗教的色彩。可以看到在其伦理学中理性是重要的，是其伦理学的一大原则；人的本质的生产性，是要证明人的主动性、创造性是人类改变社会的重要力量，而不是神的力量。这样想来，他在中年时放弃了犹太教的信仰，也就能理解了。弗洛姆运用法兰克福学派的批判性对社会现实进行的批判，与反偶像崇拜的乌托邦的出发点也是一致的，在对现有社会批判的基础上重建美好社会。他那充满宗教色彩的爱的伦理也是其伦理学的一大特色。可以说弗洛姆的类伦理思想中强调批判、现实、理性和人的能动性和人类的立场和未来，但其背后也纠结着非现实的宗教式的情结。在他晚年他自己甚至说自己是个神秘主义者，这似乎意味着，他的思想中犹太教的神秘主义倾向的不可消解与其在理论中的隐喻。但他也是马克思的一个崇拜者，他的理论一直在追逐马克思的脚步，特别是关于人类的未来的设计；弗洛姆也一直致力于在现实社会中去实现这样的革新，他在美国和加拿大的一系列社会活动都试图去亲证其理论的可行性。

　　在那样的历史时期，他这样做似乎超越了当时社会的常识判断，但今天的人类社会却明白无误地告诉我们人类不能是"原子式"的存在了，人类休戚与共的命运需要类伦理的协调，类伦理的完全实现是一个长期的过程，也不可能在所有的范围同时得到体现，但那是人类发展的趋势，有限的合作和协调是类伦理实现的开端，而我们已经迈出了可喜的一步。当今时代已经进入了一个全球化的时代，人与人之间的休戚与共的命运更为鲜明，乌托邦思想中的人类大同的理想离我们越来越近了，虽然梦想并不一定能完全实现，但部分的实现和不断地逼近理想正是人类追求理想的现实态度。

在弗洛姆之后，罗尔斯于 1999 年出版了《万民法》，"万民法"的存在基础就是由万民组成的世界社会为基础。"万民社会存在的可能居于四个理由：合理多元主义事实；多样民主统一的事实；公共理性事实；自由民主和平事实。"① 万民社会是以多群组构成的自由社会，不再强调主权，更强调"万民"的主权，将国内体制的正义、自由观念，扩展到万民社会中去，从本质上来说是一种类的意识，一种普遍的伦理。

在当今世界，亨廷顿的"文明冲突论"颇受关注，也为很多学者所认同，但哈佛大学的杜维明认为，世界文明的"大方向仍然是对话"。"世界在重组过程中间，一定有各种不同的矛盾冲突。但是，通过协调、通过区域化的合作以及全球性不同的合作协调来达至和平共处，大概是不可抗拒的趋势。"② 对话的基础是"全球社群的出现"。"由于科学科技的发展，世界各地不论东西南北都已成为由信息、交通、贸易、电信和财经各种关系网络所编织而成的生命共同体。从生态环境及能量资源等超越国界的宏观视野来检视当今人类的存在条件，不同种族、地域、语言、文化、阶级和宗教的社会群必须谋求共生之道，已成为知识界不言而喻的真理。如果我们把核战争的问题、生态系统遭到破坏、环境被污染、能源枯竭或因人口膨胀而造成的社会脱序种种祸害也列入考虑，人类必须同舟共济，一起来创建和平共存的生命形态，更是显而易见的道理。"③ 他认为用黄金法则："己所不欲，勿施于人"、"己欲立而立人，己欲达而达人"的儒家伦理原则运用到全球的族群中，共建和平、安全、和谐的人类社会是可能的，通过文化的对话和交流增进了解和尊重，承担各自的责任，形成普遍的责任伦理意识。

二 普遍伦理学与当代现实

时代不可避免地把"普遍伦理学"的问题推到前台，普遍伦理学到

---

① 胡利明：《〈万民法〉与罗尔斯法律思想评介》，http：//www. law-star. com/cacnew/200702/30003553. htm，2000/02/06

② 杜维明：《杜维明文集》（第五卷），武汉出版社 2002 年版，第 479 页。

③ 同上书，第 484 页。

底能不能普遍化，在当代现实如何普遍化才是可能的？

（一）普遍伦理学

1. 普遍伦理之"普遍"的含义

一个道德法则并不一定能扩展成为普遍使用的伦理原则，所以普遍性与客观有效性并非总是一致的。保罗·文福就曾指出，"所有的客观有效性原则都是可普遍性的，但不是所有的可普遍性原则都是客观有效的。"我们说一个行为原则是可普遍的，是当且仅当它能被至少一个道德主体意愿为每个人在相同的环境下都根据它而实践。一个行为原则是客观有效的则是指，当且仅当它被实践中（即没有偏见的和感情的）的任何理性主体所意愿的。"① 原则的可普遍性并不能保证它的客观有效性，可普遍性只是表明理论上的可能性，而客观有效性是现实上的普遍必然性。

由此我们推断作为普遍伦理的"普遍性"必须建立在客观有效性的基础上，是与人们的现实生活以及具体情境联系在一起的。普遍伦理应该包括两个层面的"普遍"，一是指为维护全人类共同利益所需要的共同或普遍的伦理规范，如生态伦理、核伦理、国际关系伦理等；二是指各种不同伦理规范之间（既包括同一文化传统下的各种不同伦理体系之间，还包括传统伦理与现代伦理之间）的共性意义上的普遍价值。这两个层面的普遍伦理都包含着人类普遍的或共同的价值。

2. 普遍伦理建立的基础

普遍伦理的建立不再是主观的意志的推广，不应是从先验的和假设的出发而是根据现实生存的境况而生成的，不是绝对的同一和唯一，而是多样性和统一性的融合，不是一个封闭的自我循环体而是一个开放的体系。

理性是建立和论证伦理合法性的途径。万俊人认为，建立或论证普世伦理的基本方式是普遍理性的证明方式。这种方式的基本要素有四点：

第一，它不从任何形式的先定假设出发，而是从人们的日常生活世界或文化道德事实出发，在道德经验推理的基础上，探讨各种可以相容的或相互性的道德伦理共识，进而求证人们可能或实际已经共享的普遍性伦理规范。第二，从日常道德经验出发，也就是从差异性出发。这里的所谓差

① Paul Bamford. The Ambiguity of the Categorical Imperative, Ruth F. Chadwick (ed.) Immanuel Kant Critical Assessments, Volume Ⅲ: Kant's Moral and Political Philosophy, by Routledge Publishers, 1992. pp. 76—77.

异性，不仅是指道德个人之间的差异性，同时也是指不同道德文化传统之间的差异性。第三，自下而上的普遍合理性论证过程，是一个求同存异、和而不同的过程。最后，自下而上的普遍合理性论证过程，永远是一个开放的探究过程。①

在伦理史上，从孔子到康德等中外最权威的道德思想家，总体上都是以"外推式"的方式来说明伦理道德，特别是说明道德原则和道德规范的普遍性的。如孔子的"己欲立而立人"和康德的可普遍化"绝对律令"即是如此。但随着全球化的扩展，"在建立普遍伦理的问题上……采取'内生'而不是'外推'的方式，通过增加实际的共同点来促进'人类共主体'形态的形成，这是目前形成、维护和扩大人类普遍价值的根本途径"。②

"类意识"和"类主体"的形成是人类对自我意识的纵深拓展。因此"普遍伦理的寻求敞开了当代人类自我认识的新维度，人类自我认识的深化又进一步推动普遍伦理的寻求。这个循环深入的过程将把我们地球人的自我认识带向一个更为开阔、更为全面的境界。这是一个可以预期的现实性"。③

3. 普遍伦理是人类追求的目标

全人类存在着普遍或共同的价值，它有两种形式：一是指人类主观上统一了的价值体系，即有了类的基本理念和共识。二是纯客观意义存在的人类普遍或超越民族、国家价值等的共同基本价值。如涉及普遍生活条件、人类生存基础和生命特征的价值，包括自然环境、社会物质生产和精神生活的空间等。自有人类它就存在，其具体内容就在扩大和强化。这两种形式的普遍价值都是基于人作为同一"类"，它的实现以"类意识"与"类主体"或"共主体"的客观形成为前提。"类意识"、"类主体"是普遍伦理的主要特质。

普遍伦理研究中受到普遍关注的"金规"，如"己所不欲，勿施于人"等，其核心基础就是人与人之间的共同性与共通性，即"类"的共

① 参见万俊人《普世伦理及其方法问题》，《哲学研究》1998年第10期，第43—50页。
② 何怀宏：《一种普遍主义的底线伦理学（何怀宏散文〈上〉）》，中国广播电视出版社1998年版，第374—378页。
③ 田海平：《人的概念与普遍伦理》，《南京社会科学》2002年第10期，第9—14页。

同基础。余潇枫、张彦明确提出 21 世纪伦理学的走向是"类伦理学"。"类存在",人类的"类本质"、"类属性"是当代和未来伦理学的基础,认为体现"类本位"的伦理道德"类生命－类价值"范式是当代伦理学的根本要求。① 李德顺也提出,全人类普遍价值体系的确立,要以人类最高主体形态——"类主体"或"共主体"的客观形成为前提。对人类共同利益认识的明朗和突出,标志着人类"共主体"的现实形态与具有普遍性的价值正在形成,这是可能建立普遍伦理的真实基础。确立普遍价值真实基础的根据,是人的生存发展的客观条件和方式。② 万俊人在《寻求普世伦理》中也论述到:出于实践理性的必要,普遍主义是必要合法的;只要人类共同体概念是一个有意义的修辞,那么,普遍主义就会理所当然地获得合法性。但是由于文化多元论已是当今世界的一个生存事实,因而人类共同体理念就必须考虑各种文化之间的关系。人类共同体具有统一、普遍的价值倾向,但必将是"多元文化差异的人类共同体",即文化间的相互承认和尊重将是一个必要的"政治策略"。在他看来"普世伦理就是(1)建立在人类社会之公共理性基础上的普遍伦理,她具有多元文化传统的'交际性'(inter-ness);(2)她所承诺的主要是人类社会的基本道德问题或日常生活世界的普世伦理问题,因而她是最基本、最起码的,而不是最优化、最理想化的;(3)她应是跨文化跨地域的人们可以在其特定生活条件下共同认可和践履的公度性道德"。③

马克思早就对人作为历史主体和伦理主体做了精辟的论述,他指出人的存在将依次经历"人的依赖关系"、"以物的依赖性为基础的人的独立性"和"建立在个人全面发展和他们共同的社会生产能力成为他们的社会财富这一基础上的自由个性"三个形态,也就是人们通常所说的群体主体、个体主体、自由人的联合体即类主体形态。到 19 世纪中叶,马克思、恩格斯预言:世界市场的形成将使一切国家的生产和消费都成为世界性的,过去那种地方的民族的自给自足的闭关自守的状态将被整个民族的互助往来和各方面的相互依赖所代替。今天的经济全球化的趋势证实了马克

---

① 参见余潇枫、张彦《21 世纪伦理学新走向——类伦理学》,《社会科学战线》2005 年第 5 期,第 39—44 页。

② 参见李德顺《普遍价值及其客观基础》,《中国社会科学》1998 年第 6 期,第 4—14 页。

③ 万俊人:《寻求普世伦理》,北京大学出版社 2009 年版,第 57 页。

思、恩格斯的这一预言。经济全球化的现实告诉人们，人类的许多重大利益、重要价值已经超越了阶级、民族、国家的界限，成为全人类的共同利益、共同价值。为了全人类的根本利益、根本价值，人类不得不结成利益共同体、价值共同体，从而在一定程度上形成了类主体，建立起普遍的伦理学。

（二）弗洛姆的类伦理对当代社会问题的启示与意义

弗洛姆面对 20 世纪人的生存处境，审时度势，用世界性的眼光和战略寻找人类社会普遍伦理的利益基础和人性基础。他的类伦理学始终坚持人并非仅仅是一个社会的成员，而且还是人类的一个成员，人应该站在普遍的人类价值的立场上批判地评估自己的社会。用"类"的意识来武装自己，通过自我的道德修养和社会改革，领悟人的本质，扭转工业社会预设的前提，始终坚持人永远是目的而不是手段，人的利益和未来始终高于一切，还给人以生存的真实意义，建设一个人与自身、他人，人与自然和谐的人类社会。人生永远在途中，他是不断发展和完善的；人类社会也一样在途中，那种整齐划一的大同理想在目前是不能实现的，但人类不断向前，执意要改善人类自身的处境、协调各种矛盾冲突的意愿是强烈而真实的，人类的努力会不断逼近人类的大同理想。弗洛姆正是如此规划和实践他的这种美好的"理想"。弗洛姆的这种伦理意图在当代社会已经成为共同的意识，也可看到在世界范围内正在努力践行。

20 世纪以来人类遭受了巨大的生存危机，人类过度开发自然资源和消耗能源造成严重的环境危机：

生物多样性减少，现在每年约有 5 万个物种灭绝；森林锐减，在 1980—1990 年间每年锐减 996.46 万公顷的森林，中国 100 年来的森林面积减少了一半；土地沙漠化，全世界每年有 600 万公顷土地沙漠化，中国近 20 年来土地沙漠化每年以 24.6 万公顷的速度扩展，土地荒漠化占国土面积的 1/3；大气污染，1998 年世界卫生组织对 53 个国家 272 个城市的大气进行三种污染物的统计，十大城市中中国占了 7 例；淡水资源污染，地球上仅有 1% 的淡水资源可以利用，但也遭受严重的污染，目前有 14 亿人没有清洁的饮用水源；海洋污染，海洋作为一个巨大的容纳场所，由于海洋石油的开发和近海的污染，海洋资源也在急剧减少，日益变成死海；垃圾围城，工业废气物和城市生活垃圾日益侵蚀城市和乡村的生存空间；同时温室效应和臭氧层破坏也威胁到人类的生存空间和健康状况。①

　　同时 20 世纪的战争也对人类的生存造成了巨大的威胁，人类为此付出了巨大的代价，尤其是两次世界大战。"一战"期间涉及的总兵力有7000 万人，15 亿人口被卷入，伤亡 3750 万人，损失财产 3300 亿美元；"二战"历时 6 年多，投入的军队 1.1 亿人，卷入的人口 20 亿，死亡7000 多万，经济损失 4 万亿美元。除此之外，还包括朝鲜战争、越南战争、中东战争、两伊战争、海湾战争等都给人类造成不同程度的损失。

　　环境危机和战争是目前我们所面临的许多全球性问题的一部分，诸如此类的世界性问题，事实上都只有站在全人类整体（不仅包括现在的，而且包括未来的全人类）的高度，才能够正确地理解和对待。当今人类要建立的普遍伦理，并不是什么无条件的"绝对命令"，而是建立在一定现实基础上的有限责任伦理。构成其现实基础的不是什么假空的上帝或抽象的人性，而是人类的"共同生活"形成的相互依存关系和"共同利益"。②人类理性是达到普遍伦理的唯一途径。今天人类对自然界粗暴的干预会导致生态平衡的崩溃，人类会在这种生态平衡的崩溃中趋于毁灭。所以，今天的人类必须认真倾听自然的声音，承认自然的价值和权利。因为普遍性的根基不是伴随偶然事件而偶然发生的一种公众舆论，而是一种逻辑自明的必然性。也有越来越多的人意识到，必须全球协作才能有效地保护地球，以免人类在生存危机中灭亡，可持续发展是当今时代的人类首选的发展模式。早在 1962 年蕾切尔·卡逊的《寂静的春天》开始关注环境问题，引发人类反思以往的发展模式，思考人口、环境、资源与人类的发展；1972 年"罗马俱乐部"出版了《增长的极限》的研究报告，系统地研究和分析了这些因素在人类发展中的作用和相互影响，阐明他们的观点和立场；这种发展模式布伦特兰夫人在 1987 年《我们共同的未来》的报告中第一次正式提出，称之为"可持续发展"的模式。1992 年在里约热内卢召开了联合国环境与发展大会，把"可持续发展"作为人类共同发展的战略目标，并通过国际组织和国际性条约力促在世界各国践行。同时

---

　　①　参见深圳义乌《20 世纪人类面临的环境危机——全球变暖》，http：//www. szyw666. com/news_ read. asp？id＝322，2012/2/9

　　②　参见赵景来《关于"普遍伦理"若干问题研究综述》，《中国社会科学》2000 年第 3 期，第 98—103 页。

近些年来，环境、生态、人口、核威胁等全球性问题使人类普遍的责任意识不断深化，认识到这些问题只有经过全人类的共同努力才能解决，并为此展开对话，结成了多种多样的国际组织。全球性的国际组织比如联合国、世界卫生组织、国际红十字会、世界贸易组织、国际货币基金会、世界银行、国际民主选举基金会等；地区性的国际组织如欧盟、亚太合作对话、东亚峰会、非洲联盟、南方共同市场、南美洲国家联盟、北约等，这些国际组织的建立，意味着人类正在超越国界，结成了事实上的类主体。更重要的是，随着全球经济的一体化，随着物质交换和市场的世界化，多种国际性的经济组织也先后建立，如WTO、亚洲经济论坛等，并为之制定了严格的伦理规范。这标志着形成类主体与普遍价值的时刻正在到来，这正是普遍伦理建立的现实基础。

中国社会经过改革开放30多年，从1978年的GDP 2683亿美元，世界排名第15位，到2014年的GDP 10.3万亿美元，世界排名第二，是1978年的38倍多。在中国经济发展过程中，也伴随着一系列的环境、能源、人口等的问题，在1994年中国出台了可持续发展战略的白皮书，认真践行1992年联合国环境与发展大会的行动纲领。事实上，中国的可持续观念古已有之。周代时期，在《逸周书·大聚篇》记有："早春三月，山林不登斧，以成草木之长。夏三月，川泽不入网罟，以成鱼鳖之长"；周文王时期曾颁布《伐崇令》，规定："毋坏屋，毋填井，毋伐树木，毋动六畜，有不如令者，死无赦。"还制定了《野禁》和《四时之禁》。《管子·立政》中提出："敬山泽林薮积草，夫财之所出，以时禁发焉"；荀子在《荀子·王制》也指出："圣王之制也，草本荣华滋硕之时，则斧斤不入山林，不夭其生，不绝其长也；春耕、夏耘、秋收、冬藏，四者不失时，故五谷不绝，而百姓有余食也；池渊沼川泽，谨其时禁，故鱼鳖尤多而百姓有余用也；斩伐养长不失其时，故山林不童而百姓有余材也。"《吕氏春秋·义尝》中写道："竭泽而渔，岂不获得，而明年无鱼；焚薮而田，岂不获得，而明年无兽。"汉代刘安在《淮南子》中指出："孕育不得杀，壳卵不得采，鱼不长尺不得取，彘不其年不得食。"中国古代时期的倡导人与自然的相处模式是一种尊重自然规律、可持续发展的策略，保持着对自然的敬畏，倡导"天人合一"的理念。

中国文化中的这种特色在社会经济快速发展的现代社会中被忽视，所引发的一系列问题和西方社会工业化过程产生的问题是类似的，但不同的是，在我们的文化根基中潜在地具有这些和谐的因子。随着中国社会的发展和改革的推进，可持续发展的战略、科学发展观、环境友好论、和谐社会论的发展思路都内在地包含了对人类处境、人类共同的利益和人类未来的深切关怀。中国积极地加入国际性组织，比如联合国、WTO、世界银行、国际红十字会、国际原子能机构等。中国在1875—2003年间加入了273个国际条约，加入了25项人权国际公约，以及中国加入有关国际环境保护多边条约多达50多项，为保护全球环境做出了积极的努力与贡献。中国身为一个发展中的国家，为人类的共同利益承担了应尽的国际义务，并积极支援一些发展中的贫困国家，帮助改善他国人民的生存处境做出了贡献，中国对外援助的国家在2009年就超过140个；2009年统计世界上的最贫穷的国家大约50个，到2008年与中国建交的有42个国家；在2008年以前，我们免除了46个最不发达国家的债务，多达400多亿元人民币，并且提供发展中国家的援助超过2000亿元。

今天的现实是，各国明知保护全球生态平衡是最重要的全人类共同利益，有些西方发达国家在保护自己国家的环境方面做得也不错，但没有国家真的肯投入经济和科技力量去拯救地球。1970年的联合国大会上，发达国家承诺政府对外开发援助（ODA）将不低于本国国民总收入的0.7%。但据经合组织发展援助委员会2005年统计，2004年只有挪威、丹麦、卢森堡、瑞典和荷兰5个国家超过这一底线。日本一再对外宣传自己的ODA，其实只有0.19%。美国《时代周刊》2005年的文章称："2002年，布什政府承诺'做出具体努力'，为帮助世界穷人而提供国民收入的0.7%；而2005年，美国所提供的援助不到这一承诺的1/4，只占国民收入的0.15%；美国的军费开支和对外发展援助的比例约为30∶1。"此外，美国还欠联合国会费约10亿美元，大大影响了联合国对最不发达国家的扶助。地球的生物圈是具有整体性的、当代的环境危机也是全球性的，这种狭隘的民族主义的意识不改变，地球圈的根本改善是达不到的，也难以确立普遍伦理。

因此就主观形态而言，对人类利益的休戚相关的意识已日趋明朗和突出。在一些领域中"类主体"的现实形态和某些真正具有普遍性的价值正在形成。所以"类意识"的确立是普遍伦理形成的最本质的基础。也只有真正形成主观意义上的普遍价值才可能真正彻底实现纯客观意义的普遍价值，同时具有普遍价值的类主体的现实形态对"类意识"进一步扩展和强化，所以主观的普遍价值与客观的普遍价值共生共长才能真正超越民族和国家，建立起真正的普遍伦理。虽然到今天为止，有很多的学者认为普遍伦理是人类的一个乌托邦式的梦想，但是尚未形成的和尚未到来的梦想并非就不能实现，一个梦想不能彻底实现并不代表它不可以部分实现，也不能阻扰和放弃人们对这一梦想的追求。现实正试图力证这一切。目前来说，人的发展尚未进入真正的类主体阶段，利益的多元化、价值的多元化仍是当今世界的基本格局。伦理的民族个体性仍是基本的特征，多样性、多元性、差异性导致各种不同伦理观念的冲突。但是，由于全球化的到来，利益的共生性、命运的关联性促使类主体不断形成和扩展，个体伦理和类伦理也在同一时空寻求生存的空间。正是因为各种不同伦理观念之间的冲突，才需要寻求统一的共同点。最重要的问题在于怎样找到共同点，并在共同点上相互对话，消除冲突。这便是个体伦理走向类伦理的转折点。由于全人类最高利益、全人类最高价值的存在，这就决定了在利益多元、价值多元的格局下，必然在全球化趋势越演越烈下形成共同的利益主体、价值主体，亦即类伦理主体。这一趋势表明，经济的全球化将以其巨大的力量，将整个人类凝聚在一起，形成事实上的类伦理主体，这将是伦理的未来走向。虽然我们也看到类伦理的实现程度和时间表并不是一个清晰的状态，但人类在为"人"的发展过程中，必且行且明，且行且同……

参考文献

一 著作类

经典著作

1. 《马克思恩格斯全集》第 3 卷，北京人民出版社 1960 年版。
2. 《马克思恩格斯全集》第 42 卷，北京人民出版社 1972 年版。
3. 《马克思恩格斯选集》第 1 卷，人民出版社 1972 年版。
4. 《马克思恩格斯选集》第 2 卷，人民出版社 1972 年版。
5. 《资本论》第一卷，上海三联出版社 2006 年版。
6. 《1844 年经济学哲学手稿》，人民出版社 2000 年版。

弗洛姆的专著

1. ［美］弗洛姆：《爱的艺术》，孙依依译，工人出版社 1986 年版。
2. ［美］弗洛姆：《被遗忘的语言》，郭乙瑶、宋晓萍译，国际文化出版公司 2001 年版。
3. ［美］弗洛姆：《禅宗与精神分析》，洪修平译，辽宁教育出版社 1988 年版。
4. ［美］弗洛姆：《弗洛姆文集》，冯川等译，改革出版社 1997 年版。
5. ［美］弗洛姆：《弗洛姆著作精选》，黄颂杰主编，上海人民出版社 1989 年版。
6. ［美］弗洛姆：《弗洛伊德的使命》，尚新建译，生活·读书·新知三联书店 1986 年版。
7. ［美］弗洛姆：《弗洛伊德思想的贡献与局限》，申荷永译，湖南人民出版社 1986 年版。
8. ［美］弗洛姆：《健全的社会》，蒋重跃等译，国际文化出版公司 2003 年版。

9. [美] 弗洛姆：《精神分析的危机》，许俊达等译，国际文化出版社 1988 年版。

10. [美] 弗洛姆：《马克思关于人的概念》，涂纪亮译，复旦大学出版社 1983 年版。

11. [美] 弗洛姆：《梦的精神分析》，晨欣等译，河北人民出版社 1988 年版。

12. [美] 弗洛姆：《人的呼唤——弗洛姆人道主义文集》，生活·读书·新知三联书店 1991 年版。

13. [美] 弗洛姆：《人的希望》，辽宁大学出版社 1992 年版。

14. [美] 弗洛姆：《人类的破坏性剖析》，孟祥森译，中央民族大学出版社 2000 年版。

15. [美] 弗洛姆：《人之心——爱欲的破坏性倾向》，都本伟、赵桂琴译，辽宁大学出版社 1988 年版。

16. [美] 弗洛姆：《生命之爱》，罗原译，工人出版社 1988 年版。

17. [美] 弗洛姆：《说爱》，王建朗、胡晓春译，安徽人民出版社 1987 年版。

18. [美] 弗洛姆：《逃避自由》，陈学明译，工人出版社 1987 年版。

19. [美] 弗洛姆：《为自己的人》，孙依依译，三联书店 1988 年版。

20. [美] 弗洛姆：《在幻想锁链的彼岸——我所理解的马克思和弗洛伊德》，张燕译，湖南人民出版社 1986 年版。

21. [美] 弗洛姆：《占有还是生存》，关山译，三联书店 1988 年版。

22. [美] 弗洛姆编著：《马克思论人》，陕西人民出版社 1991 年版。

国外学者

1. [奥] 弗洛伊德：《文明及其缺憾》，傅雅芳、郝冬瑾译，安徽文艺出版社 1987 年版。

2. [丹] 克尔凯郭尔：《基督徒的激情》，鲁路译，中央编译出版社 1999 年版。

3. [丹] 克尔凯郭尔：《论怀疑者/哲学片段》，翁绍军、陆兴华译，三联书店 1999 年版。

4. [德] 恩斯特·卡西尔：《人论》，甘阳译，上海译文出版社 1985 年版。

5. [德] 费尔巴哈：《费尔巴哈哲学著作选集》下卷，商务印书馆

1984 年版。

6. ［德］海德格尔：《存在与时间》，陈嘉映译，生活·读书·新知三联书店 1999 年版。

7. ［德］海德格尔：《形而上学导论》，熊伟、王庆节译，商务印书馆 1996 年版。

8. ［德］黑格尔：《精神现象学》，贺麟、王玖兴译，商务印书馆 1987 年版。

9. ［德］卡尔·雅斯贝斯：《生存的哲学》，王玖兴译，上海译文出版社 2005 年版。

10. ［德］卡尔·雅斯贝斯：《时代的精神状况》，王德峰译，上海译文出版社 2003 年版。

11. ［德］鲁道夫·奥伊肯：《生活的意义与价值》，万以译，上海译文出版社 2005 年版。

12. ［法］埃马纽埃尔·列维纳斯：《从存在到存在者》，吴蕙仪译，江苏教育出版社 2006 年版。

13. ［法］拉·梅特里：《人是机器》，顾寿观译，商务印书馆 1959 年版。

14. ［法］萨特：《存在与虚无》，陈宣良译，三联书店 1988 年版。

15. ［法］萨特：《存在主义是一种人道主义》，周煦良、汤永宽译，上海译文出版社 1988 年版。

16. ［古希腊］亚里士多德：《尼可马可伦理学》，廖申白译，商务出版社 2003 年版。

17. ［荷兰］斯宾诺莎：《简论上帝、人及其心灵健康》，商务印书馆 1999 年版。

18. ［荷兰］斯宾诺莎：《伦理学》，贺麟译，商务印书馆 1983 年版。

19. ［美］爱因斯坦：《爱因斯坦文集》第 3 卷，许良英、赵中立、张宣三编译，商务印书馆 1979 年版。

20. ［美］丹尼尔·贝尔：《资本主义文化矛盾》，赵一凡、蒲隆译，三联书店 1989 年版。

21. ［美］弗莱彻：《境遇伦理学》，中国社会科学出版社 1989 年版。

22. ［美］弗兰克·梯利：《伦理学概论》，中国人民大学出版社 1987 年版。

23. ［美］赫舍尔：《人是谁》，隗仁莲译，贵州人民出版社 1994 年版。

24. ［美］路德·宾克莱：《理想的冲突》，马元德译，商务印书馆 1984 年版。

25. ［日］西田几多郎：《善的研究》，何倩译，商务印书馆 1965 年版。

26. ［匈］卢卡奇：《历史与阶级意识》，杜章智、任立、燕宏远译，商务印书馆 1996 年版。

27. ［英］吉登斯：《失控的世界》，周红云译，江西人民出版社 2001 年版。

28. ［英］休谟：《人性论》，关文运译，商务印书馆 1981 年版。

29. ［英］亚当·斯密：《道德情操论》，商务印书馆 1997 年版。

国内学者

1. 陈学明：《西方马克思主义论》，辽宁教育出版社 1991 年版。

2. 陈学明：《西方马克思主义命题辞典》，东方出版社 2004 年版。

3. 陈瑛、廖申白主编：《现代伦理学》，重庆出版社 1990 年版。

4. 陈振明、陈炳辉、骆沙舟：《西方马克思主义的社会政治理论》，中国人民大学出版社 1997 年版。

5. 董群：《禅宗伦理》，浙江人民出版社 2000 年版。

6. 杜维明：《杜维明文集（第五卷）》，武汉出版社 2002 年版。

7. 樊浩：《中国伦理精神的历史的建构》，江苏人民出版社 1992 年版。

8. 方朝晖：《重建价值主体——卡尔·雅斯贝斯对近现代西方自由观的扬弃》，中央广播电视大学出版社 1993 年版。

9. 复旦大学哲学系现代西方哲学研究室编译：《西方学者论〈一八四四年经济学哲学手稿〉》，涂纪亮等译，复旦大学出版社 1983 年版。

10. 高清海、胡海波、贺来：《人的类生命与类哲学》，吉林人民出版社 1998 年版。

11. 高清海：《人就是人》，辽宁出版社 2001 年版。

12. 高清海：《社会发展哲学——中国现代化的理性思考》，高等教育出版社 1999 年版。

13. 高清海：《哲学憧憬》，吉林大学出版社 1993 年版。

14. 高清海：《人的类生命与类哲学——走向未来的当代哲学精神》，吉林人民出版社 1998 年版。

15. 高兆明：《伦理学理论与方法》，人民出版社 2005 年版。

16. 郭永玉：《孤立无援的现代人——弗洛姆的人本精神分析》，湖北教育出版社 1999 年版。

17. 韩庆祥：《马克思人学思想研究》，河南人民出版社 1996 年版。

18. 韩秋红、李百玲：《断裂还是传承？——西方马克思主义及其当代资本主义观》，中央编译出版社 2004 年版。

19. 韩震：《生存的存在》，北京师范大学出版社 1996 年版。

20. 韩震：《重建理性主义信念》，北京出版社 1998 年版。

21. 李青宜：《西方马克思主义的当代资本主义理论》，重庆出版社 1990 年版。

22. 李文阁：《生活价值论》，云南人民出版社 2005 年版。

23. 刘放桐等编著：《现代西方哲学》，人民出版社 2000 年版。

24. 刘小枫：《现代性社会理论绪论》，上海三联书店 1998 年版。

25. 欧力同、张伟：《法兰克福学派研究》，重庆出版社 1990 年版。

26. 欧阳谦：《20 世纪西方人学思想导论》，中国人民大学出版社 2002 年版。

27. 邱仁宗主编：《20 世纪西方哲学名著导读》，湖南人民出版社 1991 年版。

28. 盛宁：《人文困惑与反思》，生活·读书·新知三联书店 1999 年版。

29. 石毓彬等编：《当代西方著名哲学家评传》（第四卷道德哲学），山东人民出版社 1996 年版。

30. 史怀泽：《敬畏生命》，上海社会科学院出版社 1992 年版。

31. 唐凯麟主编：《西方伦理学名著提要》，江西人民出版社 2000 年版。

32. 田海平：《西方伦理精神：从古希腊到康德时代》，东南大学出版社 1998 年版。

33. 佟立：《西方后现代主义思潮研究》，天津人民出版社 2003 年版。

34. 万俊人：《现代西方伦理学史》，北京大学出版社 1992 年版。

35. 万俊人：《寻求普世伦理》，商务印书馆 2001 年版。

36. 王守昌：《西方社会哲学》，东方出版社 1996 年版。

37. 王维、庞君景：《20 世纪西方的马克思主义思潮》，首都师范大学出版社 1999 年版。

38. 夏之放：《异化的扬弃》，花城出版社 2000 年版。

39. 徐崇温：《西方马克思主义》，天津人民出版社 1982 年版。

40. 薛克诚等主编：《人的哲学——马克思主义人学理论新探》，中国人民大学出版社 1992 年版。

41. 姚新中：《佛教与基督教：仁与爱的比较研究》，中国社会科学出版社 2002 年版。

42. 余潇枫、张彦：《人格之境——类伦理学引论》，浙江大学出版社 2006 年版。

43. 俞吾金、陈学明：《国外马克思主义哲学流派新编》（上册），复旦大学出版社 2002 年版。

44. 俞吾金：《生存的困惑》，上海文化出版社 1993 年版。

45. 袁贵仁：《马克思的人学思想》，北京师范大学出版社 1996 年版。

46. 袁贵仁主编：《人的哲学》，工人出版社 1998 年版。

47. 张世英：《进入澄明之境》，商务印书馆 1999 年版。

48. 张世英：《天人之际》，人民出版社 1995 年版。

49. 张曙光：《生存哲学——走向本真的存在》，云南人民出版社 2001 年版。

50. 张伟：《弗洛姆思想研究》，重庆出版社 1996 年版。

51. 张一兵：《文本的深度耕犁——西方马克思主义经典文本解读》，中国人民大学出版社 2004 年版。

52. 张一兵：《西方马克思主义的历史逻辑》，南京大学出版社 2003 年版。

53. 张志伟等：《西方哲学问题研究》，中国人民大学出版社 1999 年版。

54. 邹诗鹏：《生存论研究》，上海人民出版社 2005 年版。

二 期刊文章

1. ［美］W. H. 默迪：《一种现代的人类中心主义》，载《哲学译丛》1999 年第 2 期。

2. 曹明德：《从人类中心主义到生态中心主义伦理观的转变——兼论道德共同体范围的扩展》，载《中国人民大学学报》2002 年第 3 期。

3. 仇小敏、王永义：《解读弗洛姆的权威理念》，载《中南大学学报（社会科学版）》2005 年第 2 期。

4. 邓志伟：《弗洛姆对消费异化的伦理批判》，载《消费经济》2005 年第 8 期。

5. 邓志伟：《弗洛姆人道主义消费伦理思想探析》，载《道德与文明》2006 年第 1 期。

6. 都本伟：《论弗洛姆的社会哲学思想》，载《国外社会科学》1995 年第 7 期。

7. 高亮华：《希望的革命——弗洛姆论技术的人道化》，载《自然辩证法》1997 年第 2 期。

8. 高清海、余潇枫：《类哲学与人的现代化》，载《中国社会科学》1999 年第 1 期。

9. 管宇：《从人的异化到人的全面发展——论马克思的异化理论》（硕士论文），《大连理工学院》2006 年。

10. 郭永玉：《逃避自由说的文本解读》，载《华中师范大学学报》1997 年第 9 期。

11. 何怀宏：《一种普遍主义的底线伦理学》，载《读书》1997 年第 4 期。

12. 胡义成：《良心作为观念上层建筑的人道主义向主体心理的积淀形态——为人道主义研究中的唯物史观再辩护》，载《人文杂志》1994 年第 5 期。

13. 胡志：《弗洛姆异化理论研究》（硕士论文），西南师范大学政法学院，2005 年。

14. 孔文清、吴毅在：《弗洛姆人道主义良心论》，载《北京工业大学学报》2001 年第 12 期。

15. 孔文清：《自由：积极的还是消极的？——在弗洛姆与伯林之间》，载《华东师范大学学报》2006 年第 1 期。

16. 李德顺：《普遍价值及其客观基础》，载《中国社会科学》1998 年第 6 期。

17. 李国华：《弗洛姆关于爱的理论述评》，载《湘潭大学社会科学学报》2002 年第 1 期。

18. 刘敏:《技术与人性——弗洛姆技术人道化思想研究》,载《自然辩证法通讯》2005 年第 5 期。

19. 刘伟民:《论弗洛姆的社会哲学》,载《求是学刊》1994 年第 4 期。

20. 吕纯山:《论亚里士多德〈形而上学〉Z 卷第 7—8 章中的形式概念》,载《哲学研究》2010 年第 7 期。

21. 骆素莹:《弗洛姆异化理论的思与辨》(硕士论文),华中师范大学,2006 年。

22. 任皑:《人类中心主义辨正》,载《哲学动态》2001 年第 1 期。

23. 田海平:《从本体思维到伦理思维——对哲学思维路向的当代性审查》,载《学习与探索》2003 年第 5 期。

24. 田海平:《人的概念与普遍伦理》,载《南京社会科学》2002 年第 10 期。

25. 万俊人:《普世伦理及其方法问题》,载《哲学研究》1998 年第 10 期。

26. 王为理、王守昌:《论弗洛姆人本主义的意义及其理论局限》,载《福建论坛(人文社会科学版)》1996 年第 4 期。

27. 王卫华:《弗洛姆逃避自由思想对解析我国社会转型期民众心理的启示》,载《太原师范学院学报》2004 年第 9 期。

28. 王雨辰:《试论弗洛姆的规范人本主义伦理学》,载《伦理学研究》2004 年第 7 期。

29. 王元:《弗洛姆人性异化论探析》,载《马克思主义研究》1996 年第 4 期。

30. 叶平:《人类中心主义的生态伦理》,载《哲学研究》1995 年第 1 期。

31. 殷晓蓉:《人性、道德与现代人的困境——弗洛姆人本主义伦理学评析》,载《学术月刊》1994 年第 8 期。

32. 余潇枫、张彦:《21 世纪伦理学新走向——类伦理学》,载《社会科学战线》2005 年第 5 期。

33. 余潇枫:《价值时空与人格的发展》,载《哈尔滨工业大学学报(社会科学版)》1999 年第 2 期。

34. 俞伯灵:《自由的悖论——重读弗洛姆的〈逃避自由〉》;载《浙江社会科学》2003 年第 7 期。

35. 张和平:《弗洛姆的不从说略探》,载《嘉应大学学报》2002 年第 8 期。

36. 赵景来:《关于普遍伦理若干问题研究综述》,载《中国社会科学》2000 年第 3 期。

37. 周建设:《亚里士多德的语义理论研究》,载《首都师范大学学报(社科版)》1999 年第 3 期。

38. 朱士群、岳介先:《市场经济下的定向献身构架——弗洛姆无神论宗教人学新思考》,载《淮北煤师学院学报(社会科学版)》1995 年第 3 期。

三　外文

1. Burston, Daniel, The Legacy of Erich Fromm. Cambridge, Mass: Harvard University Press, 1991.

2. Erich Fromm, Beyond the chains of illusion: my encounter with Marx and Freud, New York: Simon & Schuster, 1962.

3. Erich Fromm, Escape from freedom, New York: Holt, Rinehart & Winston, 1941.

4. Erich Fromm, Man for himself, New York: Holt, Rinehart & Winston, 1947.

5. Erich Fromm, Marx's concept of man, New York: Frederick Ungar, 1961.

6. Erich Fromm, The art of loving, New York: harper & Row, 1956.

7. Erich Fromm, The heart of man, New York: harper & Row, 1964.

8. Erich Fromm, The revolution of hope, New York: harper & Row, 1968.

9. Erich Fromm, The sane society, New York: Holt, Rinehart & Winston, 1955.

10. Hausdorff, Don. Erich Fromm. Twayne'e United States Authors Series, vol. 203, New York: Twayne, 1972.

11. Kaapp, Gerhard P, The Art of Living Erich Fromm's Life and Work,

New York: Peter Lang Publishing, 1989.

12. Landis, Bernhard and Tauber, Edward S, In the name of Life. Essayes in Honor of Erich Fromm. New York: Holt, Rinehart & Winston, 1971.

13. Anna Buratti and Enzo Lio, Ourselves and the Other: The Role of Fear. Yearbook of the International Erich Fromm Society, vol. 5, 1994: Vom Umgang mit dem Fremden / Dealing With the Alien, Münster: LIT-Verlag, 1994, pp. 91—100.

14. Enzo Lio, Alienation as a Central Concept in Marxist and Frommian Humanism. Presentation at a German-Italian Seminar about Die Marx-Rezeption Erich Fromms, February 17—19, 1989, Bologna.

15. Ferenc Eros, Fromm's Theory and the Problems of, Real Existing Socialism. Wissenschaft vom Menschen/Science of Man, Jahrbuch der Internationalen Erich Fromm-Gesellschaft. Vol. 2: Erich Fromm und die Kritische Theorie, Münster (Lit Verlag) 1991, pp. 315—323.

16. Gerald A. Ehrenreich, Erich Fromm-Humanist of the Year-1966. The Humanist, Ohio (American Humanist Association), Vol. 26 (July/August 1966), p. 118.

17. Harold B. Davis, Fromm's Relevance Today. English version of Fromm Forum (English Edition ISBN 1437—1189) 10 / 2006, Tuebingen (Selbstverlag) 2006, p. 42.

18. Helmut Wehr, Individualization and Alienation of Adolescents Loss of experiences in a fun society. (English version) 8 / 2004, Tuebingen (Selbstverlag) 2004, pp. 15—20.

19. Jorge Silva-García, Erich Fromm's Humanism and the Stranger. Yearbook of the International Erich Fromm Society Vol. 5 (1994): Vom Umgang mit dem Fremden-Dealing with the AlienMünster: LIT-Verlag 1994, p. 31.

20. Marianne Horney Eckardt, The Theme of Hope in Erich Fromm's Writing. edited by the William Alanson White Institute and reprinted in the Yearbook of the International Erich Fromm Society, Münster: LIT-Verlag, Vol. 3 (1992), pp. 121—131.

21. Rainer Funk, Introduction to Steps to Being. Paper presented at the

Symposium, Erich Fromm: Vitae Opera, that took place on May, 12—15, 1988 in Locarno.

22. Rainer Funk, Major Points in Erich Fromm's Thought. Laudatio at the Symposium Possibilities of Psychoanalysis: Retrospect and Prospects on the occasion of the 75th birthday of Erich Fromm on May 24/5 1975 in Locarno, Switzerland.

23. Sandra Buechler, Why We Need Fromm Today: Fromm's Work Ethic. English version of Fromm Forum (English Edition ISBN 1437—1189) 10 / 2006, Tuebingen (Selbstverlag) 2006, pp. 31—36.

后　记

　　弗洛姆是 20 世纪著名的心理学家、社会学家，也是伦理学家和哲学家，他亲身经历了 20 世纪西方社会的发展，目睹了西方社会发展的现实和人生存的困境，他以对"人类"深切的关爱开展他的学术研究，认为人不仅是自然的存在物，更是"类"的存在；他以建立以人类的"生存"为最高价值的规范伦理学为己任，批判西方社会现实种种束缚人的发展和解放的生存困境，唤起人"自觉为人"的意识，清洁人的生存意义，力图用"爱"和"新"的"理性"建立一个"新"的社会。在梳理弗洛姆的伦理思想中除了领悟到弗洛姆深藏于内的思想深度和锐度，更多的是被弗洛姆对人类的悲悯和仁爱之心所打动，所以常想再深奥和艰涩的研究，如果对人类的生存和幸福无益，那只是冷冰冰的文字和数据，不如那些平实和富有人性的研究来的有意义。弗洛姆的伦理思想虽然文字上简单平实易懂，但却直摄人生存的根本问题。一个师姐说博士论文的完成要经过地狱般的折磨。这也许是对的，因为这个过程是难熬的，但我在写作本书时阅读弗洛姆的著作，每次都能引发内心的强烈感触和应和，历经一次次心灵的洗礼，这不是对大师的膜拜，而是对人的最高敬意感化了我。我想我写作的过程是美好的。感谢弗洛姆留给充满困惑的现代人一笔丰厚的精神遗产。

　　本书是在我的博士论文的基础上修改完成的。首先要感谢我的导师东南大学田海平教授。在聆听导师的课程和阅读导师的论文中，导师深邃的思维、独到的见解和严谨的治学态度无言地引领我前行。在我的论文选题、开题和论文修改的过程中，田海平教授几番悉心指导、解惑，给出了富有建设性的意见，才得以成文。感谢我的导师田海平教授。同时感谢东南大学樊和平教授、孙慕义教授、董群教授、陈爱华教授、王珏教授、徐嘉教授的教导和在论文答辩中提出的宝贵意见。同时感谢在东大学习期间陪我一路走来的五位朋友：玲红、东梅、迎联、一强和文俊，感谢你们的支持和帮助，虽然已各奔前程，但我能感受到你们传达的暖意。也要感谢众多师兄师姐、师弟师妹的相携前行！

在本书出版之际，感谢所有在弗洛姆思想领域研究的前人，正是你们的研究成果才有了我继续研究的理论基础，感谢文中所有被引用文献的作者。本书的出版得益于浙江省社会科学发展规划办公室将其列为浙江省哲学社会科学规划后期资助课题（课题编号：13HQZZ033），感谢匿名评审专家对本书的肯定。同时要感谢为本书出版的编辑和所有工作人员的辛勤工作。有了你们，才有了此书的顺利付梓！

最后要感谢我的爱人和家人，你们的爱、信任和宽容才有了我今天的收获。

再次感谢所有关心、支持和帮助我的"你们"！

许惠芬

2013 年 12 月于浙江嘉兴